Georg Auernheimer (Hrsg.)
Migration als Herausforderung
für pädagogische Institutionen

Interkulturelle Studien
Band 7

Georg Auernheimer (Hrsg.)

Migration als Herausforderung für pädagogische Institutionen

Springer Fachmedien Wiesbaden GmbH 2001

Gedruckt auf alterungsbeständigem und säurefreiem Papier

Die Deutsche Bibliothek – CIP-Einheitsaufnahme

ISBN 978-3-663-10794-1   ISBN 978-3-663-10793-4 (eBook)
DOI 10.1007/978-3-663-10793-4

© 2001 Springer Fachmedien Wiesbaden
Ursprünglich erschienen bei Leske + Budrich, Opladen 2001

Das Werk einschließlich aller seiner Teile ist urheberrechtlich geschützt. Jede Verwertung außerhalb der engen Grenzen des Urheberrechtsgesetzes ist ohne Zustimmung des Verlages unzulässig und strafbar. Das gilt insbesondere für Vervielfältigungen, Übersetzungen, Mikroverfilmungen und die Einspeicherung und Verarbeitung in elektronischen Systemen.

Inhaltsverzeichnis

Georg Auernheimer
Vorwort 7

Georg Auernheimer
Pädagogische und soziale Institutionen im Zeichen der Migration 9

1 Elementarerziehunug

Renate Militzer
Interkulturelle Erziehung im Elementarbereich – ein Projekt des
Landes Nordrhein-Westfalen 19

Ragnhild Fuchs
Ansätze der interkulturellen Erziehung im Elementarbereich 33

2 Schule

Georg Auernheimer
Anforderungen an das Bildungssystem und die Schulen in der
Einwanderungsgesellschaft 45

Ingrid Dietrich
Migrantenkinder – eine diskriminierte Minderheit in unseren Schulen? 59

Anne Ratzki
Interkulturelle Erziehung: Beispielhafte Ansätze aus der Region 73

Britta Kollberg
Ansätze interkultureller Erziehung – speziell in der Zusammenarbeit
von Schule und Jugendhilfe 83

3 Jugendarbeit

Susanne Lang
Anti-rassistische Projektarbeit als Lernprozess. Aktionsforschung
in einem gewerkschaftlichen Bildungsprojekt 91

Sebastian Goecke
Interkulturarbeit mit Jugendlichen – Auseinandersetzung einfordern! 121

Berrin Özlem Otyakmaz
Aspekte interkultureller Mädchenarbeit 129

4 Soziale Dienste

Sabine Handschuck/Hubertus Schröer
Interkulturelle Orientierung als Qualitätsstandard sozialer Arbeit 147

Stephan Gaitanides
Zugangsbarrieren von Migrant(inn)en zu den sozialen und
psychosozialen Diensten und Strategien interkultureller Öffnung 181

Hans Belaart
Prävention und rechtzeitige Hilfe für Jugendliche ethnischer
Minderheiten... 195

Autorenverzeichnis 201

Vorwort

Die Tagung, deren Beiträge in diesem Band vorgestellt werden, stand unter einer dreifachen Zielsetzung: Erstens sollte sie den Teilnehmerinnen und Teilnehmern die Gelegenheit bieten, sich der Herausforderungen der Einwanderungsgesellschaft, d.h. der migrationsbedingten Anforderungen an die pädagogischen und sozialen Institutionen zu vergewissern. Damit sollten zweitens Kriterien für die Reform der Institutionen formuliert und nach deren Maßgabe Defizite diskutiert werden. Drittens sollten aber auch positive Beispiele vorgestellt werden, um Impulse für eine innovative Praxis zu geben. Dem entsprechend findet die Leserin, der Leser zwei Kategorien von Beiträgen: erstens Texte, in denen einerseits Qualitätskriterien für die Institutionen im Zeichen der Migration entwickelt und theoretisch begründet und andererseits, gestützt auf empirische Untersuchungen oder eigenes Expertenwissen, Defizite aufgezeigt werden. Diesen Texten stehen jeweils für die verschiedenen Praxisfelder Beiträge gegenüber, in denen eine den Kriterien zumindest teilweise entsprechende, zur Nachahmung anregende Praxis vorgestellt wird. Als Praxisfelder wurden berücksichtigt: die Vorschulerziehung, die Schule, die außerschulische Jugendbildung und Jugendarbeit sowie die Sozialen Dienste.

Die Tagung stand unter dem Eindruck der kurz vorher erfolgten Bundestagswahlen, deren Ergebnis einen Politikwechsel einzuleiten versprach und speziell zu der begründeten Hoffnung Anlass gab, dass das Staatsbürgerschaftsrecht reformiert würde. Die später dann mit Zugeständnissen an die Reformgegner durchgesetzte Novellierung ist insofern für das Tagungsthema relevant, weil man sich damit von politischer Seite endlich zu dem Eingeständnis durchrang, dass die Bundesrepublik ein Einwanderungsland sei. Mit dem Reformvorhaben wurde das Selbstverständnis dieser Republik neu bestimmt, was auch die harten politischen Widerstände erklärt, welche die Regierung zu Kompromissen veranlassten. Immerhin gibt die Abkehr vom ausschließlichen Abstammungsprinzip nun den Einwanderern die Möglichkeit, die vollen staatsbürgerlichen Rechte und damit vor allem das Recht auf politische Partizipation zu erwerben. Für die Reform der Institutionen ist diese

Möglichkeit von großer Bedeutung, wenn sie auch nicht überschätzt werden darf. Mit dem Wahlrecht können Immigranten ihre Stimme in die Waagschale werfen, sich mit anderem Gewicht an öffentlichen Debatten beteiligen und so vor allem im lokalen Rahmen die Beachtung ihrer Interessen erwirken. Damit wird die soziale Anwaltschaft der Wohlfahrtsverbände, Kirchen und professionellen Pädagoginnen und Pädagogen mit der Zeit überflüssig, die einen äußerst problematischen Paternalismus impliziert.

Die zu erwartende Novellierung des Staatsbürgerschaftsrechts, auf die im Einleitungsreferat zur Tagung hingewiesen wurde, bedeutete sicher für alle Teilnehmer/innen ein positives Signal, so sehr man sich auch darüber im klaren war, dass diese Gesetzesnovelle allein die gesellschaftlichen Rahmenbedingungen für die pädagogische Arbeit nicht grundlegend ändern würde, dass vielmehr noch andere politische Ressorts gefordert wären, wenn Segregationstendenzen in der Stadtentwicklung bis hin zur Gettobildung aufgehalten werden sollen.

Die Tagung wurde von der Forschungsstelle Interkulturelle Studien an der Universität zu Köln und dem Landeszentrum für Zuwanderung Nordrhein-Westfalen gemeinsam getragen und verantwortet. Das Landeszentrum hat die Drucklegung dieses Bandes finanziell unterstützt, wofür an dieser Stelle gedankt sei. Der Dank gilt auch allen Referentinnen und Referenten für ihren Beitrag und dessen Überarbeitung für die Drucklegung.

Georg Auernheimer

Georg Auernheimer

Pädagogische und soziale Institutionen im Zeichen der Migration

Die Migrationsprozesse haben zum einen eine neuartige kulturelle Vielfalt, zum anderen neue soziale Disparitäten zur Folge. Kriterien für die pädagogische Arbeit liefern aber zunächst zwei Grundprinzipien, denen sich die pädagogischen und sozialen Institutionen seit langem verpflichtet wissen:

- Gleichbehandlung und
- Lebensweltbezug

bilden die Basis von professioneller Erziehung, Bildung, Beratung, sozialer Hilfe. Der in der Verfassung, d.h. im Grundgesetz, verankerte Anspruch auf Gleichbehandlung bedeutet nicht nur, dass niemandem Privilegien eingeräumt werden dürfen, sondern impliziert in positiver Auslegung auch den Ausgleich spezieller Benachteiligungen. Der Lebensweltbezug ist eine Bedingung dafür, dass Lern- und Beratungsangebote erfolgreich sind, ja überhaupt angenommen werden. Der Bezug zur Lebenswelt der Lernenden oder der Klienten kann je nach Situation und pädagogischem Konzept sehr unterschiedlich intensiv ausfallen, aber ohne ein Minimum kann kein Interesse geweckt, kein Zugang zum Gegenstand und kein Zugang zum anderen eröffnet werden.

Den beiden pädagogischen Grundsätzen entsprechen auch die ersten beiden *Prinzipien und Grundmotive interkultureller Pädagogik*, nämlich

- Gleichheit und
- Anerkennung.

Das Gleichheitsgebot bekommt hier seine besondere Relevanz aufgrund der – zum Teil sogar im Ausländer- und Asylrecht begründeten – Benachteiligungen. Das Engagement für Gleichheit richtet sich also gegen „strukturellen Rassismus", so gewiss auch dem Alltagsrassismus die pädagogische Aufmerksamkeit gehört, weil auch Diskriminierungen im Alltag die Würde der Einzelnen verletzen und durch Einschüchterung ihre Freiheitsrechte und Chancen mindern, kurz: sie in ihrer Selbstentfaltung behindern.

Das Prinzip der Anerkennung soll der Bedeutsamkeit kultureller Bezüge für die Identitätsentwürfe der Individuen Rechnung tragen. Es beinhaltet insofern mehr als der Lebensweltbezug, als es speziell auf das Identitätskonzept verweist, wenngleich die praktischen Konsequenzen für die pädagogische Arbeit sich teilweise nicht unterscheiden mögen. Die Forderung nach Anerkennung der je eigenen Geschichte bzw. geschichtlichen Perspektiven, der eigenen Lebensformen etc. entstammt den Minderheitenbewegungen der letzten zwanzig Jahre. Solche Bewegungen tendieren und tendierten teilweise – ebenso wie Kräfte innerhalb der Dominanzkulturen – zu einem problematischen und folgenreichen Essentialismus, das heißt zur Unterstellung von Wesensunterschieden zwischen Schwarzen und Weißen, Frauen und Männern etc., wobei die feministische Bewegung dieser Versuchung am wenigsten erlag. Anerkennung als politischer und pädagogischer Grundsatz ist nicht notwendig mit der Fiktion von Wesenseigenschaften oder – mit anderen Worten – mit Naturalisierung von Identität und Differenz verbunden. Benhabib führt vor, wie die Erkenntnis des Konstruktcharakters von Identitäten sehr wohl mit dem Engagement für Minderheitenrechte bzw. mit der Unterstützung von Minderheiten verträglich sein kann, indem sie – gerade in konstruktivistischer Manier – zwischen zwei Beobachterstandpunkten unterscheidet (Benhabib 1999). Was sich der Analytikerin, dem Analytiker als ein Konstrukt enthüllt, als ein Flickwerk aus unterschiedlichen Traditionsbeständen, als Erzählung, als eine geschichtliche Version unter anderen, ist für die Beteiligten ein wichtiges Mittel der Selbstdefinition oder der „Positionierung" im Diskurs, wie Stuart Hall (1994) sagen würde. Beide, Hall wie Benhabib, haben sich die Einsichten des Konstruktivismus zu eigen gemacht und bestimmen Identität neu in diesem Sinn, ohne deren lebenspraktische und damit politische Bedeutung leugnen zu wollen. Für Benhabib ist das sprachliche, kulturelle Medium Voraussetzung für die Identitätsbildung, aber auch nicht mehr als „befähigende Voraussetzung" (Benhabib 1999, S. 53), weil sie auf die Autonomie des Individuums rekurriert. Den Rekurs auf Authentizität lehnt sie ab. Das legitimiert die Ansprüche von Minderheiten(angehörigen) zum Beispiel auf Vermittlung ihrer Sprache, begrenzt sie aber gleichzeitig und beugt der Mystifikation vor. Eine solche Sicht von kultureller Identität schließt selbstverständlich auch eine offene, dynamische Sicht von Kulturen, insbesondere auch die Einsicht ein, dass es sich um umkämpfte Territorien handelt (vgl. Benhabib 1999, S. 47ff.). Schiffauer (1997) plädiert dafür, Kulturen als „Diskursfelder" anstatt als Systeme zu fassen, was auch das Verständnis von kultureller Differenz grundlegend verändert.

Benhabib macht darauf aufmerksam, dass der Grundsatz der Anerkennung vom Gleichheitsgrundsatz nicht zu trennen ist, dass eine „Politik der Anerkennung" immer auch den Kampf um gleiche Rechte, also Mitbestimmungsrechte und gleichen Zugang zu Ressourcen einschließt. Sie diskutiert die Frage der staatsbürgerlichen Rechte unter dem Aspekt der Diskursethik und kommt zu dem Schluss, dass die „ungleichen Mitbestimmungsrechte zwischen Staatsbürgern und Ausländern gegen das Grundprinzip der Diskursethik verstoßen" (Benhabib 1999, S. 80). Denn „alle Beteiligten bzw. Betroffenen (sollten, G.A.) ihre eigenen Erzählungen von Identität und Differenz selbst präsentieren können" (S. 69), um einen gleichberechtigten Dialog darüber zu führen. Gleichheit und Anerkennung im ausgeführten Verständnis liefern eine Reihe von Bewertungsgesichtspunkten für die pädagogischen und sozialen Institutionen.

Das Prinzip der Anerkennung verweist auf zwei weitere Prinzipien interkultureller Pädagogik, je nach Kontext auch als Motive oder Ziele formulierbar:

- Verstehen und
- Dialog bzw. Dialogizität.

Wer die für den anderen bedeutsamen kulturellen Bezüge und Kollektiverfahrungen anerkennt, muss sich notwendig auch um Verstehen bemühen. Vertieftes Verständnis wird die Anerkennung unterstützen. Im übrigen ist das Verstehen erleichtert, wenn es auf Gleichheit oder mindestens auf dem Bewusstsein der Ungleichheit basiert, so dass wir ein gegenseitiges Bedingungsverhältnis zwischen den drei Prinzipien annehmen können. Auf diese Trias stützt sich der Dialog, bei dem es um den Geltungsanspruch von Werten und Normen oder auch die Legitimität von Interessen geht. Das Prinzip der Dialogizität macht Segregationsmaßnahmen in Institutionen fragwürdig.

Die Prinzipien und Ziele der Gleichheit, Anerkennung und Dialogizität lassen sich auch soziologisch mit dem Modell von Bukow begründen. Er unterscheidet nach Habermas zwischen System und Lebenswelt. Während für die Systeme universalistische Kriterien unter Absehung von Herkunft, Geschlecht usw. maßgebend, Partikularismen wie Ethnie jedenfalls „konstitutiv belanglos" sind, was nicht ausschließt, dass sie faktisch wirksam werden können, sind innerhalb der lebensweltlichen Kontexte Identitätsentwürfe, Lebensstile und Inszenierungen unter Rückgriff auch auf traditionelle Elemente bedeutsam. Bukow konzediert dabei: „Tatsächlich verhilft heute oft erst die Beteiligung an entsprechenden Wir-Gruppen..., einen eigenen Lebensentwurf zu definieren" (Bukow 1996, S. 197). Für die „systemische Integration", so seine Terminologie, in den Kernbereichen moderner Gesellschaften (Märkte, Verwaltung etc.), in denen über die materiellen Existenzbedingungen bestimmt wird, ist also die Gleichbehandlung Ausschlag gebend und bereichspezifisch maßgeblich. Für die „soziale Integration" ist demgegenüber Anerkennung entscheidend. Das Prinzip der Dialogizität wäre nach Bukow in der notwendigen Vermittlung zwischen System und Lebenswelt zu begründen. Er sieht das Erfordernis dieser Vermittlung, welche er als die Aufgabe der zivilgesellschaftlichen Kommunikation bestimmt, deren Gelingen nun allerdings von den gesellschaftlichen Beteiligungsmöglichkeiten abhängt. „Die Krise der Zivilgesellschaft besteht im Kern in einer Krise effektiver gesellschaftlicher Beteiligungsmöglichkeiten" (Bukow 1999, S. 31).

Im Lichte der Grundprinzipien der interkulturellen Pädagogik gewinnen Kriterien, wie sie heutigen Erkenntnissen über Organisationsentwicklung und Qualitätsmanagement entnommen werden können (vgl. Handschuck/Schröer in diesem Band) besondere Relevanz, so dass sich Gesichtspunkte für die Bewertung von pädagogischen und sozialen Institutionen spezifizieren lassen. Im übrigen sei darauf hingewiesen, dass im Zeichen der Migration vielfach nur alte Reformforderungen aktuell werden. Das gilt sowohl für den Bildungs- wie auch für den Sozialbereich. Ein Beispiel für den ersten Bereich wäre die Kritik am Mittelschichtbias und Anstaltscharakter der Schule. Beispiele für den zweiten Bereich wären die Warnung vor falsch verstandener Professionalisierung und die Forderung nach mehr aufsuchender Sozialarbeit. Zu unterscheiden ist bei der Analyse zwischen der Makroebene der Bildungs- und Sozialpolitik und der Mikroebene der einzelnen Einrichtung. Beide lassen sich nicht immer trennen. Letztere soll aber hier schwerpunkthaft behandelt werden. *Gesichtspunkte der Evaluation* sind:

- *Die Philosophie oder das Leitbild der Einrichtung*: Für pädagogische und soziale Institutionen ist es bislang weder selbstverständlich, dass sie sich ihrer Ziele und Aufgaben in einem gemeinsamen Aushandlungsprozess vergewissern, noch dass sie die multikulturelle Situation zur Kenntnis nehmen. Gerade die meist unbefragte, quasi natürlich erscheinende Monokulturalität stärkt die Forderung nach einem Leitbild oder einer „Philosophie". Die erste, allgemeine Frage heißt daher: Hat die Einrichtung ihre Ziele und Aufgaben diskursiv geklärt? Ist man sich über die Interpretation administrativer Vorgaben einig und im Klaren? Oder gibt es nur einen stillschweigenden Common Sense, eine versteckte, unvermeidlich mit Unklarheiten verbundene „philosophy", vielleicht auch widersprüchliche Vorstellungen, einen unaufgearbeiteten Dissens? Hat die Einrichtung ihr Selbstverständnis geklärt, so zielt die spezielle Frage auf die Berücksichtigung des sozialen Kontexts, speziell der Multikulturalität und sonstigen Migrationsfolgen wie neuer Formen der sozialen Benachteiligung. – Sind diese bei der Aufgabendefinition seitens der Institution explizit in Rechnung gestellt worden? Hat man die damit eventuell auch verbundenen Chancen bei der Programmformulierung ergriffen?
- *Der Grad der Kooperation und Koordination*: Die Möglichkeiten der Kooperation sind sehr stark von der diskursiven Verständigung untereinander und der daraus folgenden Explikation der Aufgaben, dem Grad der Übereinstimmung in den Problemdefinitionen abhängig. Teamarbeit ist gerade im migrationsbestimmten Kontext mit der Vielfalt der Qualifikationsanforderungen unerlässlich. Man denke beispielsweise nur an die geforderten sprachlichen Kompetenzen.
- *Die Art der Arbeitsteilung und formalen Aufgabendelegation*: Die neuen Anforderungen, welche die Migration mit sich brachte, werden bis heute in allen pädagogischen Arbeitsfeldern sehr gern mit Aufgabendelegation

beantwortet, zumal die Politik lange Zeit dazu verleitete, die neuen Aufgaben als eine vorübergehende Zusatzbelastung anzusehen, was verständlich ist, solange sich die Bundesrepublik nicht als Einwanderungsland verstehen will oder wollte. Die Arbeitsteilung zwischen Einrichtungen und innerhalb von Einrichtungen (zum Beispiel zwischen Allgemeinem Sozialen Dienst und Sonderdiensten für Ausländer, zwischen Regelklassen und Sonderklassen an Schulen) bewahrt die Institutionen davor, sich verändern zu müssen, ihr Aufgabenverständnis zu überdenken. Die fragwürdige Spezialisierung ist mit Segregation verbunden. Auf das Abdrängen der Spezialisten für Migrationsfragen in die „Exotenecke" verweist Gaitanides (in diesem Band), auf eine ähnliches Phänomen an einer Schule Auernheimer (in diesem Band).
- *Die Zusammensetzung des Personals* unter dem Aspekt der Mehrsprachigkeit bedarf kaum einer Begründung. Sie ist nicht nur wichtig für die bessere Berücksichtigung der Bedürfnisse von Migrantinnen und Migranten, generell für die bessere Verständigungsmöglichkeit und damit den Abbau von Zugangsbarrieren, sondern auch unter dem Aspekt der Anerkennung zeichenhaft bedeutsam. Speziell in Erziehungs- und Bildungseinrichtungen hat sie auch einen Sozialisationseffekt, weil Multikulturalität als Normalität erfahrbar wird. Zur Sprache zu bringen sind hier Exklusionskriterien und Zugangsbarrieren, die in Deutschland teils durch das Beamtenrecht, teils durch die konfessionelle Trägerschaft von Vorschuleinrichtungen und Sozialdiensten aufgerichtet sind. Sie schließen gerade Fachkräfte aus den Reihen der Nicht-EU-Angehörigen aus, die die Mehrheit der zugewanderten Bevölkerung bilden. Ob und inwieweit diese Zugangsbarrieren schon bei der Entscheidung junger Migrantinnen und Migranten über ihren Ausbildungsweg selektiv wirken, ist bisher nicht untersucht. Jedenfalls sind unsere pädagogischen und sozialen Institutionen allein schon in personeller Hinsicht stärker monokulturell als die anderer Länder wie Holland oder England. Fachkräfte anderer Herkunft in gehobener Position sind hierzulande noch kaum vorstellbar. Die Exklusion wird für ein bestimmtes Praxisfeld durch die skandalöse Bestimmung des 1998 verabschiedeten Psychotherapeutengesetzes sogar gesetzlich festgeschrieben, nach der nur Deutsche und EU-Angehörige eine Zulassung bekommen können, auch wenn sie ihre Ausbildung in der Bundesrepublik gemacht haben (Frankfurter Rundschau v. 22.09.98).
- *Die Zugänglichkeit* der Einrichtung für Bildungswillige oder Klienten fremder Herkunft: Zu unterscheiden sind Barrieren rechtlicher Art und sonstige (psychologische, kulturelle, soziale) Barrieren. Für Bildungseinrichtungen stellt sich das Problem nicht, soweit Schulpflicht besteht, wenn man einmal davon absieht, dass diese in einigen Bundesländern für Asylbewerberkinder nicht gilt. Der Zugang zu weiterführenden Bildungsgängen hängt von vorausgegangenen Selektionsmaßnahmen bzw. Förderung und Beratung ab, wobei möglicherweise eine versteckte „in-

stitutionelle Diskriminierung" wirksam wird (vgl. den zweiten Beitrag von Auernheimer in diesem Band). Offen abgewiesen wird sicher niemand von einer Bildungseinrichtung wegen fremder Herkunft oder eines anderen Passes. Es mag aber einen verdeckten Ausschluss geben. Und vereinzelt profilieren sich ähnlich wie in anderen Ländern private Schulen als „ausländerfreie" Einrichtungen. Das Problem ist aber bislang vergleichsweise irrelevant. Im Kindergartenbereich scheint der Versorgungsgrad, nach jüngsten Regionalstudien des Deutschen Jugendinstituts zu urteilen, inzwischen so hoch zu sein, dass von einem schwierigen Zugang für Migrantenkinder nicht mehr die Rede sein kann. Lokal gibt es selbst in „Ausländervierteln" wie Köln-Nippes ein Überangebot an Kindergartenplätzen (Deutsches Jugendinstitut 1999, S. 42), was nicht ausschließt, dass anderswo noch Probleme bestehen. Wirklich brisant scheinen Zugangsbarrieren aber nach wie vor im Bereich der Sozialen Dienste zu sein, wobei die Barrieren psychologischer und kultureller Art sind, da das Ausländerrecht Angst und Misstrauen begünstigt (vgl. Gaitanides in diesem Band). Wichtige Voraussetzungen für einen erleichterten Zugang sind Mehrsprachigkeit des Personals, zumindest aber des Informationsmaterials, dezentrale, „niedrigschwellige" Angebote, Kontakte mit Multiplikatoren im ethnischen Netzwerk.

– *Die Vernetzung*, also die Zusammenarbeit mit anderen Institutionen, zum Beispiel von Schulen mit Einrichtungen der Jugendarbeit oder mit Vereinen, von sozialen Regeleinrichtungen mit Sonderdiensten, ist heute in der Fachöffentlichkeit als Notwendigkeit allgemein anerkannt, aber keineswegs verbreitete Praxis. Noch seltener ist die Kooperation mit Selbstorganisationen der Migranten. Generell ist zu beachten, dass es sich um einen gleichseitigen Austausch zwischen Institutionen handeln sollte. Dort, wo man eine andere Einrichtung oder deren Mitarbeiter/innen nur zu untergeordneten Hilfsdiensten (z.B. zum Dolmetschen) heranzieht, kann von echter Kooperation nicht die Rede sein.

– *Die Öffnung zum Umfeld* ist ein Kriterium für Bildungseinrichtungen, speziell für Schulen, die dort, wo obrigkeitsstaatliche Traditionen bestimmend gewesen sind, „Anstalten" unter der Aufsicht von Staat und Kirche waren. In einem demokratischen Gemeinwesen ist die Schule dagegen eine öffentliche Angelegenheit und daher auch öffentlich zugänglich. Wichtig ist vor allem – das selbe gilt für Kindergärten –, dass die Eltern angesprochen und über ihre formalen Mitbestimmungsrechte hinaus beteiligt werden. Aber auch die Beteiligung von Personen und Institutionen des öffentlichen Lebens der Gemeinde bzw. des Quartiers an Unterricht und Schulleben gehört zur Öffnung. Eine offene Schule macht auch über ihre Kernaufgabe, die Unterrichtung ihrer Schüler, hinaus Angebote. – Das kann zum Beispiel ein Sprachkurs für Migranteneltern sein (vgl. Ratzki in diesem Band). Und sie wirkt bei lokalen Veranstaltungen mit. Bei den sozialen Diensten ist die Öffnung gleichbedeutend mit der Zu-

Pädagogische und soziale Institutionen im Zeichen der Migration

gänglichkeit. Speziell bedeutsam für die interkulturelle Öffnung können das äußere Erscheinungsbild der Einrichtung (vgl. Gaitanides in diesem Band) und die Öffentlichkeitsarbeit sein.

- *Die Partizipation der Migranten* im Vorschul- und Schulbereich, in der Jugend- und Sozialarbeit hängt von zwei Faktoren ab: einerseits vom Ausmaß an Fremdheit und Misstrauen seitens der Migrantinnen und Migranten. – Bei Kindergärten und Schulen ist hier der Abbau der Distanz durch die Öffnung der Einrichtung wichtig. Andererseits hängen die Partizipationsmöglichkeiten von der Bereitschaft der Angehörigen der Mehrheitsgesellschaft ab, ihre Monopolstellung zu räumen. Das wäre zum Beispiel besonders relevant für eine angemessene Vertretung der Jugendlichen ausländischer Herkunft im Stadt- und Kreisjugendring. Die Mitbestimmungsmöglichkeiten von Fachkräften ausländischer Herkunft ist dann rechtlich beschränkt, wenn sie – wie häufig – nur als Honorarkräfte beschäftigt werden.

- *Das Curriculum oder Programm*, meist an erster Stelle genannt, ist die inhaltliche Konsequenz der multikulturellen Orientierung von Kindergärten, Schulen und Einrichtungen der Jugendarbeit und Jugendbildung. Von Interesse sind dabei nicht nur Richtlinien, Stoffpläne, Lehrbücher, sondern auch die Lernarrangements, das gesamte pädagogisch zu verantwortende Environment. In Kindergärten gehören dazu alle den Kindern verfügbaren Spielsachen und sonstigen Materialien, in Schulen beispielsweise die Schülerbücherei. Auch Austauschprogramme sind Teil des Curriculums.

- *Die Fortbildung des Personals und Supervision* sind mit Rücksicht auf die veränderten und sich im Gefolge der Migration häufig verändernden Anforderungen ein entscheidendes Kriterium. Da interkulturelle Kommunikationssituationen – die schablonenhafte Kennzeichnung sei mit Vorbehalt benutzt – großes Fingerspitzengefühl erfordern, eben weil die kulturelle Komponente oft nur eine unter anderen ist, sind Supervisionsverfahren, bei denen solche Situationen oder Fälle gemeinsam aufgearbeitet werden, besonders förderlich. Die Unsicherheit in sehr ambivalenten oder gar konflikthaften Situationen wird sonst auf problematische Weise „bewältigt". Das kann in Assimilationsforderungen zum Ausdruck kommen, in Ethnisierungstendenzen oder aber in der Leugnung kultureller Differenzen, schlimmstenfalls in sublimen Rassismen.

- *Controlling*: Soll die Selbstverpflichtung der Institution auf Berücksichtigung des Migrationskontexts, speziell der Multikulturalität einschließlich der Mehrsprachigkeit, auf Dauer in der alltäglichen Arbeit wirksam sein, so ist es notwendig, von Zeit zu Zeit die Erreichung der selbst gesetzten Ziele zu überprüfen und nach Gründen für unbefriedigende Ergebnisse, zum Beispiel bei der Förderung von Migrantenkindern oder bei der Öffnung einer Beratungseinrichtung, zu fragen. Ein solches Controlling – vielleicht klingt der Anglizismus nicht so nach obrigkeitlicher

Aufsicht – müsste bei größeren Schulen oder Sozialdiensten einer Arbeitgruppe innerhalb der jeweiligen Einrichtung übertragen werden.

Literatur

Benhabib, S. (1999): Kulturelle Vielfalt und demokratische Gleichheit. Politische Partizipation im Zeitalter der Globalisierung. Frankfurt/M.
Bukow, W.-D. (1996): Feindbild Minderheit. Zur Funktion von Ethnisierung. Opladen.
Bukow, W.-D. (1999): Bemerkungen zur Zukunft der Zivilgesellschaft. In: Bukow, W.-D./ Ottersbach, M (Hg.), Die Zivilgesellschaft in der Zerreißprobe. Opladen, S. 27-40.
Deutsches Jugendinstitut (1999): Kinderleben im multikulturellen Stadtteil. Die Untersuchungsregionen des Projekts. Projekt „Multikulturelles Kinderleben", Projektheft 1. München.
Hall, St. (1994): Rassismus und kulturelle Identität. Ausgewählte Schriften 2. Hamburg.
Schiffauer, W. (1997): Fremde in der Stadt. Zehn Essays über Kultur und Differenz. Frankfurt/M.

1 Elementarerziehung

Renate Militzer

Interkulturelle Erziehung im Elementarbereich – ein Projekt des Landes Nordrhein-Westfalen

1. Ausgangssituation

Trotz erheblicher Bemühungen in den letzten Jahren war in den Tageseinrichtungen für Kinder immer wieder zu beobachten, dass ein Teil der Kinder aus zugewanderten Familien noch erhebliche Schwierigkeiten bei der Einschulung hat, dass es vor allem die sprachliche Situation ist, die zu Nachteilen für die Kinder führt.

Weiterhin zeichnete sich in Gesprächen mit Erzieherinnen ab, dass interkulturelle Erziehung bisher noch kein durchgängiges Prinzip ist, das sich in allen Bereichen der pädagogischen Arbeit mit Kindern und Eltern widerspiegelt, sondern nach wie vor als Angebot verstanden wird, das bei Bedarf in die Arbeit einbezogen wird.

Vor diesem Hintergrund wurden im Projekt des Sozialpädagogischen Instituts NRW (SPI) mit Erzieherinnen Aspekte interkultureller Erziehung auf der Grundlage des situationsbezogenen Ansatzes erarbeitet.

Dem Projekt wurden 1997 – im Sinne einer Aktualisierung – systematische Bestandsaufnahmen

– zur aktuellen Lebenssituation von zugewanderten Familien,
– zu bestehenden Vernetzungsstrukturen,
– zum bestehenden Fortbildungsangebot für sozialpädagogische Fachkräfte und
– zu Materialien für die pädagogische Praxis

vorangestellt.

2. Rahmenbedingungen

Das Projekt begann am 1.1.1998 und endete am 31.12.1999. Es wurde in 15 Tageseinrichtungen mit deutschen Kindern und Kindern aus zugewanderten Familien durchgeführt.

Von diesen 15 Tageseinrichtungen sind zehn Tageseinrichtungen in freier und fünf in kommunaler Trägerschaft. In einer Einrichtung wird ein bilinguales Konzept vertreten.

Die Tageseinrichtungen befinden sich in den Städten Aldenhoven, Bochum, Dortmund, Duisburg, Ennepetal, Essen, Gelsenkirchen, Hamm, Krefeld und Witten.

3. Ziele

Verknüpfung von interkultureller Erziehung mit dem situationsbezogenen Ansatz

Der situationsbezogene Ansatz ist seit den 80er Jahren die Grundlage für die Arbeit im Elementarbereich in NRW. Ab Mitte der 90er Jahre wurde er in Zusammenarbeit mit der Praxis weiterentwickelt.[1]

Ausgangspunkte einer situationsbezogenen Arbeit sind

- eine ganzheitliche Förderung, die von den besonderen Lebenssituationen der Kinder und ihrer Familien ausgeht,
- die Vorstellung von der Tageseinrichtung als Teil einer umfassenden Lebenswelt,
- das Einbeziehen der Eltern in die Planung und Gestaltung der Arbeit und
- die Öffnung der Tageseinrichtung zum Gemeinwesen.

Interkulturelle Erziehung wendet sich gleichermaßen an deutsche und Kinder aus zugewanderten Familien und will sie auf ein gleichberechtigtes Zusammenleben in einer multikulturellen Gesellschaft vorbereiten. Die Zusammenarbeit mit Eltern wird hier ebenso als notwendiger Bestandteil einer pädagogischen Arbeit mit Kindern gesehen wie eine Öffnung zum Gemeinwesen.

Mit der Verknüpfung dieser beiden Konzepte soll eine Gesamtkonzeption für die Arbeit in Tageseinrichtungen erstellt werden (s. Anlage 1). Hier sind es vor allem die Prinzipien „Orientierung an der Lebenssituation von Kindern, die Zusammenarbeit mit Eltern und die Öffnung zum Gemeinwesen", in denen sich interkulturelle Erziehung und situationsbezogener Ansatz treffen. Damit könnte sich der Anspruch interkultureller Erziehung erfüllen, „ein Bildungsangebot für alle zu sein, eine Pädagogik für den Normalfall zu werden."[2]

---

1 Militzer, Demandewitz, Solbach: Tausend Situationen und mehr. Münster 1999
2 Götze/Pommerin: Ein kulturtheoretisches Konzept. In Borelli: Interkulturelle Pädagogik. Baltmannsweiler 1986, S. 124

Förderung der zweisprachigen Entwicklung von Kindern

Im Rahmen einer ganzheitlich ausgerichteten Erziehung sollen – soweit möglich – die Erstsprache der Kinder wie auch die Zweitsprache Deutsch unterstützt und gefördert werden.

Aufbau von Vernetzungsstrukturen im Sinne einer „Lobby für Kinder"

Öffnung bedeutet, den Verantwortungsbereich von Tageseinrichtungen zu erweitern und die Tageseinrichtung als Teil des sozialen Netzwerkes zu sehen.

Erstellen eines Readers mit dem Themenschwerpunkt „Interkulturelle Erziehung in der Ausbildung"

4. Vorgehensweisen

Im Rahmen des Projektes wurde die Zusammenarbeit mit der pädagogischen Praxis in folgenden Kooperationsformen realisiert:

Hospitationen und Besuche in den Tageseinrichtungen

Nach den ersten Kontakten zu den Tageseinrichtungen, die dem gegenseitigen Kennenlernen und dem Kennenlernen der äußeren Bedingungen dienten, wurden die Besuche und Hospitationen dazu genutzt, die Situation in den Kindergruppen zu erörtern.

In den sich an die Hospitationen anschließenden Reflexionsgesprächen wurden die Beobachtungen mit dem Ziel diskutiert, den Stellenwert der Beobachtungsergebnisse aus der Sicht der Erzieherinnen zu erkunden, den Erzieherinnen Anregungen für weitere gezielte Beobachtungen zu geben und gemeinsam Wege zu finden, wie bestimmte Situationen verändert werden können.

Zudem wurden bei den Besuchen in den Einrichtungen einrichtungsspezifische Fragestellungen und Themen, wie Raumgestaltung unter Berücksichtigung interkultureller Aspekte, Gestalten von Festen, der Einsatz von interkulturellen Medien, der Einsatz zweisprachiger Kräfte in den Tageseinrichtungen, Umgang mit Fremdheit und Sprachförderung aufgearbeitet.

Themenorientierte Arbeitstagungen für Erzieher/innen

Die Besuche und Hospitationen wurden ergänzt durch themenorientierte Arbeitstagungen für Erzieherinnen im SPI.

Zunächst fanden drei eintägige Arbeitstreffen statt mit den Themen „Situationsorientierte Ansätze in der pädagogischen Praxis", „Interkulturelle Erziehung im Elementarbereich" und „Verknüpfung von Interkultureller Erziehung und situationsbezogenem Ansatz".

Neben dem Kennenlernen der unterschiedlichen situationsorientierten Ansätze (s. Anlage 2) wurden beim ersten Arbeitstreffen die Schritte einer situationsbezogenen Arbeit vorgestellt und erprobt; beim zweiten Arbeitstreffen die verschiedenen Aspekte einer interkulturellen Erziehung erarbeitet und in Beziehung zur pädagogischen Arbeit gesetzt und beim dritten Arbeitstreffen die Verknüpfung zwischen beiden Konzepten hergestellt.

Nachdem mit diesen Veranstaltungen eine gemeinsame Basis erarbeitet worden war, wurden auf Wunsch von Erzieherinnen die Themen „Zusammenarbeit mit Eltern", „Zweisprachigkeit und Sprachförderung" und „Öffnung zum Gemeinwesen" aufgegriffen. Für diese Veranstaltungen standen insgesamt sechs Tage zur Verfügung.

Beim Thema *„Zusammenarbeit mit Eltern"* wurden neben den theoretischen Grundlagen (Sozialökologischer Ansatz von Bronfenbrenner (1980) und situationsbezogener Ansatz) zunächst die Voraussetzungen für eine Zusammenarbeit erörtert.

Im Anschluss wurden anhand von Alltagssituationen erste konkrete Schritte für eine Zusammenarbeit mit Eltern erarbeitet.

Nach dem situationsbezogenen Ansatz ist die Erziehung von Kindern eine gemeinsame Aufgabe von Familie und Tageseinrichtung, weil Eltern Teil der Lebenssituation sind und die Verantwortung für die Erziehung und Bildung ihres Kindes tragen. Zusammenarbeit meint, Eltern an der Planung und Gestaltung der Arbeit zu beteiligen und die Tageseinrichtung als Kommunikations- und Begegnungsort für Eltern erlebbar zu machen.

Nach Bronfenbrenner kann Entwicklung von Kindern nur angemessen verstanden und gefördert werden, wenn das System berücksichtigt wird, in dem Entwicklung stattfindet. Dieses System umfasst die mitmenschliche (Familie, Nachbarschaft etc.) und die materielle Umwelt. Entwicklung erfolgt – so Bronfenbrenner – in Wechselbeziehung zwischen Individuum und ökologischem Beziehungsgeflecht. Neben dem Einfluss, den der unmittelbare Lebensbereich auf die kindliche Entwicklung hat, wirken auch die Verbindungen zwischen den Lebensbereichen auf die Entwicklung ein: starke Verbindungen erleichtern dem Kind den Übergang in einen neuen Lebensbereich und ermutigen es, sich mit dessen Regeln, Rollen, Interaktionsmustern, Weltdeutungen etc. auseinanderzusetzen: Lernen findet statt.

Jedes System hat spezifische Regeln, welche die Beziehungen und Verhaltensweisen innerhalb des Systems regulieren. Diese Regeln können mehr oder weniger von den vertrauten Regeln des familiären Systems abweichen. Je mehr sie davon abweichen, desto fremder wird ein Kind sich in dem neuen System fühlen. Kulturelle Unterschiede können hierbei eine bedeutsame Rolle spielen.

Das Durchwandern dieser Systeme erweitert den Horizont, erweitert soziale und kognitive Kompetenzen. Vor allem dann, wenn das Kind auf Erwachsene zählen kann, die in den verschiedenen Systemen gleich gut zu Hause sind und das Kind unterstützen können. Daher ist es wichtig, gute Beziehungen zu den Familien und zu anderen Personen des Umfeldes aufzubauen. Auf der Basis gegenseitiger Wertschätzung und gegenseitigen Vertrauens können Anknüpfungspunkte geschaffen werden, die für das Kind Brückenfunktion haben.

Beim Thema „*Zweisprachigkeit und Sprachförderung*" standen Überlegungen zur Sprachförderung im Mittelpunkt des Arbeitstreffens. Hierbei ging es darum, den Alltag mit seinen vielfältigen Möglichkeiten für eine bewusste, situationsbezogene Sprachförderung zu nutzen. Daneben wurden Erkenntnisse zur Bedeutung der Erstsprache und Beobachtungen zum Verlauf des Zweitspracherwerbs mit den Erzieherinnen erörtert.

Von Geburt an tritt der Säugling in einen kommunikativen Dialog mit den Bezugspersonen seiner Umgebung. Bereits in den frühen Interaktionen zwischen Kind und Bezugspersonen wird die Basis für die späteren sprachlichen Kompetenzen des Kindes geschaffen.

In ihrer Familiensprache machen Kinder ihre ersten wichtigen Lebenserfahrungen. In dieser Erstsprache werden sie erzogen. Ihre Werte und Normen, ihr Wissen von der Welt, ihre Einstellungen und Vorstellungen werden hierdurch entscheidend geprägt. Mit Hilfe der Sprache erobern sie sich ihre Umwelt, wird ihnen kulturspezifisches und gesellschaftliches Wissen vermittelt. Über die Erstsprache ist eine enge Bindung an die Familie gegeben. Sie dient der Verständigung innerhalb der Familie, wobei das kontinuierliche Gespräch zwischen Eltern und Kindern und das Angenommensein in der Familie grundlegend für die emotionale Entwicklung der Kinder sind. Die Erstsprache bestimmt das Selbstbild des Kindes mit. Während die Erstsprache dazu beiträgt, dass Kinder ihre individuellen Entwicklungsmöglichkeiten und Chancen auf selbstbestimmte und gleichberechtigte Partizipation am Leben ihrer ethnischen Gruppen wahrnehmen können, finden sie über die deutsche Sprache Anknüpfungspunkte für eine gleichberechtigte Teilhabe am gesellschaftlichen Leben in der Bundesrepublik.

Der Erwerb der Zweitsprache Deutsch ist wie der Erwerb der Erstsprache ein kreativer Prozess. Kinder sprechen nicht nur einfach nach, was ihnen vorgesprochen wird, sondern experimentieren mit der Sprache. Sie greifen einzelne Elemente aus den Äußerungen ihrer Umgebung auf und bilden sich daraus ein Sprachgerüst, ein eigenständiges grammatikalisches System, das sich in einigen Bereichen mit dem Erwachsenenmodell deckt, in anderen Bereichen von der zu erlernenden Sprache abweicht und das sie – entsprechend der Rückmeldung aus ihrer Umgebung – prüfen, ergänzen und verändern. Das Aufnehmen, Überprüfen und Verarbeiten von Informationen erfolgt dabei nicht willkürlich, sondern unterliegt bestimmten Gesetzmäßigkeiten, die dem Kind allerdings nicht bewusst sind. Über verschiedene Zwischenstadien nähern sich Kinder allmählich dem Erwachsenenmodell an.

Sprachprozesse von Kindern in Gang zu setzen und zu unterstützen, meint, Kindern auf der Basis ihrer individuellen Möglichkeiten die für sie notwendige Förderung zukommen zu lassen. Eine Förderung der sprachlichen Fähigkeiten geht von den kindlichen Kompetenzen aus und knüpft an den Erlebnissen und Lebensbereichen an, die für Kinder bedeutsam sind.

Sprachförderung bedeutet für die Erzieherin, den Alltag in Tageseinrichtungen sprachanregend zu gestalten und die vielfältigen Möglichkeiten, die sich in der Arbeit bieten, bewusst zu nutzen. Über die Mitarbeit einer muttersprachlichen Erzieherin bieten sich zudem Ansatzpunkte für eine direkte Unterstützung der Erstsprache von Kindern.

Wesentlich für das Gelingen einer zweisprachigen Erziehung ist, dass die Erstsprache der Kinder aus zugewanderten Familien Wertschätzung und Anerkennung im Alltag findet und Kinder wegen ihrer sich entwickelnden Zweisprachigkeit positive Rückmeldungen erfahren. Anerkennung und Wertschätzung der Zweisprachigkeit tragen dazu bei, dass Kinder ein positives Selbstwertgefühl entwickeln können, das ihnen u.a. den Zugang zur neuen Sprache eröffnet.

Das letzte Arbeitstreffen wurde für die Beschäftigung mit dem Thema *„Aufbau von Vernetzungsstrukturen"* genutzt. Im Mittelpunkt des Arbeitstreffens stand die Diskussion der Vernetzungsstrukturen der beteiligten Tageseinrichtungen. Hierbei ging es darum, die Vorteile für alle Beteiligten, wie Kinder, Eltern, Erzieherinnen und Institutionen, sowie die Stolpersteine beim Aufbau von Vernetzungsstrukturen zu erarbeiten.

Öffnung zum Gemeinwesen im Sinne einer Vernetzung von Bereichen, die mit und für Kinder und deren Familien tätig sind, kann für die Belange von Kindern und ihren Familien sensibel machen. Zudem können sich Kinder über die Öffnung zum Umfeld der Tageseinrichtung vielfältige Erfahrungsräume und Lernsituationen erschließen, die auf das Leben in der Erwachsenenwelt vorbereiten und Erfahrungen zur Bewältigung von Lebenssituationen ermöglichen.

Arbeitskreis für Fachberaterinnen

Die Fachberaterinnen der beteiligten Spitzenverbände wurden über die verschiedenen Arbeitstreffen mit den Erzieherinnen informiert. Wichtig für die Arbeit im Projekt war, dass Fachberater/innen aufgrund ihrer Zusammenar-

Interkulturelle Erziehung im Elementarbereich

beit mit Tageseinrichtungen Anregungen geben und Erkenntnisse und Materialien aus dem Projekt an andere Tageseinrichtungen weitergeben können.

Gesprächskreis mit Lehrer/innen aus Fachschulen für Sozialpädagogik

Anliegen im Projekt war es, in den Fachschulen zu recherchieren, ob und wie interkulturelle Erziehung in der Ausbildung berücksichtigt wird. Auf Wunsch der befragten Lehrer aus acht verschiedenen Fachschulen für Sozialpädagogik fand zudem ein Austausch zwischen den Lehrern darüber statt, wie interkulturelle Erziehung in den einzelnen Schulen im Unterricht und in Praktika einbezogen wird.

Bei einem weiteren Treffen, an dem Lehrer/innen der Fachschulen und Leiter/innen der beteiligten Tageseinrichtungen teilnahmen, standen neben einer inhaltlichen Diskussion zur interkulturellen Erziehung Überlegungen für eine Zusammenarbeit zwischen Fachschule und Tageseinrichtungen im Vordergrund.

Daraus hat sich in einigen Städten eine engere Zusammenarbeit zwischen Tageseinrichtungen und Fachschulen entwickelt, d.h. Fachschulen wurden in bestehende Vernetzungsstrukturen einbezogen oder neue Vernetzungsgeflechte gemeinsam aufgebaut.

5. Erste Entwicklungsschritte

Zunächst ist darauf hinzuweisen, dass sich die 15 am Projekt beteiligten Tageseinrichtungen sowohl in der Umsetzung der pädagogischen Arbeit als auch in der Auseinandersetzung mit interkultureller Erziehung erheblich voneinander unterschieden. Dementsprechend ist es nicht möglich, eine einheitliche Entwicklungslinie für alle Tageseinrichtungen aufzuzeigen.

Zudem sahen die Projektmitarbeiterinnen ihre Aufgabe darin, an den Situationen, Fragen und Problemen der Einrichtungen anzuknüpfen und gemeinsam mit Erzieherinnen und Erziehern nach Möglichkeiten der Gestaltung und Planung der Arbeit zu suchen.

Im folgenden werden anhand verschiedener Aspekte einer interkulturellen Erziehung erste Entwicklungsschritte der beteiligten Tageseinrichtungen dargestellt:

Orientierung an der Lebenssituation

Ein wesentlicher Aspekt der Zusammenarbeit war, Erzieherinnen und Erziehern zu vermitteln, den Blick auf das einzelne Kind zu richten; das Kind in seiner Individualität, mit seiner Lebenssituation, seinen Erfahrungen und Bedürfnissen wahrzunehmen.

Eine Orientierung an der (Lebens-)Situation von Kindern führt zu einer differenzierten Vorgehensweise bei der Planung und Gestaltung der pädagogischen Arbeit; eine Voraussetzung, um kindliche Entwicklungsprozesse angemessen fördern zu können. Um Erzieherinnen hier zu unterstützen, wurden verschiedene Arbeitsschemata für eine situationsbezogene Arbeit, wie Logbuch, Situationsanalyse – Schema, eingeführt, die von einigen Erzieherinnen in der Arbeit nach wie vor eingesetzt werden.

Kinder in ihrer Individualität zu sehen, wurde in Einrichtungen u.a. auch daran deutlich, dass bei Teambesprechungen von einzelnen Kindern und nicht mehr von den „türkischen" oder den „libanesischen" Kindern gesprochen wird.

Eigenaktivität von Kindern unterstützen

Damit sich Kinder in der Einrichtung akzeptiert und wohl fühlen sowie Vertrautes wiedererkennen können, wurden in einigen Einrichtungen Schmuck- und Gebrauchsgegenstände aus dem familiären Bereich der Kinder in die Raumgestaltung und in die Materialauswahl einbezogen (Bilder, Tücher für die Verkleidungsecke, Geschirr für die Puppenecke, der Kaufladen als Basar erweitert, Bilderbücher, fremdsprachige Lieder). Es war zu beobachten, dass viele Kinder zu intensiveren Spielen gelangten, neue Spielideen entwickelten, wenn Dinge für sie vertrauter waren.

In einer Einrichtung wurde ein internationales Frühstück für die Kinder angeboten, bei dem die Kinder über verschiedene Länder informiert wurden. Die Vorbereitung dazu lag zunächst in Händen der Erzieherin. Im Verlauf des Projektes wurden die Kinder stärker in die Vorbereitung und Gestaltung mit ihren Ideen und Interessen einbezogen. Die Kinder bastelten Fahnen zu den Ländern, griffen Geschichten auf und spielten sie nach, so dass sich die Idee des internationalen Frühstücks in den Tag hinein fortsetzte.

Zweisprachigkeit fördern

Über die Auseinandersetzung mit dem Thema wurde vielen Erzieherinnen im Verlauf des Projektes bewusst, wie wichtig die Erstsprache für die Identitätsentwicklung von Kindern als auch für den Erwerb der deutschen Sprache ist. Dies wurde u.a. bei Beobachtungen in der Gruppe erkennbar, wenn Kinder nun miteinander in ihrer Familiensprache sprechen dürfen, ohne dass die Erzieherin interveniert.

Des weiteren bemühten sich einige Erzieherinnen, mit den Kindern gemeinsam einzelne Begriffe aus der Erstsprache der Kinder zu lernen.

Interkulturelle Erziehung im Elementarbereich

In der Arbeit mit Kindern und Eltern wurde auch deutlich, dass Erzieherinnen stärker als vorher auf ihr Sprachverhalten achteten, dass sie versuchten, ihr Handeln sprachlich zu begleiten und in vollständigen Sätzen mit Kindern und Eltern zu sprechen. Der Vorschlag, das eigene sprachliche Verhalten über Tonbandmitschnitte zu überprüfen, wurde allerdings sehr zurückhaltend aufgenommen.

Einige Einrichtungen haben die sprachlichen Äußerungen der Kinder schriftlich festgehalten. Anhand dieser Aufzeichnungen wurden nach Aussagen von Erzieherinnen selbst „kleinste" Entwicklungsschritte deutlich, die sonst im Alltag untergegangen wären. Sie waren außerdem die Grundlage, um in der Einrichtung eine auf die Kinder abgestimmte Sprachförderung zu erarbeiten.

Beobachtungen in den Kindergruppen haben gezeigt, dass aus „zeitlichen Gründen" kaum Gespräche mit Kindern geführt werden. Sprachliche Kontakte zwischen Erzieherin und Kind gingen allzu selten über ein Ansprechen, Abfragen oder Anweisen hinaus. Um hier zu einer bewussteren Haltung im Bereich der Sprachförderung zu gelangen, wurden die Erzieherinnen gebeten, Gespräche mit Kindern zu dokumentieren. Rückmeldungen ergaben, dass vielen von ihnen über diese Dokumentation bewusst geworden sei, wie wenig sie mit Kindern sprechen und welche Kinder häufiger oder welche weniger häufig angesprochen werden.

Rolle der Erzieherin

Durch den Austausch mit anderen Einrichtungen ermutigt, wurden in einigen Einrichtungen im Verlauf des Projektes muttersprachliche Fachkräfte eingestellt.

In einer Einrichtung wurde mit Unterstützung der muttersprachlichen Erzieherin zunächst die Zusammenarbeit mit Eltern intensiviert, z.B. Gesprächskreise für Mütter eingerichtet. Des weiteren wurden die verschiedenen Feste so gestaltet, dass sich an allen Festen sowohl die türkischen als auch die deutschen Eltern angesprochen fühlten. So wurden die Eltern bereits mit der Einladung in ihrer Sprache über die Feste und deren Bedeutung informiert.

In einem nächsten Schritt wurde in der Einrichtung überlegt, neben der deutschen Sprache auch die Erstsprache der türkischen Kinder zu fördern. Dazu wurden zunächst die Eltern eingeladen und mit ihnen über die Bedeutung der Erstsprache gesprochen sowie um ihre Zustimmung für eine muttersprachliche Förderung gebeten.

Bei gemeinsamen Aktivitäten, Kinder und Erzieherinnen kauften z.B. gemeinsam ein, fanden die Gespräche zwischen Kindern und Erzieherin in der türkischen Sprache statt. Dabei konnte die Erzieherin beobachten, dass den türkischen Kindern noch viele Begriffe des alltäglichen Lebens fehlten. Interessierte deutsche Kinder konnten sich an den Aktivitäten beteiligen und wurden dabei mit einzelnen türkischen Begriffen bekannt gemacht.

Die Einstellung von Erzieherinnen mit Migrationshintergrund kann nach den Beobachtungen im Projekt nur befriedigend gelingen, wenn die Aufgabenstellung klar formuliert und mit der der deutschen Kollegin vergleichbar ist, und wenn die Verantwortung für die Arbeit mit zugewanderten Familien von allen Beteiligten übernommen und nicht einseitig der Erzieherin mit Migrationshintergrund übertragen wird.

Zusammenarbeit mit Eltern

Durch das Projekt angeregt, hat es in verschiedenen Tageseinrichtungen Veränderungen im Bereich der Zusammenarbeit mit Eltern gegeben. Das Ziel war, eine Vielfalt an Formen zu entwickeln, die den Bedürfnissen von Eltern entsprachen. Hierbei war gerade die Mitarbeit von Erzieherinnen mit Migrationshintergrund von besonderer Bedeutung, da sie in der Regel die Bedürfnisse der zugewanderten Familien kennen und aufgrund ihrer sprachlichen Fähigkeiten zu einem Aufbau von Vertrauen beitragen können.

So wurden im Rahmen der Zusammenarbeit mit Eltern zunehmend Hausbesuche durchgeführt oder Veranstaltungen für die zugewanderten Eltern angeboten. In einer Einrichtung besuchten Eltern und Erzieherinnen gemeinsam Kurse der Familienbildungsstätte. Andere Einrichtungen stellten Eltern Räume zur Verfügung, in denen sie sich zu einem Austausch treffen können. In einer Einrichtung wurden „Gesprächskreise" für Mütter jeweils einer Nationalität angeboten, in mehreren Einrichtungen wurden Sprachkurse in deutscher Sprache für türkische Mütter eingerichtet.

In einer Einrichtung erhielten Eltern Hintergrundinformationen in ihrer Sprache zu den Festen, die in der Einrichtung gemeinsam gefeiert wurden. Übersetzungen von Einladungen, Ankündigungen, Plakaten mit Themen und Fragen sind in einigen Einrichtungen selbstverständlich geworden.

Wenig umgesetzt ist bisher der Aspekt, „mit" statt „für" Eltern zu planen und zu gestalten.

Enttäuschung wurde geäußert, wenn Eltern zu Veranstaltungen eingeladen wurden, aber nicht teilnahmen. Ob und welche Veranstaltungen, welche Themen für Eltern von Interesse sind, wurde selten diskutiert, Eltern wurden fast nie dazu befragt. Es besteht vielfach noch die Auffassung, dass Eltern zu wenig Interesse für ihre Kinder aufbringen, wenn sie die Angebote der Einrichtung nicht wahrnehmen. Gründe, die im familiären oder beruflichen Bereich liegen und dazu führen, dass Eltern nicht teilnehmen können, werden weniger mitbedacht.

Öffnung zum Gemeinwesen

In allen Einrichtungen sind über eine Zusammenarbeit mit einzelnen Institutionen hinaus Ansätze für eine Vernetzung im Stadtteil über „Stadtteilkonferenzen" oder „Pädagogische Konferenzen" gegeben.

Der Aufbau von Vernetzungsstrukturen wurde in einer Einrichtung über einen ersten fachlichen Austausch mit der Fachschule für Sozialpädagogik in die Wege geleitet.

Ziel des Arbeitskreises war es, eine kontinuierliche Zusammenarbeit zwischen der Fachschule und der Tageseinrichtung herzustellen. Inhaltlicher Schwerpunkt war das Thema Interkulturelle Erziehung. Darüber hinaus war beabsichtigt, den Arbeitskreis in absehbarer Zeit auch für andere Interessierte zu öffnen: für Erzieherinnen aus anderen Tageseinrichtungen, Fachberater und Fachschullehrer. Außerdem planten die Fachschullehrer/innen, eine Fachtagung zur interkulturellen Erziehung durchzuführen.

In einer anderen Einrichtung fand ein Austausch mit der benachbarten Grundschule über die Situation von Kindern statt. Ob und wie die anderen Einrichtungen der Gemeinde in diesen Austausch einbezogen werden können, muß noch geklärt werden.

Die Zusammenarbeit mit anderen Institutionen wurde vielfach von der Leitung der Einrichtung wahrgenommen. Hier ist zu überlegen, wie erreicht werden kann, dass die Zusammenarbeit von mehreren Erzieherinnen getragen wird und gleichzeitig sichergestellt ist, dass die notwendigen Informationen in der Einrichtung weitergegeben werden.

Offene Planung

Ein zentrales Element situationsbezogener Arbeit ist, Kinder und Eltern – soweit dies möglich ist und gewünscht wird – in die Planung und Gestaltung der Arbeit einzubeziehen. Es war allerdings zu beobachten, dass in der Mehrzahl der Einrichtungen eher für statt mit Kindern und Eltern gearbeitet wird.

6. Fazit

Die Verknüpfung von interkultureller Erziehung und situationsbezogenem Ansatz erforderte eine längere Zusammenarbeit mit der Praxis, als in diesem Projekt zur Verfügung stand.

Die Prinzipien situationsbezogenen Arbeitens wurden keineswegs in allen Einrichtungen umgesetzt, d.h. hier musste zunächst einmal eine gemeinsame Basis für alle Einrichtungen hergestellt werden, bevor eine Auseinandersetzung und Verknüpfung mit interkultureller Erziehung erfolgen konnte.

Sich auf situationsbezogenes Arbeiten und interkulturelle Erziehung einzulassen, bedeutete oftmals, die bisherige Arbeit in Frage zu stellen, sich auf den Weg zu machen und Neues auszuprobieren, mit Unsicherheiten umzugehen. Auch hierzu ist ein gewisser Zeitrahmen erforderlich.

Darüber hinaus ist der Aufbau von Vernetzungsstrukturen zeitintensiv, wenn die verschiedenen Institutionen und Initiativen ausfindig gemacht, Kontakte hergestellt und Gesprächskreise vorbereitet und durchgeführt werden sollen.

Unterstützung und Förderung der sprachlichen Fähigkeiten von Kindern kann nur gelingen, wenn Erzieherinnen über den Verlauf der Sprachentwicklung und die Bedeutung der Erstsprache informiert sind und wenn sie wissen, wie sie den Alltag in der Tageseinrichtung mit seinen vielfältigen Möglichkeiten für eine „bewusste" Sprachförderung nutzen können. Hier sind Ausbildung und Fachberatung in besonderer Weise gefragt.

Wünschenswert wäre auch, den fachlichen Austausch zwischen Elementarbereich und Ausbildung zu intensivieren, um gegenseitige Erwartungen und Notwendigkeiten hinsichtlich der Ausbildung von Erzieherinnen zu klären.

Literatur

Bronfenbrenner, Urie (1980): Die Ökologie der menschlichen Entwicklung. Natürliche und geplante Experimente. Stuttgart.
Deutsches Jugendinstitut (1980): Curriculum Soziales Lernen. München.
Krenz, Armin (1991): Der situationsorientierte Ansatz im Kindergarten. Grundlage und Praxis. 4. Auflage. Freiburg i. Br.
Militzer; Renate/Demandewitz, Helga/Solbach, Regina (1999): Tausend Situationen und mehr. Die Tageseinrichtung – ein Lebens- und Erfahrungsraum für Kinder. Münster.
Ministerium für Arbeit, Gesundheit und Soziales des Landes NRW (o. J.): Arbeitshilfen zur Planung der Arbeit im Kindergarten. Düsseldorf.
Oertel, Frithjof (Hrsg) (1982): Elementare Erziehung. Praxishilfen für den Kindergarten. Bd. 1 und 2. München.
Zimmer, Jürgen u.a. (1998) Praxisreihe Situationsansatz. Ravensburg.

Interkulturelle Erziehung im Elementarbereich

Anlage 1

Situationsorientierte Ansätze

	Situationsansatz mit dem Curriculum „Soziales Lernen" DJI, München	Situationsorientierter Ansatz mit dem Curriculum „Elementare Sozialerziehung" Niedersachsen	Situationsbezogener Ansatz mit den „Arbeitshilfen zur Planung der pädagogischen Arbeit im Kindergarten" NRW	Situationsorientierter Ansatz in der sozialpädagogischen Praxis Krenz
Theorie	– Gesellschaftskritischer Ansatz – Robinsohn – Freire	– Pädagogisch-anthropologischer Ansatz – Roth	– Sozialisationstheorie – Entwicklungspsychologie – Erikson – Piaget	– Kindorientierter Ansatz
Zielsetzung	– Autonomie – Solidarität – Kompetenzen	– Ich-, Sozial- und Sachkompetenz	– Selbstvertrauen stärken – Umweltverständnis wecken – Kommunikationsbereitschaft fördern – Ausdrucksmöglichkeiten erweitern	– Vergangenheitsbewältigung – Ganzheitliche Entwicklungsförderung – Neue Handlungskompetenzen
Pädagogische Umsetzung	Ausgangspunkt: – Allgemein gültige – auch gesellschaftlich bedingte – Schlüsselsituationen – Beobachtung – Situationsanalyse – Projekte	Ausgangspunkt: – Erlebniswirklichkeit des Kindes – Beobachtung – Situationsanalyse – Freispiel und Angebote	Ausgangspunkt: – Individuelle Lebenssituation – Beobachtung – Situationsanalyse – Differenzierte Gruppenarbeit	Ausgangspunkt: – Kindersituationen sind Problemsituationen – Beobachtung – Situationsanalyse – Projekte
Veröffentlichung	– Curriculum: Soziales Lernen, 28 Didaktische Einheiten. – Praxisreihe: Situationsansatz, 12 Bände.	– Curriculum: Elementare Sozialerziehung. Praxishilfen für den Kindergarten. Bd. 1 und 2.	– Arbeitshilfen zur Planung der pädagogischen Arbeit im Kindergarten. – Tausend Situationen und mehr.	– Der situationsorientierte Ansatz im Kindergarten.

Anlage 2

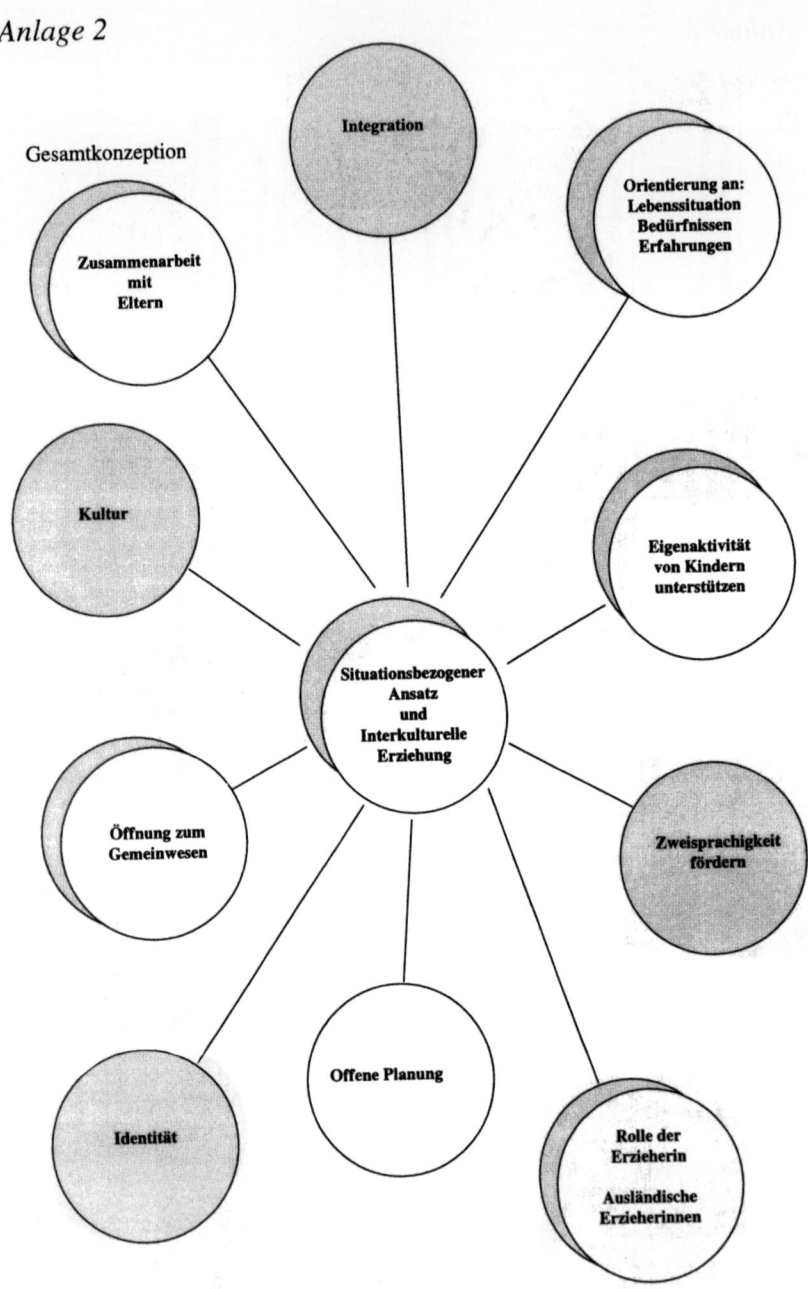

Ragnhild Fuchs

Ansätze der interkulturellen Erziehung im Elementarbereich

1. Begriffsklärung

Der Begriff der interkulturellen Erziehung wird in der pädagogischen Diskussion verstärkt seit Beginn der 80er Jahre verwendet. Durch eine Vielzahl von Projekten zur Situation von Migrantenkindern im Elementarbereich wurde die Auseinandersetzung über Aspekte interkultureller Erziehung vorangetrieben. Dabei ist es nach Hohmann vor allem ein Verdienst des Elementarbereichs, die Umsetzung interkultureller Erziehung im Hinblick auf eine Gemeinwesenorientierung und Kooperation zwischen Institutionen – Kindergarten, Schule und Familie – vorangebracht zu haben (vgl. Hohmann 1989, S. 27).

Während in den 80er Jahren Begriffe wie interkulturell, transkulturell, multinational oder multikulturell oftmals synonym verwendet worden sind, hat sich mittlerweile ein relativ einheitlicher Sprachgebrauch in der Fachliteratur durchgesetzt.

Der Begriff *interkulturell* wird verwendet, um auf die *Beziehungsqualität* einer gegenseitigen Akzeptanz, Toleranz und Gleichwertigkeit der Kulturen zu verweisen. Er schließt die Notwendigkeit verständigungsorientierter Kommunikation mit ein (vgl. Rey-von-Allmen 1991, S. 156). Zugleich wird er auch in Kontexten verwandt, in denen es um pädagogische, soziale und politische *Zielsetzungen* geht (vgl. Hohmann 1983, S. 5).

Multikulturell wird zur Beschreibung eines *Zustandes*, bzw. einer historisch gewachsenen *Situation* benutzt. Man spricht also von der multikulturellen Gesellschaft, aber von interkultureller Erziehung (vgl. Rey-von Allmen 1991, S. 156).

Mit dem Begriff der *interkulturellen Erziehung* ist kein einzelner Ansatz verbunden. Vielmehr fällt bei Durchsicht der Fachliteratur auf, dass je nach Autor und Projekt teils ähnliche und teils verschiedene Schwerpunkte und Grundprinzipien herausgehoben werden (vgl. Auernheimer 1995).

2. Konzepte der interkulturellen Erziehung im Elementarbereich

Neben Konzepten, die den Begriff der „Interkulturellen Erziehung" verwenden, sollen hier zur definitorischen Abgrenzung zunächst solche genannt werden, die sich ebenfalls mit der kulturellen Vielfalt und den damit verbundenen Fragestellungen für den elementarpädagogischen Bereich beschäftigen. Sie tragen dabei jedoch andere Bezeichnungen.

2.1 Das bilingual-bikulturelle Konzept

Dieses Konzept betrachtet Kinder der zweiten und dritten Generation als „Vermittler" zwischen zwei unterschiedlichen lingualen und kulturellen Systemen. Im Vordergrund der pädagogischen Zielsetzungen stehen die Förderung der Muttersprache und die Förderung der kulturellen Identität. Darüber hinaus sollen die Kinder mit Migrationshintergrund die deutsche Sprache und Kultur erlernen, aber auch deutsche Kinder sollen andersartige kulturelle Elemente erleben können. Zielgruppe dieses Konzeptes, wie es am Staatsinstitut für Frühpädagogik (IFP) entwickelt wurde, sind nur Kinder je einer Nationalität und deutsche Kinder. Sie werden teils gemeinsam, teils getrennt betreut. Die Trennung erfolgt aufgrund der muttersprachlichen Förderung durch eine Erzieherin, die dem Kind neben der Sprache auch Aspekte der Herkunftskultur vermittelt.

Die Begründung für dieses Konzept liegt in der wissenschaftlichen Forschung zur Relevanz der Muttersprache u.a. für die Identitätsentwicklung, für die Entwicklung eines positiven Selbstbildes und für den Zweitspracherwerb bei Minoritätenkindern (vgl. Fthenakis 1983).

Kritik an diesem Konzept wurde zu folgenden Bereichen geäußert:

- Die getrennte Betreuung könnte einer Integration der beiden kulturellen Gruppen zuwider laufen.
- Angesichts der Vielfalt der verschiedenen Nationalitäten, die in der Bundesrepublik Deutschland leben, erscheint es unmöglich, die Rahmenbedingung einer nationalen Erzieherin in jeder Gruppe einhalten zu können. Das Konzept der bilingualen-bikulturellen Gruppe kann also nur für einzelne zugewanderte Gruppen durchgeführt werden.
- Geht man außerdem davon aus, dass sich gesellschaftliche Realität auch in den Kindergruppen der Tageseinrichtungen wiederfinden lassen soll, so entspricht eine Gruppe von nur zwei Kulturen nicht der tatsächlichen Multikulturalität außerhalb der Einrichtung.

2.2 Konzepte der multikulturellen Erziehung

Eine weitere Richtung von Konzepten, die Antworten auf die Situation von Migrantenkindern sucht, wird dem Begriff der „multikulturellen Erziehung" zugeordnet. Einheitliche Definitionen hierzu sind jedoch kaum zu finden. Auch werden die Begriffe multikulturelle Erziehung und interkulturelle Erziehung oftmals synonym verwendet. Zur Überwindung der Begriffsverwirrung trägt Fthenakis bei, indem er zwischen drei Richtungen von Konzepten der multikulturellen Erziehung unterscheidet. Sie beziehen sich ursprünglich auf schulische Bildungsbereiche.

Sie sollen trotzdem an dieser Stelle erwähnt werden, da mit diesen Ansätzen bestimmte Grundhaltungen verbunden sind, die auch im Elementarbereich diskutiert werden.

1. Der Ansatz des „wohlwollenden Multikulturalismus" will unter kompensatorischen Gesichtspunkten die Anpassung an die neue Kultur erleichtern. Es soll wohlwollend auf die kulturelle Eigenart des Kindes eingegangen werden, wobei der Herkunftskultur des Kindes kein eigenständiger Wert zugebilligt wird. Hier kann von einer multikulturellen Erziehung als Strategie zur Assimilation gesprochen werden (vgl. Fthenakis 1985).
2. Die „Erziehung zum multikulturellen Verständnis" beruht auf der Änderung von Einstellungen bei Lehrern und Schülern – auch bei Mitgliedern der Majorität. Ziel ist es hierbei, die Einstellungen von Mitgliedern der Minoritäten und Majoritäten dahingehend zu verändern, dass sie kulturelle Verschiedenheiten schätzen lernen. Die Gefahr liegt hierbei in der Überbetonung der Unterschiede von ethnischen Gruppen.
3. Die „Erziehung zum multikulturellen Pluralismus", richtet sich gegen Assimilation und Segregation in den Schulen. Dieser Ansatz verfolgt stärker sozialpolitische Ziele: Durch eine angestrebte Verschiebung der Machtverhältnisse zwischen Mehrheiten und Minderheiten zugunsten der Minorität erhofft man sich, „ein geeignetes Klima für höhere Motivation und somit auch Voraussetzungen zum besseren Erfolg für Mitglieder von Minoritäten zu schaffen" (Fthenakis 1983, S. 5). Programme dieser Art sind sozusagen als Gegenpole zu Assimilationsprogrammen zu verstehen.

Fthenakis kritisiert an allen drei Programmen vor allem die ungenügende Berücksichtigung der Bedeutung und Förderung der Muttersprache.

2.3 Konzepte der interkulturellen Erziehung

Die Konzepte der „interkulturellen Erziehung", weisen zum Teil Überschneidungen, zum Teil jedoch auch deutliche Abgrenzungen zu den zuvor genannten Ansätzen auf:

- Zielgruppe interkultureller Erziehung sind Minoritäten- *und* Majoritätengruppen. In letzter Konsequenz bedeutet dies, dass interkulturelle Erziehung auch bei rein deutschen Kindergruppen Relevanz besitzt.
- Im Rahmen interkultureller Erziehung sollen *sowohl* Gemeinsamkeiten zwischen den Kulturen erlebt werden als auch Einzigartigkeiten Geltung bekommen. Von daher sind in der interkulturellen Erziehung gleichzeitig kulturrelativistische und kulturuniversalistische Positionen enthalten.
- Die Förderung der Muttersprache als identitätsstützendes Moment und als Voraussetzung zum Erwerb der Zweitsprache stellt einen wichtigen Schwerpunkt der interkulturellen Erziehung dar.
- Das grundlegende pädagogische Ziel der interkulturellen Erziehung ist es, Kindern mit *und* ohne Migrationshintergrund Kompetenzen zu vermitteln, die ihnen ein gleichberechtigtes und friedvolles Leben in einer multikulturellen Gesellschaft ermöglichen.

Prengel weist darauf hin, dass bei der Auseinandersetzung um interkulturelle Erziehung meistens vergessen werde, auf Unterschiede auch *innerhalb der Mehrheitenkultur* hinzuweisen. Viele der Problematiken, die zwischen verschiedenen Kulturen entstünden, könnten auch innerhalb einer Kultur festgestellt werden (vgl. Prengel 1995, S. 88). Die *Umsetzung interkultureller Erziehung im Elementarbereich* orientiert sich meist an einem schon etablierten elementarpädagogischen Ansatz: dem Situationsansatz. Dies gilt für Veröffentlichungen aus den 80er Jahren, z.B. Akpinar und Zimmer (1984) und für Projekte in den 90er Jahren, wie z.B. das Projekt „Kindersituationen" (Zimmer 1998). Auch die psychoanalytische Pädagogik, die sich Aspekten interkultureller Erziehung – u.a. dem Umgang mit Fremdheit – zuwendet, bezieht sich auf den Situationsansatz (vgl. Messer/Nagel 1998). Eine Gesamtkonzeption von interkultureller Erziehung und dem situationsbedingten Ansatz entstand im Rahmen des Projektes „Interkulturelle Erziehung im Elementarbereich". Durch eine mehrperspektivische Herangehensweise wird die Umsetzung interkultureller Erziehung in allen Handlungsbereichen der Tageseinrichtung für Kinder mit dem situationsbezogenem Ansatz verbunden (Militzer/Fuchs/Demandewitz/Houf 2001).

Situationsorientierte Ansätze dienen bei den hier exemplarisch genannten Projekten und Autoren als *pädagogischer Bezugsrahmen zur Umsetzung interkultureller Erziehung.*

3. Grundprinzipien der interkulturellen Erziehung im Elementarbereich

Folgende Eckpfeiler einer interkulturellen Erziehung im Elementarbereich können für den aktuellen Diskussionsstand festgehalten werden:

Ansätze der interkulturellen Erziehung im Elementarbereich

1. Interkulturelle Erziehung im Elementarbereich richtet sich gleichermaßen an Kinder mit und ohne Migrationshintergrund. In einer multikulturellen Gesellschaft zu leben erfordert Kompetenzen, die alle Menschen mit unterschiedlichen kulturellen Hintergründen betreffen. Dazu zählen u.a.
   - kommunikative Kompetenzen des Aushandelns unterschiedlicher Bedürfnisse,
   - Umgang mit Fremdheitsgefühlen aufgrund des Aufeinandertreffens unterschiedlicher Wert- und Normsysteme und
   - kreative Kompetenzen, um unterschiedliche Auffassungen miteinander zu verbinden, bzw. um andere Denkmuster und Lösungswege in eigene Vorstellungen zu integrieren.

2. Interkulturelle Erziehung äußert sich als *durchgängiges Prinzip* im pädagogischen Handeln, d.h. interkulturelle Erziehung zeigt sich *nicht* in einmaligen Festen oder indem nur einzelne Länder und Kulturen mit den Kindern behandelt werden, sondern erscheint mit einer entsprechenden *pädagogischen Grundhaltung* in allen Handlungsbereichen, die die Tageseinrichtung für Kinder betreffen. Dies bedeutet in Folge:

3. Interkulturelle Erziehung erfordert einerseits eine *Integration in die Gesamtkonzeption* einer Einrichtung. Dies betrifft u.a. den pädagogischen Ansatz, nach dem die Einrichtung arbeiten will, die Arbeit mit den Kindern, die Zusammenarbeit mit den Eltern, Fragen der Raumgestaltung, die Rolle der Erzieher(innen), Teamarbeit, Öffnungszeiten, Öffnung nach innen und nach außen etc.

4. Interkulturelle Erziehung besitzt andererseits aber auch eigene *Schwerpunkte*. Dazu zählen u.a.:
   - Sprachförderung – Förderung der Muttersprache und der deutschen Sprache,
   - Zusammenarbeit mit Eltern, sowohl mit als auch ohne Migrationshintergrund,
   - Identitätsentwicklung und
   - Soziales Handeln – mit den Unterthemen Umgang mit Fremdheit, Andersartigkeit etc.

Dabei muss betont werden, dass die Schwerpunkte interkultureller Erziehung zugleich auch für andere Bereiche der pädagogischen Konzeption eine Bereicherung darstellen können. So kann z.B. eine Sprachförderung nicht nur zugewanderten Kindern, sondern auch deutschen Kindern mit sprachlichen Problemen helfen.

Eine grundlegende Konsequenz, die sich aus den Konzepten interkultureller Erziehung und den situationsorientierten Ansätzen ableitet, ist die Orientierung an der Lebenssituation von Kindern.

4. Orientierung an der Lebenssituation von Kindern als Ausgangspunkt pädagogischen Handelns

Die Orientierung an der Lebenssituation von Kindern wird seit der Bildungsreform in den 70er Jahren als Voraussetzung und Ausgangspunkt pädagogischen Handelns im Elementarbereich verstanden (vgl. Hemmer/Obereisenbuchner 1979).

Bei der Diskussion um die Orientierung an der Lebenssituation von Kindern in multikulturellen Gruppen stößt man auf grundsätzliche elementarpädagogische Fragestellungen.

- Wie kann garantiert werden, dass die Wahrnehmung und Auswahl von bedeutsamen Situationen nicht allein den Kriterien einer Erwachsenenperspektive unterliegen?
- Welche Voraussetzungen müssen gegeben sein und welche Möglichkeiten gibt es, sich der Perspektive von Kindern, insbesondere von zugewanderten Kindern anzunähern?
- In welcher Hinsicht ist das Wissen um kulturelle Hintergründe zuträglich, in welcher Hinsicht jedoch auch abträglich, um sich der Perspektive von Kindern anzunähern?
- Welche Schwierigkeiten können gerade bei zugewanderten Kindern auftauchen, wenn es darum geht, etwas über ihre Lebenssituation in Erfahrung zu bringen?

Dies sind nur einige von vielen Fragestellungen, die sich in diesem Kontext ergeben.

4.1 Orientierung an der Lebenssituation erfordert, sich der kindlichen Perspektive anzunähern

Um eine Annäherung an die Perspektive des Kindes zu erreichen, ist es notwendig, sich die „Breite des kindlichen Weltverhältnisses" (Schäfer 1997, S. 383) zu vergegenwärtigen. Damit meint Schäfer den Bezug, den Kinder zu Menschen, Dingen, Medien haben, aber auch ihre unterschiedliche Form der Wahrnehmung von Welt, z.B. aufgrund unterschiedlicher Entwicklungsalter.

Das Kind sollte aufgrund seiner gegenüber Erwachsenen andersartigen Weltsicht als Konstrukteur eigenständiger kultureller Zwischenbereiche betrachtet werden. Die Kultur bzw. die Kulturen, in der das Kind aufwächst, wirken als von Erwachsenen gestaltete Perspektiven auf das Kind ein. Das Kind formt diese mittels seiner kindlichen Weltwahrnehmungen zu einer eigenständigen kulturellen Handlung um.

Um sich nun der Perspektive von Kindern zu nähern, ist es notwendig, eine pädagogische Grundhaltung einzunehmen, die der „Kultur des Kindes"

Ansätze der interkulturellen Erziehung im Elementarbereich

eine eigenständige Position gegenüber der Kultur des Erwachsenen einräumt. Dies kommt u.a. zum Tragen, wenn Erwachsene eine Offenheit bewahren, sich von Kindern in ihren Denk- und Wahrnehmungsmustern hinterfragen zu lassen.

Bei Kindern mit Migrationshintergrund sieht sich die Erzieherin dabei vor nochmals erhöhte Anforderungen gestellt. Die Weltsicht von zugewanderten Kindern stellt sich dar als die Schnittmenge einer eigenständigen Kultur des Kindes und kultureller Einflüsse aus seinem sozialen Umfeld, die der Erzieherin fremd sein können. Die daraus entstehenden kulturellen Handlungen haben ihren Eigenwert und dürfen nicht in Erklärungsmuster über kulturelle oder migrationsbedingte Hintergründe gepresst werden.

4.2 Vielfalt zwischen und innerhalb der Kulturen

Eine weitere Schwierigkeit bei der Orientierung an der Lebenssituation von zugewanderten Kindern ist in der wachsenden Vielfalt nicht nur zwischen den Kulturen, sondern auch innerhalb der Kulturen zu sehen. Ein angelesenes Hintergrundwissen über die Kulturen der Herkunftsländer der Kinder kann, wenn es nicht in Bezug gesetzt wird zur aktuellen Lebenssituation des Kindes, eher zu einer Verzerrung der Einschätzung beitragen, denn zu einer Aufklärung.

Oftmals ist in der Praxis festzustellen, dass den Kindern Hintergrundwissen über verschiedene Kulturen vermittelt wird, aber selten ist ersichtlich, mit welcher Motivation Erzieherinnen diese Themen ausgewählt haben und inwieweit sie mit aktuellen Bedürfnissen der Kinder in Verbindung stehen. Oftmals scheint die Not, „etwas für interkulturelle Erziehung tun zu wollen", diese nationalitätenspezifischen Aktivitäten hervorzubringen.

4.3 Einsatz von Methoden und Materialien im Hinblick auf die Lebenssituation von Kindern

Beim Einsatz von Methoden und Materialien interkultureller Erziehung ist zu fragen, inwieweit einem der wichtigsten Lernziele im Elementarbereich – der Unterstützung der Selbstbestimmung von Kindern – noch genügend Rechnung getragen wird. Wenn Hintergrundwissen ohne Anknüpfen an aktuelle Bedürfnisse von Kindern vermittelt wird, wenn Erwachsene vorgeben, wie Kulturgegenstände, die in die Einrichtung mitgebracht werden, zu verstehen sind, dann wird eine wichtige Lernchance verpasst: Die Eigenleistung der Kinder, ihre Sicht der Wirklichkeit einzubringen, eigenständige Ideen und kreative Erklärungen aus ihrer Perspektive zu entwickeln. Das Zugeständnis dieser kreativen Eigenleistungen stärkt den Selbstwert der Kinder, fördert Kreativität und Flexibilität in den Denkmustern. Dies sind zugleich Kompetenzen, die nötig sind, um in einer multikulturellen Gesellschaft friedlich und gleichberechtigt miteinander umzugehen.

Um nicht falsch verstanden zu werden: Es geht nicht darum, Kindern kulturelle Hintergründe zu verschweigen. Vielmehr sollte eine Balance im pädagogischen Alltag hergestellt werden, bei der sowohl Sachwissen vermittelt wird als auch genügend Raum für kreative Eigenleistungen vorhanden ist.

Sich an der Lebenssituation von Kindern mit und ohne Migrationshintergrund zu orientieren erweist sich als Grundvoraussetzung zur Umsetzung interkultureller Erziehung in der elementarpädagogischen Praxis. Es gibt zahlreiche Möglichkeiten, um die vielfältigen Facetten der Lebenssituation von Kindern verstehen zu lernen.

Dazu zählen u.a.:

– *Zusammenarbeit mit Eltern*, denn sie geben wichtige Hinweise über die individuelle und familiäre Situation des Kindes.
– *Zusammenarbeit im Team*, durch die unterschiedliche Wahrnehmungen über ein Kind aus der Perspektive verschiedener Kolleginnen ausgetauscht werden können.
– *Raumgestaltung*, die die multikulturelle Realität der Einrichtung widerspiegelt und die Räume für eigenständige Gestaltungen der Kinder freilässt.
– *Sprachförderung*, die nicht losgelöst von der Lebenssituation von Kindern anhand von vorgefertigten Materialien durchgeführt wird, sondern sich an aktuellen Bedürfnissen orientiert und damit einen Anreiz bietet und Mut machen kann, eigene Interessen auch sprachlich zu äußern (vgl. Militzer/Demandewitz/Fuchs 2000).
– *Gemeinwesenorientierung*, die Kindertagesstätten als Begegnungsorte für Initiativen und Gruppen mit verschiedenen Kultur- und Migrationshintergründen öffnet und damit die Kommunikationsmöglichkeiten für Kinder erweitert.

Wird die Orientierung an der Lebenssituation als Ausgangspunkt pädagogischen Handelns verstanden, so kommen Erzieherinnen nicht umhin, die soeben nur skizzierten Handlungsbereiche für die pädagogische Arbeit zu berücksichtigen. Aus möglichst vielfältigen Perspektiven kann so ein Bild von der Lebenssituation eines Kindes entstehen. Darüber hinaus garantieren vor allem solche Situationen, die aus der Sicht von Kindern bedeutsam sind, eine gelingende Umsetzung situationsorientierter Ansätze. Gerade sie sind es, die den Forschergeist von Kindern wecken und damit gute Ausgangspunkte für Lernerfolge darstellen. Um zu erfahren, welche Situationen die Bedürfnislage der Kinder treffen, müssen Erzieherinnen ihnen eine pädagogische Grundhaltung der Gleichwertigkeit entgegenbringen. Nur wenn Kinder das Gefühl haben, wirklich ernst genommen zu werden, auch und besonders dann, wenn ihr Verhalten Befremdung bei Erwachsenen auslöst, wird Erzieherinnen ein Einblick in das, was *für Kinder* von Bedeutung ist, vergönnt sein. Eine Haltung von Gleichwertigkeit bewahrheitet sich dann, wenn die Äußerungen und nicht-sprachlichen Handlungen von Kindern mit einer Bereitschaft aufgenommen werden, die zulässt, eigene Denkmuster und Verhaltensweisen selbstkritisch zu hinterfragen und gegebenenfalls zu verändern (vgl. Fuchs 1998).

Die Verbindung von interkultureller Erziehung und situationsorientierten Ansätzen geht damit nicht nur von der Gleichwertigkeit unterschiedlicher Kulturen aus, sondern muss auch die Gleichwertigkeit zwischen einer „Erwachsenenkultur" und einer „Kultur des Kindes" in ihr Konzept integrieren. Erst die damit verbundene pädagogische Grundhaltung kann dazu führen, für Kinder mit und ohne Migrationshintergrund Situationen für die pädagogische Planung auszuwählen, die wirklich den Bedürfnissen der Kinder entsprechen. Eine Entwicklung und kontinuierliche Reflexion dieser Haltung ist zugleich unerlässlich, um interkulturelle Erziehung als Grundprinzip in elementarpädagogische Handlungsfelder einzubinden.

Literatur

Akpinar, Ünal; Zimmer Jürgen (Hrsg.) (1984): Von wo kommst'n du? Interkulturelle Erziehung im Kindergarten. München.
Auernheimer, Georg (1995): Einführung in die interkulturelle Erziehung. 2., überarb. u. erg. Aufl. Darmstadt.
Fthenakis, Wassilios E.: Konzepte zur Förderung ausländischer und deutscher Kinder in der Bundesrepublik Deutschland. Manuskript eines Vortrags beim Kongress „Chancen für ausländische Kinder und Familien" veranstaltet von der „Katholischen Erziehergemeinschaft" und dem „Bundesverband katholischer Erzieher und Sozialpädagogen Deutschlands" in Augsburg am 4.2.1983.
Fthenakis, Wassilios E. (1985) In: IFP (Staatsinstitut für Frühpädagogik) (Hrsg.): Zweisprachigkeit im Kindergarten. Bd. 1. Donauwörth.
Fuchs, Ragnhild (1998): Kommunikatives Handeln in situationsorientierten Ansätzen. In: Colberg-Schrader, Hedi; Engelhard, Dorothee; Höltershinken, Dieter; Neumann, Karl; Sprey-Wessing, Thea (Hrsg.): Kinder in Tageseinrichtungen. Ein Handbuch für Erzieherinnen. Donauwörth.
Hemmer, Klaus Peter/Obereisenbuchner, Matthias (1979): Die Reform der vorschulischen Erziehung. München
Hohmann, Manfred (1983): Interkulturelle Erziehung. Versuch einer Bestandsaufnahme. In: Ausländerkinder, 4. Jg. Heft 4, S. 4ff.
Hohmann, Manfred; Reich, Hans H. (Hrsg.)(1989): Ein Europa für Mehrheiten und Minderheiten. Münster, New York.
Messer, Helene; Nagel, Gudrun (1998): Brücken und Zäune. Interkulturelle Pädagogik zwischen Fremdem und Eigenem. Gießen.
Militzer, Renate; Demandewitz, Helga; Fuchs, Ragnhild (2002): Sprachförderung in Kindertagesstätten. In: Beauftragte der Bundesregierung für Ausländerfragen: Hallo, Hola, Ola. Sprachförderung in Kindertagesstätten. Bonn 2000.
Militzer, Renate; Fuchs, Ragnhild; Demandewitz, Helga; Houf, Monika (2001): Der Vielfalt Raum geben. Interkulturelle Erziehung im Elementarbereich (in Vorbereitung zur Veröffentlichung).

Prengel, Annedore (1995): Pädagogik der Vielfalt. Opladen.
Rey-von-Allmen, Micheline (1991): Terminologie und Darstellung der Migrationen, der gesellschaftlichen Verhältnisse und der interkulturellen Beziehung. In: Gogolin u.a.: Kultur und Sprachenvielfalt in Europa. Münster/New York.
Schäfer, Gerd E. (1997): Aus der Perspektive des Kindes? Von der Kindheitsforschung zur ethnographischen Kinderforschung. In: Neue Sammlung, 37. Jg. Heft 3, S. 377-394.
Zimmer, Jürgen (Hrsg.) (1998): Praxisreihe Situationsansatz. 11 Bd. Ravensburg.

2 Schule

Georg Auernheimer

Anforderungen an das Bildungssystem und die Schulen in der Einwanderungsgesellschaft

1. Motive und Ziele interkultureller Pädagogik

Das Programm einer interkulturellen Bildung lässt sich auf zwei Grundprinzipien gründen: auf den Gleichheitsgrundsatz und den Grundsatz der Anerkennung anderer Identitätsentwürfe. Die Anerkennung liefert auch das Motiv für das Verstehen, speziell auch für das Bemühen um interkulturelles Verstehen und für den Dialog. Während das Verstehen auf die Erschließung von Sinn und Bedeutung zielt, geht es im Dialog um Geltungsansprüche. Gleichheit und Anerkennung sind selbstverständlich nichts für die interkulturelle Pädagogik Spezifisches. Man kann hier unschwer die allgemeinen pädagogischen Prinzipien der Gleichbehandlung und des Lebensweltbezugs wiedererkennen. Aus den Grundintentionen interkultureller Bildung – Engagement für Gleichheit, Anerkennung von Differenzen, Befähigung zum interkulturellen Verstehen und zum Dialog lässt sich eine Anzahl von oft genannten Lernzielen ableiten wie Einsicht in rassistisch motivierte Ungleichheit und Diskriminierung, kritische Reflexion von Fremdbildern und eigenen kulturellen Selbstverständlichkeiten, Fähigkeit zur Empathie oder Perspektivenübernahme, Konfliktfähigkeit. Wiederum zeigt sich, dass solche Ziele sich mit generellen pädagogischen Zielsetzungen decken. Nur sind sie fokussiert auf Rassismen, kulturelle Differenzen und die Kooperation in der einen Welt.

Die durch die Einwanderung und die neue Multikulturalität sowie durch die Globalisierung bedingten Herausforderungen an die Schule aktualisieren daher auch zu einem großen Teil nur alte Reformforderungen. Ausgangsthese dieses Beitrags ist, dass interkulturelles Lernen einen adäquaten institutionellen Rahmen benötigt. Um dies vorläufig nur unter zwei Aspekten anzudeuten: Die Aufklärung über „strukturellen Rassismus" wird kaum zur gewünschten kritischen Haltung oder gar zum praktischen Engagement führen, wenn Schüler/innen aus Migrantenfamilien schulisch benachteiligt werden. Kommunikative Fähigkeiten werden in einer „Schulanstalt" traditionellen Zuschnitts nicht gefördert, so dass die Voraussetzungen für eine interkulturelle Kommunikation fehlen. An diesen zwei exemplarisch herausgegriffenen Gesichtspunkten kann auch verdeutlicht werden, dass der institutionelle Rahmen sowohl das Schulsystem als auch die einzelne Schule umfasst. An dieser

Stelle sei wenigstens kurz angemerkt, dass die durch die gesellschaftlichen Verhältnisse geformten Erfahrungen und Denkweisen zumindest zum Teil die Intentionen interkultureller Bildung und Erziehung konterkarieren (Auernheimer 1998). Zusammen mit den öffentlichen Diskursen über Zuwanderung, Flüchtlingsströme, fremde Kulturen usw. zeitigen sie Sozialisationseffekte, die pädagogisch aufgearbeitet werden müssen. Wenn die Bildungsinstitutionen nicht Gegenerfahrungen ermöglichen, die das unterstützen, was verbal vermittelt wird, werden pädagogische Bemühungen unergiebig sein.

2. Das Bildungssystem

Bereits auf der Makroebene des Bildungssystems lassen sich ungünstige oder auch für die interkulturelle Bildung förderliche Bedingungen identifizieren (dazu Auernheimer u.a. 1994), die jedoch hier nur kurz angerissen werden sollen. Zuerst wird sich die Aufmerksamkeit dabei den Curricula und ihrer inhaltlichen Exklusivität bzw. Offenheit zuwenden, das heißt der Frage, wie stark national orientiert und eurozentrisch diese sind. Aufgrund des föderalen Systems lässt sich das für Deutschland nicht einfach beantworten. Einschlägige Lehrplananalysen belegen zwar einerseits eine stark monokulturelle Ausrichtung (Göpfert 1985), zeigen aber andererseits, dass viele Richtlinien und Lehrpläne – nicht zuletzt aufgrund der Lernzielorientierung – die Möglichkeit zu einer Interpretation bieten, die interkulturellen Intentionen entgegen kommt (vgl. Luchtenberg 1995). Ein größeres Hindernis für eine Neuorientierung in Richtung „multiperspektivischer Bildung" (Auernheimer 1995) stellen vermutlich Schulbücher dar, nach denen Lehrer teilweise ihren Unterricht stark ausrichten. Interessant sind die Thesen des Ethnologen Schiffauer zum Vergleich von „Grenzmarkierungen in verschiedenen politischen Kulturen" (Schiffauer 1997). Die Durchdringung von Allgemeinem und Individuellem charakterisiert für ihn die deutsche Bildungstradition und macht so etwas wie die staatliche Initiative für einen islamischen Religionsunterricht möglich, weil – anders als in Frankreich – Universelles und Partikulares nicht einander entgegen gesetzt sind. Dem steht allerdings das ethnische Nationverständnis und ein traditioneller Umgang mit Minderheiten gegenüber, der diesen nur die Alternative zwischen Assimilation und Segregation gelassen hat. Nationale Symbole und Rituale haben seit 1945 in deutschen Schulen keine Bedeutung mehr. (Deren Verwendung in der ehemaligen DDR bleibt hier unberücksichtigt.) Ausschließungstendenzen werden eher durch öffentliche Diskurse zum Beispiel über das Staatsbürgerschaftsrecht begünstigt, das inzwischen glücklicher Weise modernisiert worden ist. Schulische Rituale mit nationaler Symbolik, wie in England praktiziert, müssen, nebenbei gesagt, Zuwandererkinder nicht ausschließen.

Dem Prinzip der Anerkennung entspricht besonders die Berücksichtigung der Minderheitensprachen. Die Bundesrepublik steht, an diesem Maß-

Anforderungen an das Bildungssystem und die Schulen

stab gemessen, im europäischen Vergleich nicht an hinterer Stelle, könnte sich aber durchaus wesentlich großzügigere Regelungen wie in Schweden zum Vorbild nehmen. Grundlegend ist die staatliche Verantwortung für die Unterweisung in den Minderheitensprachen. Der sogenannte „Konsulatsunterricht" in einigen Bundesländern ist bildungspolitisch unverantwortlich. Allerdings stellt sich das – inzwischen auch offiziell zur Kenntnis genommene – Problem, dass der muttersprachliche Ergänzungsunterricht bisher, von Ausnahmen abgesehen, nur die Nationalsprachen der Anwerbeländer der früheren „Gastarbeiter" umfasst. Soll die tatsächliche Sprachenvielfalt berücksichtigt werden, so muss wohl über die Formen der Organisation und Förderung neu nachgedacht werden. Neben dem Unterricht in staatlicher Regie ist für kleine Sprachgruppen Unterricht in Eigenregie mit finanzieller staatlicher Unterstützung realistisch. Dem Prinzip der Anerkennung trägt auch der islamische Religionsunterricht Rechnung, für den man in Nordrhein-Westfalen die curricularen Voraussetzungen geschaffen hat (dazu Schiffauer 1997, S. 50ff.).

Mindestens so relevant wie die curricularen Aspekte sind einige Strukturmerkmale des Bildungswesens, die man nicht ohne weiteres mit interkultureller Bildung und Erziehung in Verbindung bringen wird. Auf drei Gesichtspunkte sei hier aufmerksam gemacht: auf den Stellenwert von Schule für soziales Lernen, auf die Selektionsmechanismen und auf den Umgang mit Heterogenität. Unter allen drei Aspekten schneidet das deutsche Schulsystem gegenüber einigen europäischen Nachbarländern eher schlecht ab. Solange die Schule eine reine Unterrichtsanstalt ist, sind die Möglichkeiten, Kooperation, Konfliktaustragung und Umgang mit Differenzen zu lernen, gering. Wo Schulen dagegen im Regelfall Ganztagsschulen sind wie in England, können sie zum Lebensraum mit einer Vielfalt außerunterrichtlicher Aktivitäten werden, wo Differenzen, aber auch Gemeinsamkeiten erfahrbar werden, die dann allerdings aufgegriffen und bearbeitet werden müssen. Die Mehrgliedrigkeit unseres Schulsystems zwingt zweitens zu frühen Schullaufbahnentscheidungen und macht diese trotz einer gewissen Durchlässigkeit zwischen den Schulzweigen schwer korrigierbar, was die Chancengleichheit für mehrfach benachteiligte Minderheiten schmälert und so im Bewusstsein aller fixe soziale Zuordnungen bestätigt (so das Image der Hauptschule als „Ausländerschule"). Nebenbei trägt die frühe Schullaufbahnentscheidung den Leistungsdruck schon in die Grundschulen hinein, was dem sozialen und damit auch interkulturellen Lernen abträglich ist. Gesamtschulsysteme erhöhen bei sehr ungleichen Startbedingungen die Chancengleichheit, sind der sozialen Integration förderlicher und deshalb einer Einwanderungsgesellschaft adäquat. Drittens zeitigt ein Bildungssystem, das der Heterogenität der Lernvoraussetzungen mit der Strategie der äußeren Differenzierung begegnet (neben den Schulzweigen Sonderschulen etc.), einen beruflichen Sozialisationseffekt beim Personal. Homogenität oder besser scheinbare Homogenität der Lerngruppen wird zur Bedingung erfolgreichen Unterrichts. Der Umgang mit Heterogenität wird nicht gelernt. Die zuerst von Prengel (1993) formulierte Annahme, dass zwischen einer Integrativen Pädagogik im Umgang mit Behinderungen und Interkultureller Pädagogik ein positiver Zusammenhang bestehe, wird durch die vergleichenden Studien von Allemann-Ghionda (1999) bestätigt. Nun sind auf der Ebene der Einzelschulen in dieser Hinsicht wie auch hinsichtlich der Abkehr von der Vormittagsschule und der reinen Unterrichtsfunktion in der Bundesrepublik positive Entwicklungen zu verzeichnen, die Initiativen „von unten" bedeutsam werden lassen.

3. Auf dem Weg zur multikulturellen Schule

Die Schulen einiger Bundesländer, unter anderem in Nordrhein-Westfalen, sind inzwischen verpflichtet, unter Berücksichtigung ihres Umfelds und ihrer spezifischen Stärken eine „Schulphilosophie" und ein „Schulprofil" zu entwickeln, aus dem sich Aufgabenschwerpunkte und ein Schulprogramm ableiten lassen. Gerade die durch die Migration bedingte Veränderung in der Zusammensetzung der Schülerschaft müsste Anlass sein, gemeinsam darüber nachzudenken und zu formulieren, welche Relevanz diese je spezifische Zusammensetzung und die multikulturelle Konstellation im Umfeld für die Schule hat. Jede Schule hat ihre, meist unausdrückliche, naturwüchsige, von einer dominanten Gruppe oder von unreflektierten Traditionen geprägte „philosophy". An deren Stelle zu setzen wäre ein explizit formulierter, von Zeit zu Zeit neu zu bestätigender Grundkonsens. In den dafür nötigen Diskussionsprozessen kommt engagierten Lehrergruppen oder Moderatoren als Impulsgebern eine große Bedeutung zu. So kann sich eine Initiativgruppe Interkulturelles Lernen bilden, die mit Rücksicht auf die Mehrsprachigkeit der Schülerschaft ein neues Leitbild entwirft und Anstöße für eine interkulturell orientierte pädagogische Arbeit gibt, die im „Schulprogramm" als „Leitdimensionen" festgehalten werden müssten, welche dann von den Fachkonferenzen fachdidaktisch umzusetzen wären. Ein so entwickeltes Schulprogramm wird der Schule auch ein Profil nach außen geben. Nicht zuletzt die Migranteneltern dürften die Abkehr von der monokulturellen Orientierung aufmerksam registrieren. Die Multikulturalität kann auch im äußeren Erscheinungsbild der Schule, in ihrer optischen Gestaltung, zum Ausdruck gebracht werden. In englischen Schulen sind beispielsweise mehrsprachige Hinweisschilder nicht unüblich. Fischer u.a. (1996) berichten in ihren Schulfallstudien, dass an der Tür eines ersten Schuljahrs in Erinnerung an die „islamisch-christliche Einschulungsfeier" die Wünsche der Kinder, Eltern, Lehrer und Religionsvertreter festgehalten worden sind. Hauptbestandteil der äußeren Gestaltung einer Schule sind natürlich die Produkte aus dem Unterricht, wo unter anderem Arbeiten mit interkulturellem Aspekt, darunter auch fächerübergreifende Projekte, dokumentiert werden können.

Die Arbeit einer guten Schule beschränkt sich nicht auf den Unterricht. Außerunterrichtliche Aktivitäten in Arbeitsgemeinschaften, Klubs, Theater-

AGs, Musikbands oder auch befristeten Komitees sind unter interkulturellem Aspekt wichtig, weil hier stärker als im Unterricht Kooperation und Miteinanderleben gelernt werden können. Die Schüler sind hier mehr genötigt, sich aufeinander einzulassen, sich auseinanderzusetzen und zu arrangieren (Bönsch 1992). Außerdem bietet sich gerade die musisch-ästhetische Arbeit für kulturelle Synthesen, aber auch für die verschlüsselte Problemdarstellung mit Verfremdungseffekten an. Auch die Vielfalt der Lernorte ist bedeutsam. Außerschulische Lernorte bieten für soziales und daher auch interkulturelles Lernen besonders günstige Bedingungen. Eine Schule mit solchen Angeboten kann sich nicht auf den Vormittagsunterricht beschränken. Zwar gibt es hierzulande – anders als in vielen anderen Ländern – bislang nicht die Ganztagsschule, aber gleitender Schulanfang, aktive Pausengestaltung, Mittagsbetreuung unter Mitarbeit von Eltern oder auch unter Nutzung von Vereinspartnerschaften sind inzwischen an vielen Schulen eingeführt und werden von einigen Kultusministerien gefördert.

Unter all den genannten Gesichtspunkten wird auch die Relevanz der Öffnung der Schule deutlich. Die Kooperation mit anderen pädagogischen und sozialen Institutionen, mit Vereinen und Verbänden am Ort, die Migrantenorganisationen nicht zu vergessen, bereichert das Schulleben. Vielfach propagiert wird heute die Zusammenarbeit von Schule und Jugendarbeit. Positive Erfahrungen hat man mit kooperativ eingerichteten und betriebenen „Schülerclubs" gemacht (siehe den Beitrag von B. Kollberg in diesem Band).

Eine multikulturelle Profilierung der Schule und Kontakte mit Einrichtungen oder Vertretern der Einwanderer-Community können die oft registrierten Zugangsbarrieren von Migranteneltern abbauen. Bekannt ist, dass von diesen Eltern oft die üblichen Angebote der Beratung und Mitwirkung nicht angenommen werden. Hausbesuche sind hier hilfreich, werden aber nicht nur wegen des Zeitaufwands selten durchgeführt. Besser oder zumindest ergänzend wichtig wären Strategien, mit denen Migranteneltern ermutigt werden, sich gemeinsam zu artikulieren. So wird aus den Niederlanden berichtet, dass, vermittelt über die örtliche Moschee, die Eltern ermuntert wurden, ihre Wünsche und Erwartungen an die Schule heranzutragen. Das müßte man in Abhängigkeit von der jeweiligen örtlichen Konstellation zumindest versuchen, was die Überwindung von Misstrauen auf beiden Seiten erfordert. Erfolgversprechende Alternativen von Elternarbeit sind Kursangebote oder die Mitwirkung von Eltern bei Schulveranstaltungen (vgl. Fischer u.a. 1996).

Unabdingbare Voraussetzung interkultureller Bildung ist ein gutes Sozialklima an der Schule: symmetrische, vertrauensvolle Lehrer-Schüler-Beziehungen, eine Kultur der offenen Türen, Transparenz der Entscheidungen, Mitbestimmungsmöglichkeiten für die Schüler (vgl. Bönsch 1992). Die Lehrer dürfen ihre Berufsrolle nicht zu eng definieren, sollten Ansprechpartner für die Schüler sein und positive Modelle für Konfliktlösungen gerade auch im interkulturellen Bereich abgeben. Angesichts der Gefahr eines „heimlichen Lehrplans der Diskriminierung" ist darauf zu achten, dass Migrantenkinder und -jugendliche nicht unbeabsichtigt diskriminiert werden, wobei missionarischer Eifer sicher disfunktional ist. Ein gutes Sozialklima, vor allem als „Hätschel"-Atmosphäre missverstanden, garantiert allerdings noch nicht soziales Lernen, das nicht zuletzt auf eine vernünftige Konfliktaustragung und -regelung abzielt. Dafür ist Metakommunikation – speziell auch in Hinblick auf die interkulturelle Dimension von Beziehungen – unerlässlich. Der in der Grundschulpädagogik verbreitete Morgenkreis bietet ein Muster für eine institutionalisierte Form zur Thematisierung von Beziehungsaspekten. Ähnliche Gelegenheiten zur Metakommunikation müßten gerade mit Blick auf interkulturelle Beziehungen institutionalisiert werden. Mancherorts werden auch Interaktionsspiele eingesetzt, wie sie in Kommunikationstrainings üblich sind, um Konflikte besprechbar zu machen.

Bei der Unterrichtsorganisation sollten Segregationsmaßnahmen wie Vorbereitungs- oder Auffangklassen nach Möglichkeit vermieden oder auf das unvermeidliche Maß beschränkt werden. Häufig geübte Praxis ist, dass Lehrkräfte mit befristeten Verträgen, die selbst nicht ins Kollegium integriert sind, Lerngruppen zur besonderen Förderung anvertraut bekommen. Eine inhaltliche Koordination zwischen dem Deutschförderunterricht und dem Regelunterricht findet oft nicht statt, von Kooperation ganz zu schweigen. Nicht unüblich scheint überhaupt die Entlastungsstrategie, Angebote für Migrantenkinder an eher randständige Mitglieder des Kollegiums zu delegieren. Da solche „Gebräuche" auch das Gesellschaftsbild der Schüler beeinflussen dürften, kann man von einem „heimlichen Lehrplan" der Segregation sprechen. Mehr Kooperation oder zumindest Koordination ist auch beim Muttersprachunterricht für die zweisprachigen Schüler wünschenswert. Einige Formen der Arbeitsteilung und Aufgabendelegation wären kritisch zu überprüfen, denn sie verhindern meist, dass sich das ganze Kollegium für die interkulturelle Bildung und generell für die Migrationsfolgen verantwortlich weiß. Inhaltliche Koordination ist zu institutionalisieren. Formen des Teamteaching sollten erprobt werden. Für die Sekundarstufe würde sich das an einigen Gesamtschulen seit Jahren praktizierte Team-Kleingruppen-Modell (TKM) empfehlen, weil es eine Kontinuität der Schüler-Lehrer-Beziehungen gewährleistet und die negativen Folgen der Verfachlichung minimiert.

Formen des offenen, schülerzentrierten Unterrichts, die sich inzwischen im Grundschulbereich weitgehend durchgesetzt haben, sind mit den Intentionen interkultureller Bildung insofern stark kompatibel, als sie von ihrem Grundprinzip her verschiedene Lernzugänge erlauben. Die Arbeit mit dem Wochenplan ist auch in der Sekundarstufe möglich, wie aktuelle und ältere Beispiele aus der Reformpädagogik der 20er Jahre beweisen. Formen der Binnendifferenzierung sind äußerer Differenzierung vorzuziehen (Klafki/Stöcker 1976).

Sollen Schüler nicht in der Schule selbst die Erfahrung von strukturellem Rassismus machen und damit in einem fragwürdigen Gesellschaftsbild bestä-

Anforderungen an das Bildungssystem und die Schulen 51

tigt werden, so müssen Übergangsempfehlungen, Sonderschulüberweisungs- und Versetzungsverfahren von Zeit zu Zeit kritisch überprüft werden. Nur mit solchem Monitoring kann die Schule dem Vorwurf „insitutioneller Diskriminierung" entgehen. Die überproportionalen Schulmisserfolgsquoten, speziell der überproportional hohe Anteil an Sonderschulüberweisungen, hat einige Autoren zu der Annahme einer zwar nicht absichtsvollen, aber nicht weniger problematischen „institutionellen Diskriminierung" veranlasst (Bommes/Radtke 1993). Als ein Grund dafür wird die oben erwähnte Homogenisierungstendenz genannt. Andere vermuten eine Überbewertung der sprachlichen Kompetenz. Dazu kommen oft nicht eingestandene Motive des Erhalts der Institution. Wie soll z.b. eine ländliche Schule mit Haupt- und Realschulzweig auf die vor Jahrzehnten noch unvorstellbar hohen Bildungsaspirationen reagieren? Der Übergang auf die Realschule ist für deutsche Schüler und Eltern immer mehr zur Normalerwartung geworden. Das verleitet dazu, bei den Migrantenkindern besonders strenge Maßstäbe anzulegen. Selbstverständlich können die selben Mechanismen fallweise auch umgekehrt, nämlich zugunsten von Migrantenkindern, wirksam werden. Jedenfalls tragen diese auffällig häufig in den Hauptschulklassen den Unterricht. Die Notwendigkeit der Förderung aller benachteiligten Schüler, darunter eben auch der Migrantenkinder, scheint im pädagogischen Alltagsbewusstsein fest verankert (Auernheimer u.a. 1996). Andererseits scheint es jedoch in den Köpfen vieler Lehrer eine Vorstellung von der „normalen" Schulkarriere und dem „normalen" Berufsweg von Migranten zu geben, die im Zweifelsfall die Empfehlung für die jeweils bescheidenere Variante nahelegt. Darauf deutet auch die nicht seltene Entrüstung über die zu hohen Bildungsansprüche der Migranteneltern trotz deutlicher Unterrepräsentation der ausländischen Schüler an den lokalen weiterführenden Schulen hin, wobei über den Einzelfall nicht geurteilt werden soll und kann.

Lehrer-Schüler- und Schüler-Schüler-Konflikte, die auf ausländerfeindliche oder rassistische Äußerungen oder Handlungen zurückgehen oder durch falsche, klischeehafte Fremdbilder bedingt sind, lassen sich oft nicht mehr innerhalb der Klasse oder im Gespräch unter vier Augen bearbeiten, jedenfalls dann, wenn die Anlässe im öffentlichen Raum der Schule liegen (z.B. rassistische Sprüche an den Wänden des Schulgebäudes, angebliche sexuelle Anmache durch Migrantenjugendliche auf dem Schulhof). Die Ergebnisse einer noch nicht abgeschlossenen Lehrerbefragung deuten darauf hin, dass die Mehrzahl der Lehrer glücklicherweise pädagogische Reaktionen (Gespräch in der Klasse, Bearbeitung im Unterricht) administrativen Strategien (Meldung an den Schulleiter) vorzieht (Wagner u.a. 1999). Die in der Literatur empfohlene „kollegiale Fallberatung" (Müller u.a. 1997, S. 113) erscheint gerade bei kulturbedingten oder scheinbar kulturbedingten Konflikten und bei rassistischem Verhalten angebracht. Im Auge zu behalten ist immer die Wirkung auf Bewusstsein und Wahrnehmungsweise der Schüler.

Im Gefolge der Einwanderung sind Gruppenbildungen entlang teilweise ethnischer Trennungslinien unter Jugendlichen zu beobachten. Es kann zu

Konflikten nicht nur zwischen Einheimischen und Zugewanderten, sondern auch zwischen verschiedenen Kategorien von Migranten kommen. Da ist meist eine methodische Konfliktschlichtung (Mediation) gefordert. Wie Verfahren der Mediation im Schulbereich institutionalisiert werden können, zeigt Faller (1998). Auernheimer u.a. (1996) erlebten während des Feldforschungsaufenthalts an einer Gesamtschule einen Clash zwischen Aussiedlerjugendlichen und Jugendlichen vorwiegend türkischer Herkunft, der sich zu einem lokalen Kleinkrieg auszuweiten drohte. Die Schulleitung wählte nach einigen erfolglosen Appellen folgendes Verfahren: In einer Schülerversammlung wurden die Schüler aus beiden Konfliktparteien aufgefordert, ihre Meinungen über die anderen (Negativ- und Positivurteile) auf Karten zu schreiben, die dann, auf Stellwände geheftet, präsentiert wurden, um ein Gespräch über die beidseitigen Stereotypen und Vorurteile in Gang zu bringen. Von Schülerseite kamen im zweiten Schritt dann auch Vorschläge zur Konfliktlösung und für ‚vertrauensbildende Maßnahmen'.

Anschläge auf Flüchtlingsunterkünfte, auf Wohnungen und Geschäfte von Ausländern machten zeitweise fast täglich Schlagzeilen. Immer noch ist die Zahl rassistisch motivierter Gewalttaten alarmierend. Wo Situationen individueller oder kollektiver Bedrohung für Schüler aus Migrantenfamilien gegeben sind bzw. Situationen von ihnen so erlebt werden, ist eine im weitesten Sinn politische Anwaltsfunktion des Kollegiums und der Schulleitung gefordert. Den Schülern aus der Minderheit muss deutlich werden, dass sie nicht allein gelassen sind, was für die anderen Schüler zum Zeichen gelebter Humanität werden kann. So haben einige Schulen nach den Ereignissen von Hoyerswerda und Solingen Solidarität demonstriert. Nach Presseberichten haben sich mancherorts Lehrer, Schüler und Eltern für von Abschiebung bedrohte Mitschüler eingesetzt. Bei selbst initiierten antirassistischen Aktionen sollten die Schüler auf die Unterstützung der Schulleitung bauen können, soweit das rechtlich vertretbar ist. Ein Beispiel hierfür ist die bundesweite Kampagne „Schule ohne Rassismus", die freilich pädagogisch problematisch werden kann, wenn die Selbstverpflichtung der Schule in Tugendterror ausartet.

Da sowohl der Umgang mit rassistischen Äußerungen als auch teilweise mit interkulturellen Konfliktsituationen pädagogisch prekär sein kann und oft besondere Sensibilität erfordert, ist Supervision äußerst hilfreich. Bekanntlich können Lehrergruppen auch selbst, unter Umständen nach professioneller Anleitung in der Startphase, gemeinsame Fallbesprechungen organisieren.

4. Der Schulalltag

In der ersten Hälfte der 90er Jahre untersuchte ich zusammen mit drei Kollegen den Umgang von Schulen mit der multikulturellen Situation in mehreren Schulfallstudien. Wir wählten dazu zwei Grundschulen und zwei Sekundarschulen mit unterschiedlichem Umfeld und mit unterschiedlichen Anteilen von allochthonen Schülern aus, sowohl was die Quantität als auch die Art der Zusammensetzung betraf. Dazu kam eine ländliche Mittelpunktschule mit Grund- und Sekundarstufe. Wir hielten uns an jeder Schule jeweils zu zweit drei Wochen lang auf, hospitierten im Unterricht, nahmen auch an sonstigen Veranstaltungen, kurz am ganzen Schulalltag, teil und führten Gespräche mit Lehrerinnen und Lehrern, mit der Schulleitung, teilweise mit dem sonstigen Personal sowie mit Schülerinnen und Schülern. Unsere Aufmerksamkeit galt zum einen der Organisation und zum anderen den Alltagsvorstellungen und Handlungsmustern der Beteiligten, speziell der Lehrer/innen, unter dem Aspekt der Reaktion auf die migrationsbedingten Veränderungen.

Leitend waren drei Untersuchungsdimensionen: a) das Sozialklima der jeweiligen Schule, b) der Aspekt der Multikulturalität, d.h. die interkulturelle Bildung, c) die antirassistische Erziehung. Für jede Untersuchungsdimension unterschieden wir schließlich drei Untersuchungsebenen: a) die des Schulmanagements oder der Organisationsentwicklung, b) die des Curriculums im weitesten Sinn, c) die Handlungsebene der einzelnen Lehrer/innen (Auernheimer u.a. 1996). Letztere möchte ich im folgenden vernachlässigen. Selbstverständlich hatte jede Schule ihre eigene Schulkultur entwickelt. Aber es waren unter den uns interessierenden Aspekten auch einige auffällige Gemeinsamkeiten festzustellen, so dass mit der gebotenen Einschränkung Verallgemeinerungen möglich sind.

An drei der fünf Schulen konnte der Besucher nicht merken, dass die Schule einen hohen Anteil von Schülern aus Einwandererfamilien unterrichtete – und das schon seit Jahrzehnten. Er hätte es nur in den Pausen an den fremden Lauten im üblichen Pausenlärm oder am Out-fit einiger Schüler/innen feststellen können. Nur an der Rabenberg-Grundschule und -Gesamtschule stieß man im Eingangsbereich auf Hinweise auf die multikulturelle Zusammensetzung der Schülerschaft. Das äußere Erscheinungsbild, das mancher unwichtig finden mag, entsprach ganz der Reaktionsweise der Schulen auf die Migrationstatsache. Man hatte zwar Maßnahmen zur Eingliederung der Schüler und damit zur Aufrechterhaltung des normalen Unterrichtsbetriebs getroffen (auch Initiativen von außen zur Hausaufgabenhilfe wurden dankbar aufgegriffen), aber man hatte sich eben als Schule nicht oder kaum auf die neue Situation eingelassen. Wenn man von dem Zwang, sich mit neuen Problemen wie der anderen Erstsprache der Schüler auseinander setzen zu müssen, sowie von Initiativen Einzelner im Kollegium und gelegentlichen Veranstaltungen absieht, blieb der Schulbetrieb von der Migration unberührt.

Neben Sondermaßnahmen garantierten dies Formen der Aufgabendelegation und Arbeitsteilung. Von Überlegungen, welche Bedeutung das veränderte Umfeld für das Selbstverständnis der Schule haben könnte, konnte keine Rede sein. Nur an der Gesamtschule in Winterstadt war eine Gruppe von Lehrerinnen und Lehrern einmal in dieser Richtung initiativ geworden. Die Sache war aber im Sand verlaufen. An der gleichen Schule waren Themen mit interkultureller Zielsetzung in den Stoffplan einiger Fächer aufgenommen worden. Der Stellenwert für die Unterrichtspraxis blieb aber unklar. Immerhin trug dort der Bestand der Schulbücherei – anders als in den anderen Schulen – der Mehrsprachigkeit der Schülerschaft Rechnung. Auch zu den Themen Migration und Islam waren Bücher zu finden.

Das Sozialklima konnte man an allen fünf Schulen als gut bezeichnen. In den Grundschulklassen hatte sich meist auch der Morgenkreis eingebürgert. Sonst aber gab es keine institutionalisierten Formen der Metakommunikation und Konfliktbearbeitung. Das weiter oben geschilderte Verfahren bei den Feindseligkeiten zwischen „Russen" und „Türken" an der Gesamtschule in Winterstadt war ein Novum. Die Partizipation der Schüler hatte an den drei Sekundarstufen – die Primarstufe vernachlässige ich – einen sehr unterschiedlichen Stellenwert. Ihre Wirksamkeit war an der Rabenberg-Gesamtschule am deutlichsten, an der ländlichen Mittelpunktschule nicht erfahrbar und nachweisbar.

Arbeitsgemeinschaften oder -gruppen, die sich außerhalb des Unterrichts trafen, zum Teil um schulöffentliche Musikdarbietungen oder Theateraufführungen vorzubereiten – an drei Schulen konnten wir solche Veranstaltungen mit erleben –, bildeten an mindestens vier Schulen eine wichtige Ergänzung des Unterrichtsangebots und einen Bestandteil des Schullebens. An der Gesamtschule Winterstadt und an der Rabenberg-Grundschule gab es Bemühungen um eine zeitliche Ausdehnung der schulischen Betreuung über den Vormittagsunterricht hinaus, wobei auch die Kooperation mit örtlichen Vereinen ins Auge gefasst wurde. An der Grundschule Rabenberg hatte man den gleitenden Schulbeginn eingeführt, was unter anderem Gelegenheit zu Gesprächen mit den Kindern bot, die sonst so nicht möglich gewesen wären.

Von einer Öffnung der Schulen zum lokalen Umfeld konnte man nicht sprechen. Eine Vernetzung mit anderen Einrichtungen gab es nicht, wenn man von der langjährigen Kooperation zweier Schulen mit der Volkshochschule in Sachen Hausaufgabenhilfe absieht. Die Mittelpunktschule Hüttental hatte auch einmal, wie berichtet wurde, in Kooperation mit der VHS einen Kurs für türkische Mütter angeboten, aber dabei war es geblieben. Der Kontakt mit den Eltern und die Mitarbeit der Eltern beschränkte sich bei allen Schulen auf die rechtlich vorgeschriebenen Formen. Alternative Formen, die nur der Initiative einzelner weniger Lehrer/innen zu verdanken und auf deren Klasse beschränkt waren, bleiben dabei außer Betracht. Manche machten zum Beispiel Hausbesuche. Will man sich eine Vorstellung von den Beziehungen zwischen den Schulen und den Migranteneltern machen, so muss

Anforderungen an das Bildungssystem und die Schulen 55

man sich den jeweiligen lokalen Kontext vergegenwärtigen. Am Rabenberg, einer städtischen Trabantensiedlung, gab es eine Mischung aus Flüchtlingsfamilien, ausländischen Studierenden, Arbeitsmigranten und Aussiedlern aus unterschiedlichen Herkunftsregionen und damit unterschiedlicher Sprache. Dagegen hatten sich in den beiden ländlichen Industriestandorten mehr oder weniger große Gemeinden türkischsprachiger Arbeitsmigranten etabliert, die überwiegend in bestimmten Wohnvierteln konzentriert waren. In Winterstadt unterhielten sie mehrere Moscheen und andere Einrichtungen. In Hüttental fehlten für eine Koloniebildung entsprechende Einrichtungen. Den Bau einer Moschee hatte die Kommune unter verschiedenen Vorwänden vereitelt. Auch wenn die Muslime zum Ramadan kommunale Räumlichkeiten in Anspruch nehmen wollten, gab es Schwierigkeiten. Das Verhältnis zwischen der Schule und vielen Migranteneltern war nach unserem Eindruck von großer Distanz und Misstrauen geprägt. Auch in Winterstadt waren die Vorbehalte gegenüber den Moscheevereinen zu groß, um wenigstens den Versuch einer Kooperation zu wagen. Die türkischen Muttersprachlehrer waren dabei nicht hilfreich, denn sie waren in eine linke und eine rechte Fraktion gespalten. In Hüttental waren beide kemalistisch orientiert, was der Schule in ihrer Haltung entgegen kam. Kopftücher waren an dieser Schule verboten.

Das Fremdkulturelle wurde hier an die beiden Muttersprachlehrer delegiert. Für den Muttersprachen-Unterricht hatte man zwei eigene Räume zur Verfügung gestellt, von denen einer zu einer Art türkisch-nationalem Kultraum ausgestaltet worden war. Im übrigen Schulbereich, jedenfalls auf den Gemeinschaftsflächen, war dagegen kein Symbol der Minderheitenkultur oder ein Zeichen von Multikulturalität zu finden. Die Arbeitsteilung und saubere Trennung der Kulturen kam so sichtbar zum Ausdruck. Formen starrer Arbeitsteilung waren im übrigen auch sonst an den Schulen zu finden. Auch Lehrkräfte, die im Deutsch-Förderunterricht eingesetzt waren, klagten über mangelnde Koordination und Kooperation. Wieweit die kollegiale Einbindung der Muttersprachlehrer/innen auch von deren Akkulturationsbemühungen abhängig war, lässt sich nicht entscheiden. Eine türkische Lehrerin an der Grundschule und zwei ihrer Kollegen an der Gesamtschule von Winterstadt waren im Gegensatz zu anderen nämlich gut integriert.

In der Zeit unserer Feldforschungsaufenthalte erregten die verbrecherischen Aktionen in Hoyerswerda, Mölln usw., die öffentliche Aufmerksamkeit und Ängste unter den Migranten schürten. Wie erlebten nun in dieser Situation ausländische Schüler und Eltern „ihre" Schule? Welche Zeichen setzte die Schule gegenüber den als „deutsch" definierten Schülern und Eltern? An der Gesamtschule Winterstadt beteiligte sich die überwiegende Mehrheit des Kollegiums an einem von der Schülervertretung initiierten öffentlichen Schweigemarsch. Auf der anderen Seite beklagten an der selben Schule einige Schüler mit ausländischem Pass in einer Gruppendiskussion das geringe Interesse des Kollegiums an einer von ihrer Klasse mitgestalteten öffentlichen Ausstellung, die sich mit Rassismus auseinandersetzte und für die Lage von Migranten sensibilisieren sollte. Sie werteten dies als Indiz für die Vernachlässigung ihrer Probleme. An fast allen Schulen zeugten von den Schülern gefertigte Plakate in vielen Klassen davon, dass man sich im Unterricht mit dem Thema „Ausländerfeindlichkeit" auseinander gesetzt hatte. Direkt diskriminierendes Verhalten in der Interaktion mit den Schülern, speziell mit Migrantenkindern, konnten wir nirgends beobachten. Ein Lehrer bildete hier ein auffallende Ausnahme. Andererseits war nicht zu übersehen, dass die Schüler aus Migrantenfamilien an den weiterführenden Schulzweigen unter- und im Hauptschulzweig überrepräsentiert waren, wobei das für die drei Standorte in unterschiedlichem Maß galt. In der Integrierten Rabenberg-Gesamtschule erhielten Migrantenjugendliche am ehesten ein Chance. Selbst Seiteneinsteiger konnten erstaunliche Erfolge verbuchen. Der Gymnasialzweig der Kooperativen Gesamtschule in Winterstadt kämpfte um seinen Bestand und war daher auf Migrantenjugendliche angewiesen. Der Realschulzweig der Mittelpunktschule, der keine Bestandsprobleme hatte, übernahm dagegen nur wenige Migrantenkinder aus der Grundschule. Dabei war aufschlussreich, dass die ausländischen Schüler, wie man zugab, den Unterricht in der Hauptschule „trugen". Der Leistungsabstand zu den „einheimischen" war häufig unübersehbar. Das Missverhältnis wurde mit sprachlichen Defiziten erklärt. Erwähnt sei noch, dass die Sonderschule für Lernbehinderte in Winterstadt überproportional viele Schüler mit ausländischem Pass hatte. – Alles Verdachtsmomente für eine (von uns nicht überprüfte) „institutionelle Diskriminierung", die per definitionem nicht absichtsvoll geschieht. Aber es war auch wenig Problembewusstsein in dieser Frage zu verzeichnen.

Die Ergebnisse dieser Fallstudien sind nicht verallgemeinerbar. Es ist allerdings darauf hinzuweisen, dass die untersuchten Schulen sicher nicht zu den schlechteren Schulbetrieben gehörten. Nach vielen Kriterien entsprachen sie eher dem Bild einer „guten Schule" (dazu Tillmann 1994). Bei den Schulleitungen und Teilen der Kollegien war beträchtliches pädagogisches Engagement vorhanden. Das würde dafür sprechen, dass der Umgang mit den Migrationsfolgen nicht untypisch war.

5. Schluss

Abschließend soll aber auch angemerkt werden, dass mindestens drei Schulen nach unserer Hospitationsphase größere oder kleinere Veränderungen in die Wege leiteten oder Diskussionen in Gang setzten, die Lernbereitschaft verrieten. Wir gaben nämlich allen Schulen je nach Wunsch eine mehr oder weniger umfangreiche und intensive Rückmeldung. An einer Grundschule, deren Leiterin sich besonders interessiert zeigte, kam es zu mehreren Gesprächen mit Teilen des Kollegiums. An der Mittelpunktschule veranstaltete man mit unserer Mitwirkung einen Fortbildungstag, der zwar unter das neutrale

Thema Abbau von Gewalt gestellt wurde, aber dabei auch Rassismus zum Gegenstand hatte. Man kann also Problembewusstsein wecken und ein Umdenken anstoßen.

Will man es nicht bei solch aufmunternden Worten belassen, wäre natürlich die Analyse fördernder und hemmender Faktoren an den Einzelschulen von Interesse. Ich kann hier nur mit ein paar ungesicherten Annahmen auf der Basis unserer damaligen Beobachtungen schließen. Unbestritten dürfte sein, dass den Schulleitungen eine entscheidende Rolle zukommt. Sie müssen initiieren und Initiativen aus dem Kollegium unterstützen, was bei kollegialen Schulleitungen schwierig ist, wenn sie nicht an einem Strang ziehen, wie es an einer der Schulen der Fall war. Lähmend wirken sich überhaupt – auch dies konnten wir beobachten – Fraktionskämpfe auf die Entwicklung einer Schule aus. Ein spezielles Hemmnis für die multikulturelle Öffnung ist eine konservative Grundhaltung im Kollegium, nicht im engen politischen Sinn gemeint. Das fraglose Verhaftetsein im Herkömmlichen, so könnte man es in einem Fall formulieren, hinderte bei allem pädagogischen Engagement daran, die fremde Welt herein zu lassen oder auf sie zuzugehen. Über den einzelnen Lehrer soll dabei gar nichts ausgesagt werden. Auch an Schulen gibt es so etwas wie „kulturelle Hegemonie" oder eben – so der andere Fall – inneren „Kulturkampf". Fragen wie die interkulturelle Neuorientierung treten auch dann in den Hintergrund, wenn – wie bei mindestens einer der beiden Gesamtschulen – Probleme mit dem Image der Schule und – damit verbunden – Bestandsgefährdungen bzw. Befürchtungen dieser Art die Tagesordnung bestimmen. Aber genauso wie bei der allgemein beklagten Überlastung würde hier gerade die Neuorientierung und Reorganisation Abhilfe schaffen, was freilich oft des Anstoßes von außen bedarf.

Literatur

Auernheimer, G. (1995): Einführung in die interkulturelle Erziehung. 2., überarb. u. erg. Aufl. Darmstadt.
Auernheimer, G. (1998): Interkulturelle Bildung im gesellschaftlichen Widerspruch. In: Das Argument, Heft 224, S. 104-114.
Auernheimer, G./v. Blumenthal, V./Stübig, H./Willmann, B. (1996): Interkulturelle Erziehung im Schulalltag. Fallstudien zum Umgang von Schulen mit der multikulturellen Situation. Münster.
Bommes, M./Radtke, F.-O. (1993): Institutionalisierte Diskriminierung von Migrantenkindern. Die Herstellung ethnischer Differenz in der Schule. In: Zeitschr. f. Pädagogik, S. 483ff.
Bönsch, Manfred (1992): Beziehungsdidaktik. Zur Neustrukturierung sozialen Lernens. In: Die Deutsche Schule, S. 300-313.
Faller, K. (1998): Mediation in der pädagogischen Arbeit. Ein Handbuch für Kindergarten, Schule und Jugendarbeit. Mülheim a.d. Ruhr.

Fischer, D./ Schreiner, P./Doye, G./Scheilke, Ch. Th. (1996): Auf dem Weg zur Interkulturellen Schule. Fallstudien zur Situation interkulturellen und interreligiösen Lernens. Münster.
Hofmann, K.T./Petry, Ch. (1993): Schulöffnung und Interkulturelle Erziehung. Wie Regionale Arbeitsstellen Familie, Schule und Nachbarschaft helfen können. Weinheim u. Basel.
Klafki, W./Stöcker, H. (1976): Innere Differenzierung des Unterrichts. In: Zeitschr. f. Pädagogik, S. 487-523.
Luchtenberg, S. (1995): Interkulturelle sprachliche Bildung. Zur Bedeutung von Zwei- und Mehrsprachigkeit für Schule und Unterricht. Münster/New York.
Müller, Alfred u.a. (1997) (Hrsg.): Leitung und Verwaltung einer Schule. 8., neubearb. Aufl. Neuwied/Kriftel/Berlin.
Prengel, A. (1993): Pädagogik der Vielfalt. Verschiedenheit und Gleichberechtigung in Interkultureller, Feministischer und Integrativer Pädagogik. Opladen.
Schiffauer, W. (1997): Fremde in der Stadt. Zehn Essays über Kultur und Differenz. Frankfurt/M.
Tillmann, K.-J. (1994): Was ist eine gute Schule? 2. Aufl. Hamburg.
Wagner, U./Dick, R. van/Petzel, T./Auernheimer, G./Sommer, G. (1999, im Druck). Ethnische Einstellungen von Lehrerinnen und Lehrern und ihr Umgang mit interkulturellen Problemsituationen. In: Psychologie in Erziehung und Unterricht.

Ingrid Dietrich

Migrantenkinder – eine diskriminierte Minderheit in unseren Schulen?

Einleitung

Die Diskussion um interkulturelle Erziehung, die sich lange Zeit auf theoretisch-programmatischem Niveau bewegte, verlagert sich in jüngster Zeit mehr auf die Realisierungsmöglichkeiten im Schulalltag (stellvertretend dafür seien genannt: Reich 1994, Auernheimer u.a. 1996, Fischer u.a. 1996). Die Suche nach Ansätzen einer interkulturellen Schulkultur, eines neuen pädagogischen Ethos im Umgang mit Minderheiten in unserem Schulsystem deckt positive Tendenzen auf, zeigt an Fallbeispielen, dass inzwischen ein unverkrampfter Umgang mit der multikulturellen Situation möglich ist. Die Existenz positiver Fallbeispiele schließt jedoch nicht aus, dass Diskriminierung von Migrantenkindern und -jugendlichen im Schulalltag vorkommt.

Die Frage, ob es eine faktische Diskriminierung von Migrantenkindern und -jugendlichen in deutschen Schulen gibt, ist schwer zu beantworten. Wer diskriminiert Migrantenkinder? Wo beginnt Diskriminierung? Wie ist sie zu definieren? Und nicht zuletzt: Wie ist sie zu unterbinden?

Es gibt sozusagen eine objektiv ‚messbare' Seite schulischer Diskriminierung, die sich in Schulnoten, Schulerfolg oder Schulversagen manifestiert. Da der Schulerfolg von Migrantenkindern (was erreichte Hauptschulabschlüsse oder den Gymnasialbesuch angeht) immer noch hinter dem der deutschen Kinder zurückbleibt, liegt der Schluss nahe, dass Diskriminierung existiert. Auch der Nachweis von „Mechanismen institutioneller Diskriminierung" von Migrantenkindern in der Grundschule, den Radtke in seinem Forschungsprojekt führt (Radtke 1996), ist plausibel. Durch die Rede von objektiv feststellbaren „Mechanismen" gerät jedoch der „menschliche Faktor" aus dem Blick. Sowohl die Seite der ‚Verursacher/innen' (Mitschüler/innen, Lehrer/innen, Rektor(inn)en als auch der ‚Opfer' wird damit nicht erfasst. Das – oftmals nicht unerhebliche – Ausmaß an individueller Traumatisierung bleibt ausgeklammert, das einige – nicht alle – Migrantenkinder bis zum schulischen Scheitern und/oder in psychosomatische Beschwerden treibt. Allerdings gibt es kein ‚objektives' Maß individuellen Leidens. Auch die Schwere oder Intensität von Diskriminierung lässt sich nicht wie auf einer Skala messen.

Jeder individuell als Diskriminierung empfundenen schlimmen Schulerfahrung von Migrantenkindern und -jugendlichen (Überfordert-Werden, Ausgelacht-Werden, als Außenseiter/in abgestempelt werden) kann die unbestreitbare Tatsache entgegengehalten werden, dass auch *deutsche* Schüler/innen davor nicht gefeit sind. Aber widerlegt diese alltägliche Anwendung von Gewalt auch unter Deutschen die diskriminierende Erfahrung von Personen anderer Nationalität, anderen Aussehens und anderer Muttersprache, gerade wegen ihres *Andersseins* ausgeschlossen zu werden?

Eine andere Variante, subjektive Erfahrungen von Diskriminierung durch Betroffene herunterzuspielen, stellte z.B. die Diskussion innerhalb der Arbeitsgruppe „Schule" auf dieser Tagung dar, die von einer Berliner Streetworkerin angeführt wurde. Vor dem Hintergrund *ihrer* Berliner Erfahrungen, dass Migrant(inn)en tunlichst bestimmte Straßenzüge und Stadtviertel meiden sollten, um nicht an Leib und Leben gefährdet zu werden, mögen manche Heidelberger Diskriminierungserfahrungen (s. u.) harmlos erscheinen. Und dennoch schmerzen sie die Betroffenen.

1. Die Heidelberger Elternbefragung

Dieser Beitrag beruht auf den Ergebnissen eines Forschungsprojekts, das von mir in Zusammenarbeit mit Dr. Tamino Abele u.a. von 1995-1997 durchgeführt und von der Pädagogischen Hochschule Heidelberg gefördert wurde. Im Rahmen dieses Forschungsprojekts wurden 20 Tiefeninterviews von ein- bis zweistündiger Dauer durchgeführt.

Es handelte sich um eine inhaltlich offene Befragung (1995/1996) von Zuwanderern und Zuwanderinnen zur Einschätzung der Situation ihrer Kinder in deutschen Bildungseinrichtungen. Die Auswertung wurde im Januar 1997 abgeschlossen.

Die Rekrutierung der Zuwanderer-Eltern für die Tiefeninterviews geschah auf der Basis von Mund-zu-Mund-Propaganda – in den meisten Fällen über Kontaktpersonen aus dem Umkreis des Ausländerrats der Stadt Heidelberg, der das Projekt befürwortete und ideell unterstützte. Um nachzuweisen, dass nicht nur die Kinder von *Arbeits*migrant(inn)en Schwierigkeiten mit der deutschen Schule haben, wurde auf ein ausgewogenes Verhältnis von ‚Unterschicht'- und ‚Oberschicht'-Angehörigen bei unserer Stichprobe von 20 Interviews geachtet, wobei Oberschicht-Status mit akademischer Ausbildung der Eltern gleichgesetzt wurde.

1.1 Vorgehensweise

In unserer Befragung sollten die Eltern als „Erziehungspartner" (Susteck 1979) ernstgenommen werden. Ihnen, denen relativ wenig konkrete Mitwirkungsrechte in der Institution Schule zur Verfügung stehen, sollte wenigstens durch das Arrangement der Untersuchung ein ‚Experten-Status' für die Beurteilung der Situation ihrer Kinder im deutschen Schulsystem zuerkannt werden. Für unsere Befragung war folglich *ihre Deutung* der Lebenssituation der Familie und der Schulsituation ihrer Kinder entscheidend, und nicht eine sogenannte ‚objektive Realität'. Als Befragungsmethode wurden deshalb Tiefeninterviews statt einer quantitativen Fragebogen-Untersuchung gewählt. Weitere Kriterien, nach denen sich die Befragung ausrichtete: der enge Zusammenhang von Schulfragen mit der Lebenssituation der Familien in Deutschland, der Migrationsgeschichte und der Zukunftsperspektive der Familien sollte auch in der Befragung berücksichtigt und bei der Auswertung gewahrt werden.

Fragen der kulturellen und sprachlichen Identität und die Anstrengung der Familien, diese unter dem Assimilationsdruck in Deutschland aufrechtzuerhalten, sollten miterfasst werden.

Erfahrungen der Befragten mit Diskriminierung vor dem Hintergrund rassistischer Ausschreitungen in Deutschland sollten ebenfalls zur Sprache kommen. Die 20 Tiefeninterviews waren von ca. 1 bis 1 ½ stündiger Dauer; sie wurden per Tonband aufgezeichnet. Die Gespräche fanden zum Teil in den Räumen der Pädagogischen Hochschule Heidelberg, zum Teil im häuslichen Rahmen der Befragten statt. Sie wurden von drei verschiedenen Interviewer(inne)n durchgeführt.

Ein Interviewleitfaden stellte sicher, dass vorher festgelegte relevante Fragenkomplexe angesprochen wurden, die das zu untersuchende Spannungsfeld „Migrationsgeschichte der Familie – Herkunftssprache – Rückkehrorientierung – Schule" möglichst umfangreich abdecken sollten. Bei der Durchführung der Interviews wurde jedoch trotz dieser Festlegung auf bestimmte Themenblöcke von allen drei Interviewer(inne)n versucht, eine größtmögliche Offenheit gegenüber den Äußerungsabsichten der Befragten zu realisieren.

1.2 Diskursanalytische Vorannahmen

Gegenüber dem ‚klassischen' Verfahren der empirischen Sozialforschung, einzelne relevante Variablen isoliert zu betrachten, war es unser Ziel, ein möglichst breites Spektrum an Faktoren aus dem Feld „Schule" und deren diskursive Verarbeitungsformen aus der Sicht der betroffenen Eltern zu erfassen. Uns interessierte diese ‚Benutzerperspektive', von der wir annahmen, dass sie von der Perspektive der deutschen Beteiligten, von der herkömmlichen ‚Institutionslogik' der Schule und vom erziehungswissenschaftlichen Spezialdiskurs im Hinblick auf die Zuwanderer-Kinder und -Eltern stark abweichen würde.

Ist schon das Verhältnis *deutscher* Eltern zur deutschen Schule nicht frei von Spannungen, Reibungspunkten und Konflikten (vgl. die ausgedehnte Literatur zum Bereich ‚Elternarbeit'), so potenzieren sich diese Konfliktfelder im Hinblick auf Zuwanderer-Eltern noch durch unterschiedliche Wahrnehmungsweisen und Diskurspositionen (vgl. dazu Jäger 1994). In diesem Bereich ist die vorliegende Untersuchung zentral angesiedelt. Sie konzentriert sich *einseitig* darauf, wie Zuwanderer-Eltern die deutsche Schule und deren Handlungsweisen in bezug auf ihre Kinder *wahrnehmen* und in *spezifischer diskursiver Weise* darstellen.

In der vorliegenden Untersuchung sollten hauptsächlich drei Diskursstränge herausgearbeitet werden, die sich vielfältig überschneiden und verschränken. Es handelt sich dabei um den Diskursstrang ‚Schule' (erziehungswissenschaftlicher Spezialdiskurs), den ‚Elterndiskurs', in dem das Verhältnis zu den eigenen Kindern reflektiert wird, und den Diskursstrang ‚Diskriminierung in Deutschland', in dem das Verhältnis der Zuwanderer und Zuwanderinnen zur Majoritätsgesellschaft reflektiert wird. Einen weiteren zentralen Diskursstrang stellte die Wahrnehmung und Darstellung des Themas ‚Sprache/Herkunftssprache/Zweit- oder Drittsprache Deutsch' dar, das gemeinsame Schnittmengen mit allen drei vorhergenannten Diskurssträngen aufweist. Zumeist kulminierte die Darstellung in einem ‚Problem', das heißt einer konflikthaften Verschränkung aller Diskursstränge. Die ‚Probleme' sowie die Problemwahrnehmung und -darstellung sind dabei von Fall zu Fall, von Familie zu Familie, je nach Herkunftsländern und -kulturen verschieden.

2. Einige Befragungsergebnisse im Überblick

Die Vielfalt interessanter Aspekte, die die diskursive Deutung der Schulsituation ihrer Kinder durch die Zuwanderer-Eltern zutage förderte, kann hier nicht wiedergegeben werden. Die Ergebnisse des Forschungsprojekts wurden in dem Buch „Voll integriert?" (Dietrich 1997) zusammengefasst, das auch charakteristische Textausschnitte aus den Interviews enthält. Hier können nur summarisch einige Tendenzen angedeutet werden, wobei leider der diskursive Kontext des Einzelfalls von Migrationsgeschichte, Familiensituation und sozialer Situation in Deutschland verlorengeht.

Fast alle Interviewpartner/innen offenbarten einen erheblichen *Leidensdruck*, was die Schulkarrieren ihrer Kinder betrifft. Dies gilt nicht nur für die Kinder von Arbeitsmigrant(inn)en – z.B. Kinder aus italienischen und griechischen Migrant(inn)enfamilien – die unter der Doppelbelastung von Vormittagsunterricht in der deutschen Schule und muttersprachlichem Ergänzungsunterricht am Nachmittag leiden. Es gilt auch für die Kinder aus Familien der *international scientific community*, die an den zahlreichen Grossforschungsinstituten und an der Universität in Heidelberg relativ zahlreich vertreten ist. Diese Kinder müssen aufgrund kurzfristiger Forschungsaufenthalte des Vaters oft schon ihre Grundschulzeit in zwei bis drei verschiedenen Län-

Migrantenkinder – eine diskriminierte Minderheit in unseren Schulen? 63

dern absolvieren. Sie müssen sich binnen kürzester Zeit auf verschiedene Sprachen, Verhaltenserwartungen und Schulsysteme einstellen, wobei das deutsche Schulsystem im Urteil der betroffenen Familien besonders schlechte Noten erhält. Hier fehlen Förderkurse und Auffangklassen, und den deutschen Lehrpersonen wird mangelnde Sensibilität und Aufmerksamkeit für die Übergangsschwierigkeiten der anderssprachigen Kinder vorgeworfen. Alle Kinder bzw. deren Eltern in unserer Befragung waren bei der Bewältigung von sprachlichen Anpassungsproblemen auf sich selbst gestellt; die Lehrer/innen lehnten eine Hilfestellung z.T. explizit ab.

Diese Nichtbeachtung der sprachlichen und kulturellen Voraussetzungen ihrer Kinder wird von den Migranten-Eltern je nach individueller Situation der Kinder in der Klasse und je nach der Intensität des Leidensdrucks, der aus solcher Nichtbeachtung erwächst, als Gedankenlosigkeit, Bequemlichkeit, Faulheit, Missachtung, Vernachlässigung, unterlassene Hilfeleistung oder rassistische/ausländerfeindliche Diskriminierung von seiten der deutschen Lehrer/innen erlebt (selbst wenn dies aus Höflichkeit nicht explizit ausgesprochen wird).

2.1 Einige Fallbeispiele aus der Befragung

Interview 3: Akademikerfamilie aus der Ukraine
(Interviewpartnerin: Mutter)

Der Sohn der Befragten wurde von Klassenkameraden massiv unterdrückt, was starke emotionale Probleme des Kindes nach sich zog. Nach Ansicht der Befragten hat die Lehrerin diese Situation wohl gesehen, den Jungen aber nicht in Schutz genommen; sie hat „nichts getan"; hingegen wäre ein Einschreiten nach Ansicht der Befragten ihre Pflicht gewesen. Die Eltern nahmen nach eigener Auffassung zu spät Kontakt mit der Lehrerin auf, um diese Entwicklung zu verhindern. Die Lehrerin bezeichnete den Jungen als „nicht reif für sein Alter", weil er öfters wegen des Spotts der anderen in Tränen ausbrach. Auf Vorschlag der Lehrerin wurde das Problem beim Elternabend angesprochen, allerdings kam aus den deutschen Familien nicht die erhoffte Reaktion. Der Junge blieb weiterhin isoliert und wurde von einer Mitschüler-Clique drangsaliert.

Der Junge hatte anfangs keine deutschen Sprachkenntnisse; dafür war er in einer französischen Grundschule Klassenbester gewesen. Ohne Rücksprache mit den Eltern wurde er in eine vierte Regelklasse eingeschult; weder Rektor noch Lehrer/innen bemühten sich um eine angemessene Einstufung. Die Situation bei der Einschulung empfand die Befragte als „Unglück". Hilfestellung für einen schnelleren Spracherwerb gab es von seiten der Schule nicht, insbesondere keinen Förderunterricht.

Interview 4: Nichtakademikerfamilie aus Italien (Interviewpartner: Vater)

Der Sohn des Befragten wurde ohne jegliche Deutschkenntnisse in die ihm altersgemäss entsprechende dritte Grundschulklasse eingeschult – obwohl der Vater Bedenken äußerte, dass der Junge in dieser Klasse nicht mitkäme. Trotz der fehlenden Sprachkenntnisse gab es keinerlei Fördermassnahmen. Auch das Angebot des Vaters, dem Jungen gegen Bezahlung Deutschunterricht erteilen zu lassen, wurde abgelehnt.

Als der Junge dann in der vierten Klasse war, sollte er in die dritte Klasse zurückgestuft werden, allerdings zu einem späteren Zeitpunkt. Damit war der Befragte nicht einverstanden, er forderte die Rückstufung sofort. Diesem Wunsch wurde von der Schule entsprochen.

Der Vater protestierte heftig und mit Erfolg dagegen, dass sowohl sein Sohn als auch seine Tochter die Hauptschulempfehlung bekamen – bei vergleichbaren Noten mit Mitschüler/innen, die aufs Gymnasium überwiesen wurden. Beide Kinder besuchen jetzt mit Erfolg die Realschule.

Interview 6: Akademikerfamilie aus Korea (Interviewpartnerin: Mutter)

Als der Sohn der koreanischen Befragten mit drei Jahren den deutschen Kindergarten besuchte, erlitt er einen ‚Kulturschock'. Er weinte jeden Tag und wollte nicht in den Kindergarten gehen. Fast anderthalb Jahre lang verweigerte er sich gegenüber der deutschen Sprache und zeigte auch sonst ein „Anpassungsproblem". Die Mutter führte diese Schwierigkeiten auf die mangelhafte Ausbildung und die fehlende interkulturelle Sensibilität der Kindergärtnerinnen zurück.

Interview 10: Nichtakademikerfamilie aus dem Iran
(Interviewpartner: Vater & Dolmetscher)

Die ältere Tochter des Asylbewerbers aus dem Iran warf ihrem Vater vor, seine politische Tätigkeit über seine Pflichten gegenüber der Familie gestellt zu haben. Er habe sie, ihre Mutter und ihre kleinere Schwester gegenüber massiver politischer Verfolgung im Iran nicht beschützen können, und er könne auch jetzt nichts tun, um ihre schulische Situation zu verbessern (durch Gespräche mit den Lehrern, die nur über – nicht vorhandene – Dolmetscher geführt werden könnten). Die Tochter, die voll in der Pubertätskrise steckte und ihre schwierige Lebenssituation durch schulischen Ehrgeiz zu kompensieren versuchte, war darüber erbittert und warf dem Vater vor, er habe ihr gegenüber „versagt".

Die jüngere Tochter erhielt bei ihrer Einschulung in eine 1. Regelklasse keinerlei Förderunterricht, und die Lehrerin nahm auf ihre Situation in keiner Weise Rücksicht. Erst ein anderthalbstündiger Förderunterricht in einer kleinen Gruppe an einer anderen Schule, die sie nach einem Umzug besuchte, besserte ihre Motivation, überhaupt wieder zur Schule zu gehen.

Interview 11: Nichtakademikerfamilie aus Spanien
(Interviewpartner: Vater & Tochter)
Der ältesten Tochter wurde nur die Hauptschulempfehlung gegeben, obwohl sie in der Grundschule sehr gute Leistungen zeigte und „alles in Ordnung gewesen war". Über den Umweg Integrierte Gesamtschule kam sie zur Realschule, dann zum Berufskolleg und danach zur Hotelfachschule, die sie mit Erfolg besuchte.

Der zweitältesten Tochter, die ein Lehrer immer als „Gauner" bezeichnete, wurde die Realschulempfehlung verweigert mit der Begründung, „für Frisur machen des braucht keine Realschule machen".

Interview 14: Akademiker aus der Türkei (Interviewpartner: Vater)

Herr O. hat(te) bezüglich der Schullaufbahn seiner eigenen Kinder keine Probleme, doch bekam er als Berater, Dolmetscher und gewählter Elternvertreter genügend Einblick in die Probleme türkischer Eltern mit dem deutschen Schulsystem. Er kritisierte viele Punkte unpersönlich aus der Sicht eines „Experten", so z.b. die verfrühte Selektivität des deutschen Schulsystems und den hohen Prozentsatz türkischer und italienischer Zuwanderer-Kinder in den Sonderschulen für Lernbehinderte. Er vermisst „Akzeptanz und Mühe" der deutschen Lehrer/innen gegenüber den türkischen Eltern, die sich oft nicht verstanden fühlen. Die Lehrpersonen sollten „mehr Rücksicht auf ausländische Sitten und Gebräuche" nehmen und „nicht unbedingt und primär deutsche Sitten und Gebräuche aufzwingen" (S. 198-201). Besonders bei Konflikten zwischen türkischen Eltern und Kindern sollten sie nicht vorschnell für die Kinder Partei ergreifen und sich die Mühe machen, die Zuwanderer-Eltern besser zu verstehen.

3. Heterogenität – Die Lage am Ende der 90er Jahre

Schule in Deutschland am Vorabend des 21. Jahrhunderts ist eine internationale Angelegenheit geworden. Landauf, landab gibt es kaum noch eine Schulklasse, in der Kinder deutscher Herkunft, deutscher Nationalität und deutscher Muttersprache unter sich sind. In allen sechs Schularten, die in der Bundesrepublik existieren (Grundschule, Hauptschule, Realschule, Gesamtschule, Gymnasium, Sonderschulen), sind Kinder mit anderer Nationalität und Muttersprache, mit anderer Primärsozialisation, mit anderem Selbstverständnis vertreten.

Auf diese Vielfalt im Klassenzimmer ist Schule in Deutschland nicht vorbereitet. Immer noch gilt als Regel die monokulturelle und monolinguale Ausrichtung der Lehrpläne und Unterrichtsinhalte, die schon der soziokulturellen Vielfalt deutscher Kinder nicht gerecht wird (vgl. Gogolin 1994). Immer noch herrschen ein normiertes Leistungsverständnis und eine fließbandähnliche, arbeitsteilige Unterrichtsorganisation vor, die so etwas wie „pädagogisches Ethos", Erziehungsauftrag, persönliche Beziehungen zu und Verantwortung für einzelne Schüler/innen organisatorisch extrem schwierig macht.

Diese Schwierigkeit, anderssprachige Kinder im Klassenverband individuell zu fördern, ist zum großen Teil zurückzuführen auf die Überforderung der Lehrer/innen durch Überlastung (zu große Klassen/keine ausreichenden Fördermöglichkeiten), durch Ausbildungsdefizite (die heutigen Lehrer/innen wurden noch für die rein monolinguale/monokulturelle Schule ausgebildet) und durch mangelnde Fortbildungskonzepte (die bestehenden wurden oft nur für homogene Gruppen mit länderspezifischem Schwerpunkt entwickelt: Griechen, Türken, Spanier, etc.)

Migrantenkinder unter diesen Bedingungen zu „integrieren", bedeutet, sie zu assimilieren. Die künstliche Gleichmachung von Schüler/innen mit unterschiedlichstem Sozialisations- und Erfahrungshintergrund und unterschiedlichsten Lernvoraussetzungen hat für die deutschen Lehrer/innen *Entlastungsfunktion*. Die *Nicht-Wahrnehmung von Unterschieden* enthebt sie der Notwendigkeit, ihren Unterricht zu differenzieren und ein gesondert aufbereitetes Lernangebot zur Verfügung zu stellen, das diesen anderssprachigen Schüler/innen gerecht würde.

In diesem Assimilationszwang, der zumeist kaum hinterfragt wird, steckt aus der Sicht der Migranten-Eltern jedoch auch der Ansatz zur Diskriminierung. Diskriminierung wird kaum jemals *bewusst* verursacht, zugelassen oder zugegeben. Gegebenenfalls ließe sich der *bewusste* Teil des Syndroms bekämpfen, indem die Akteure zumindest zur Rede gestellt werden. Doch die *bewusste* Diskriminierung von Kindern anderer Nationalität und/oder Muttersprache existiert offiziell bei wohlmeinenden Pädagog(inn)en nicht.

Gefährlich ist jedoch der *unbewusste* Anteil des Phänomens – die Unaufmerksamkeit gegenüber den „Anderen" aufgrund von Überlastung; Mangel an Geduld und Empathie für die „Andersartigen", und in manchen Fällen auch das „Handeln in gutem Glauben", aber aufgrund falscher, klischeeartiger Voraussetzungen (die sog. Ethnisierung von Zuwanderer-Kindern, vgl. dazu Bukow 1996).

Sowohl das Alltagsbewusstsein vieler Deutscher, das durch fremdenfeindliche Diskurse geprägt ist (vgl. dazu Jäger 1992) und an dem natürlich auch deutsche Lehrer/innen und Schüler/innen partizipieren, als auch die Binnenregelungen und Funktionszwänge des Schulalltags bewirken, dass Diskriminierung von Zuwanderer-Kindern zumeist gegen den erklärten Willen der Beteiligten geschieht: Gutwillige, aber überlastete Rektor(inn)en nehmen sich nicht die Zeit für ein ausführliches Gespräch mit den Zuwanderer-Eltern bei der Einschulung; Informationen über den bisherigen Verlauf der Schulkarriere des Kindes oder Jugendlichen werden nicht eingeholt oder an die Klassenlehrer/innen weitergegeben; die Eingruppierung geschieht au-

Migrantenkinder – eine diskriminierte Minderheit in unseren Schulen? 67

tomatisch nach Alter (bzw. eine Stufe niedriger); Übergangshilfen werden nicht gegeben, Stütz- oder Förderunterricht nicht erteilt. Vielleicht sind tatsächlich die Zeit und das Geld für solche Maßnahmen knapper geworden. Die Verknappung trifft jedoch nicht zufällig diejenige Gruppe, die diese Maßnahmen am nötigsten hätte.

Dass *Unterlassung* ein Instrument der Diskriminierung sein kann, ist mit Sicherheit vielen deutschen Amtsinhaber(inne)n im Bildungsbereich nicht bewusst. Von ihnen wird „Ausländerfeindlichkeit" an den Schulen zumeist vehement und guten Gewissens geleugnet, da sie mit *aktiven feindlichen Handlungen* gleichgesetzt wird. Obwohl auch diese im Pausen- und Freizeitbereich oft genug vorkommen mögen, fehlt die pädagogische Sensibilität und Aufmerksamkeit für den Tatbestand, dass die (oft strukturell, oft aber auch persönlich bedingte) *Vernachlässigung der andersartigen Lernvoraussetzungen* die eigentliche Diskriminierung im Schulbereich darstellt (vgl. dazu Dietrich 1992).

4. Fazit

4.1 Diskriminierung ausländischer Schüler/innen

Schule ist an der dominanten Kultur ausgerichtet – in Deutschland wie überall. Ihr Selektionsmaßstab ist monokulturell. Inhomogenität wird nicht zugelassen oder als Tatsache anerkannt.

Schule als „Normierungsanstalt" par excellence tendiert dazu, die Unterschiedlichkeit der Schüler/innen eher zu sanktionieren als akzeptierend auf sie einzugehen. In und durch Schule setzt die deutsche Majoritätsgesellschaft ihre (relativ eng gefasste) Normierung und Bewusstseinsprägung durch (vgl. die Theorie des „heimlichen Lehrplans", Zinnecker 1975). Sie vermittelt normierte Wissensbestände und „deutsche Kultur", ohne auf andersartige Sozialisationsbedingungen und die Vielfalt von Lebenswelten bei ausländischen und deutschen Kindern einzugehen.

Schulische Sozialisation wird primär bewirkt durch Sprache. Folgerichtig wird abweichendes sprachliches Verhalten von den deutschen Lehrer/innen als besonderer Störfaktor wahrgenommen, der gleichzeitig das Lernziel einer einheitlichen Sprachnorm in der Klasse verletzt und angeblich den Lernerfolg der Sprecher/innen dauerhaft einschränkt. Diese negative Prognose wirkt sich dann verhängnisvoll aus auf die Übergangsempfehlung. Überhaupt stellen sich aus der Sicht der Migranten-Eltern die Einschulung und die Schullaufbahnempfehlung in der 4. Klasse als besondere Problembereiche dar.

Bei der *Einstufung* von Zuwanderer-Kindern scheint es sich um einen „neuralgischen Punkt" zu handeln, an dem durch Nachlässigkeit, Gedankenlosigkeit oder klischeehafte Vorannahmen der deutschen Lehrer/innen über Zuwanderer-Kinder und deren angeblich „mühelosen" Spracherwerb viel Unheil angerichtet werden kann. Diesem ersten Kontakt der Zuwanderer-Familien mit dem deutschen Schulsystem sollte stärkere Beachtung geschenkt werden, um Schädigungen und Verletzungen der Kinder und einen irreparablen Vertrauensverlust der Eltern zu vermeiden.

Dies gilt auch für eine weitere „Schaltstelle" in der Schulkarriere von Zuwanderer-Kindern, die *Schullaufbahnempfehlung* nach der 4. Klasse der Grundschule. Da es hierbei um die Zuteilung oder Verweigerung sozialer Aufstiegschancen durch die deutsche Schule geht, ist der Vorgang extrem problembelastet. Zahlreiche Kinder mit anderer Muttersprache in unserer Stichprobe bekommen eine niedrigere Schullaufbahn-Empfehlung als von den Eltern gewünscht (s. oben), wobei als Begründung auf die fehlenden Voraussetzungen in der Zweitsprache Deutsch verwiesen wird. Ob hier von deutschen Lehrkräften immer „gerecht" verfahren wird, kann anhand der mitgeteilten Erfahrungen in unserer Stichprobe bezweifelt werden. Die subjektive Begründung der Lehrkräfte ist oft die (vorgeschobene) Besorgnis, dass die Schüler/innen aufgrund fehlerhafter deutscher Sprachkenntnisse scheitern könnten. Um diesen Punkt aufzuhellen, wäre jedoch auf jeden Fall eine repräsentative statistische Untersuchung notwendig.

4.2 Interkulturelle Aspekte werden in der Schulwirklichkeit kaum realisiert

Was die Einbeziehung anderer Sprachen, Wissensbestände und kultureller Erfahrungshintergründe der Zuwanderer-Kinder in den Unterricht angeht, ist weitgehend Fehlanzeige zu vermelden. Der Ansatz der interkulturellen Pädagogik, auf die „mitgebrachte" Kultur und die andersartigen Lebenshintergründe der ausländischen Kinder in der jeweiligen Klasse einzugehen und deren Erfahrungen zur Geltung kommen zu lassen, liegt *so weit ab* von der alltäglichen Schulwirklichkeit, dass die meisten der befragten Zuwanderer-Eltern unsere Frage gar nicht verstanden haben, ob „ihre" Herkunftskultur im Unterricht jemals angesprochen wurde. Wo dies einmal punktuell geschah, wurde es von den Befragten als sehr positiv empfunden und blieb ihnen und ihren Kindern noch lange im Gedächtnis.

Als praktische Konsequenz wäre demnach von deutschen Lehrer/innen zu fordern, dass diese auf die multikulturelle Realität im Klassenzimmer positiv reagieren und besonders den vereinzelt in ihren Klassenzimmern befindlichen Zuwanderer-Kindern mit Empathie für ihre Anfangsschwierigkeiten, sachkundiger Hilfestellung beim Erwerb des Deutschen als Zweitsprache und Aufgeschlossenheit für ihre „mitgebrachten" kulturellen und sprachlichen Fähigkeiten begegnen. Das Fehlen genau dieser persönlichen und pädagogischen Verhaltensqualitäten wurde von den meisten Zuwanderer-Eltern

Migrantenkinder – eine diskriminierte Minderheit in unseren Schulen? 69

in unserer Untersuchung bemängelt und als Diskriminierung eingestuft. Positiv gewendet zeichnen sich „interkulturelle Schulen" in Fallstudien dadurch aus, dass „sich die jeweilige Schule bemüht, den einzelnen Kindern und Jugendlichen in ihrer ganzen Persönlichkeit gerecht zu werden. Man kümmert sich um die Kinder. Und die Kinder reagieren entsprechend. Sie wissen sich aufgehoben und versorgt..." (Chr. Th. Scheilke 1996, S. 120).
Die „Atmosphäre der Achtung" (ebd., vgl. auch Dietrich 1992), die hier als notwendiger Grundbestandteil interkultureller Erziehung eingefordert wird, ist in der Tat ein wirksames Mittel gegen subjektiv empfundene und objektiv gegebene Diskriminierung.
Im internationalen „Übereinkommen über die Rechte des Kindes" (UNO-Resolution vom 20.11.1989, ratifiziert durch den Deutschen Bundestag am 5.4.1992) ist festgelegt, dass dem Kind „Achtung vor seinen Eltern, seiner kulturellen Identität, seiner Sprache und seinen kulturellen Werten, den nationalen Werten des Landes, aus dem es stammt, sowie vor anderen Kulturen als seiner eigenen zu vermitteln" sei (Artikel 29, Abs. 1c). In dieser Hinsicht besteht, wie unsere Untersuchung belegt, in den Schulen der Bundesrepublik Handlungsbedarf.

5. Thesen zur Veränderung der Schule unter den Bedingungen einer multikulturellen Gesellschaft

1. Die monolinguale und monokulturelle Prägung von Schule und Unterricht ist obsolet. Die Internationalisierung aller Lebensbereiche durch Einwanderung und EG-Zusammenschluss erfordert einen veränderten Bildungsbegriff und neue Lehrinhalte. Die deutsche Schule hat positiv zu reagieren auf eine Entwicklung zu Multikulturalität, Zwei- und Mehrsprachigkeit, die in vielen Ländern der Erde längst zur Regel geworden ist.
2. Der in der deutschen Schule vorherrschende monokulturelle, bestenfalls noch eurozentrische Blick auf alle Lernbereiche müßte erweitert werden durch eine mehrkulturelle und mehrperspektivische Betrachtungsweise. Dies gilt von der Grundschule bis zur Oberstufe des Gymnasiums.
3. Die Überarbeitung von Richtlinien, Lehrplänen und Schulbüchern unter interkulturellen Gesichtspunkten ist überfällig. Eine sporadische Berücksichtigung interkultureller Aspekte in Randbereichen des Schullebens (bei Schulfesten, im Bereich von Nahrung und Folklore) reicht nicht aus, um dem Lebenshintergrund von Kindern anderer Herkunftskultur und Muttersprache in unseren Klassen gerecht zu werden.
4. Die ausländischen Lehrkräfte dürften ihre Existenz nicht nur im Randbereich des muttersprachlichen Ergänzungsunterrichts fristen, sondern sollten möglichst umfassend (im Team Teaching) als Experten für Her-

kunftskulturen und -sprachen im Unterricht *aller* Schüler/innen herangezogen werden. Die ausländischen Schüler/innen sind mit dieser Expertenrolle in der Regel überfordert. Die Integration der ausländischen Lehrkräfte ins deutsche Kollegium kann als Modellfall interkultureller Ausrichtung der Schule gelten.

5. Zwei- und Mehrsprachigkeit, wie sie viele Einwandererkinder mitbringen, sollte als hoher kultureller Wert im Hinblick auf *alle* Herkunftssprachen (und nicht nur unsere dominanten Schulsprachen Englisch und Französisch) in der deutschen Schule geachtet, gepflegt und erhalten werden. Aufwachsen in verschiedenen sozialen Norm- und Bezugssystemen und Vertrautheit mit verschiedenen kulturellen Sichtweisen der Welt sollte nicht als „Unglück" (vgl. die Rede vom „Identitätskonflikt"), sondern als persönlichkeitsbildend und -bereichernd betrachtet werden.

6. Es muss verhindert werden, dass das Schulversagen der Einwandererkinder künstlich produziert wird, bei teilweise überdurchschnittlichen Intelligenzleistungen, zu denen deutsche Kinder oft nicht fähig wären (z. B. Zweisprachenerwerb binnen kürzester Zeit ohne sachkundige Anleitung in Deutsch als Zweitsprache). Sie dürfen nicht nur an monokulturellen Maßstäben gemessen werden, an denen sie notgedrungen scheitern. Das Schulversagen der Einwandererkinder aufgrund des mangelnden sprachlichen und methodischen Kenntnisstandes der *Lehrer/innen* in Deutsch als Zweitsprache müßte ausgeschlossen werden.

7. Ausländische Kinder sind keine *Problemkinder*, auch dann nicht, wenn sie wenig Deutschkenntnisse mitbringen und „noch nicht integriert sind". In dieser Redeweise, die von deutschen Lehrkräften oft zu hören ist, kommt das *Assimilationskonzept* der deutschen Schule zum Ausdruck, das auf einem Machtgefälle zwischen der deutschen Mehrheitsgesellschaft und den Angehörigen der Minoritätengruppen basiert. Die Majorität erlegt dabei den Minoritäten die eigenen Normen, Verhaltensweisen und Lerninhalte auf und beschneidet ihnen die Chancen zu Partizipation und Selbstdarstellung. Die unterrichtliche Konsequenz aus dem Konzept der interkulturellen Erziehung müßte jedoch in allen Fächern und Lernbereichen die Berücksichtigung der *Verschiedenheit* der Migranten- und Flüchtlingskinder sein, auf deren Aufrechterhaltung diese ein Recht haben.

8. Maßnahmen der Binnendifferenzierung, die auf einer positiven Berücksichtigung dieser Verschiedenheit ausländischer Schüler/innen und deren Zweisprachigkeit aufbauen, müßten in multikulturellen Klassen zum selbstverständlichen Handwerkszeug der Lehrer/innen gehören (z. B. Etablierung von Dolmetscherdiensten, von zweisprachiger Gruppenarbeit und Helfersystemen).

9. Grundlage der Benotung müßte der individuelle Lernfortschritt der Einwandererkinder sein (der binnen kurzer Zeit oft enorm ist) und nicht der klasseninterne Bezugsmaßstab, der sich am Leistungsstand der deutschen Kinder orientiert.

Migrantenkinder – eine diskriminierte Minderheit in unseren Schulen?

10. Bei aller Offenheit für verschiedene kulturelle Einflüsse und Prägungen muss die Respektierung der Menschenrechte sowie des Grundrechtes auf freie Entfaltung jedes Individuums (Art. 2,1 Grundgesetz) als gemeinsame Norm gelten. Erziehung zu gegenseitiger Empathie, Toleranz und Solidarität ist konstituierender Bestandteil eines neuen Allgemeinbildungskonzepts (Klafki 1985). Seine Realisierung erfordert eine entschiedene Ablehnung und Bekämpfung aller impliziten und expliziten Formen von Rassismus in und außerhalb der Schule (auch veröffentlicht in: Dietrich 1995, S. 104-106).

Literatur

Auernheimer, Georg/Blumenthal, Viktor v./Stübig, Heinz / Willmann, Bodo (1996): Interkulturelle Erziehung im Schulalltag. Fallstudien zum Umgang von Schulen mit der multikulturellen Situation. Münster/New York.
Bukow, Wolf-Dietrich (1996): Feindbild Minderheit. Ethnisierung und ihre Ziele. Opladen.
Dietrich, Ingrid (1992): Vom Recht des ausländischen Kindes auf Achtung. In: Zeitschrift „Grundschule", H. 4, S. 64-67.
Dietrich, Ingrid (Hrsg.) (1995): Handbuch Freinet-Pädagogik, Weinheim/Basel.
Dietrich, Ingrid (1997): Voll integriert? Zuwanderer-Eltern berichten über Erfahrungen ihrer Kinder mit Schule in Deutschland. Baltmannsweiler.
Fischer, Dietlind/Schreiner, Peter/Doyé, Götz/Scheilke, Christoph Th. (1996): Auf dem Weg zur Interkulturellen Schule. Fallstudien zur Situation interkulturellen und interreligiösen Lernens. Münster/New York.
Gogolin, Ingrid (1994): Der monolinguale Habitus der multilingualen Schule. Münster/New York.
Jäger, Siegfried (1992): BrandSätze. Rassismus im Alltag. (DISS-Eigenverlag des Duisburger Instituts für Sprach- und Sozialwissenschaften). Duisburg.
Jäger, Siegfried (1994): Text- und Diskursanalyse. Eine Anleitung zur Analyse politischer Texte. (DISS). Duisburg.
Radtke, Frank-Olaf (1996): Mechanismen ethnischer Diskriminierung in der Grundschule. In: Kersten, Ralph u.a. (Hrsg.): Ausbilden statt Ausgrenzen. Jugendliche ausländischer Herkunft in Schule, Ausbildung und Beruf. Frankfurt/Main, S. 121-132.
Reich, Hans H. (1994): Interkulturelle Pädagogik – eine Zwischenbilanz. In: Zeitschrift für Pädagogik, Heft 1, S. 9-27.
Scheilke, Christoph Th. (1996): Schulkultur und Schulentwicklung in der Multikulturalität. In: Fischer u.a.: o.a.T., S. 113-129.
Susteck, Herbert (1979): Eltern und Lehrer als Erziehungspartner. Essen.
Zinnecker, Jürgen (Hrsg.)(1975): Der heimliche Lehrplan. Untersuchungen zum Schulunterricht. Weinheim/Basel.

Anne Ratzki
Interkulturelle Erziehung: Beispielhafte Ansätze aus der Region

Verschiedene organisatorische und curriculare Entwicklungen haben in den letzten Jahren Ansätze interkulturellen Lernens an Schulen begünstigt, so z.B.:
- Veränderungen in Richtlinien und Lehrplänen, die Kulturen anderer Länder berücksichtigen, beispielhaft sind hier die Grundschulrichtlinien
- Internationale Klassen an Schulen aller Schulformen, in denen Jugendliche unterschiedlicher Nationalität auf den Unterricht in deutschen Schulen vorbereitet werde
- Verschiedene Varianten bilingualen Unterrichts
- Schulpartnerschaften auf der Basis von europäischen Programmen, z.B. Sokrates

Im Folgenden möchte ich nun drei Schulen aus der Region Köln vorstellen, die weiter gehen, für die interkulturelles Lernen im Zentrum ihrer Arbeit und ihrer Identität steht: eine Grundschule, eine Gesamtschule und ein Berufskolleg.
Die beiden ersten Beispiele beruhen auf Gruppenberichten, die Studierende meines Seminars nach Schulhospitationen vorgetragen haben, und meiner eigenen Kenntnis dieser Schulen. Das dritte Beispiel ist ein Schulversuch, der gerade erst begonnen hat, mit dem ich in meiner beruflichen Arbeit bei der Bezirksregierung Köln befasst bin.

Beispiel 1:
Interkulturelle Erziehung an der Gemeinschaftsgrundschule an St. Theresia in Köln-Buchheim

Die Gemeinschaftsgrundschule an St. Theresia wird von 270 Schülerinnen und Schülern besucht. Der Anteil ausländischer Kinder liegt bei 40%. 90% der Migrantenkinder kommen aus der Türkei, die übrigen 10% setzen sich aus verschiedenen Nationen zusammen, z.B. Ägypten, Italien, Spanien, Polen.

1. Einstellungen – Ethos der Schule

An dieser Grundschule wird die Zusammensetzung der Schülerschaft und die damit verbundene Vielfalt der Kulturen bewusst als Möglichkeit wahrgenommen, voneinander zu lernen. Prägnante Formulierungen, die die Studierenden aus Gesprächen in der Schule mitbrachten, machen dies deutlich:

- „Es gibt keine spezielle Ausländerproblematik."
- „Multikulturelle Klassen sind heute und in Zukunft Normalzustand."
- „Bei Berücksichtigung der Grundschulrichtlinien ist Ausländerintegration ohnehin gewährleistet" (Aufgabe der Grundschule ist es, „Fähigkeiten [...] so zu vermitteln, daß sie den individuellen Lernmöglichkeiten und Erfahrungen der Kinder angepaßt sind." (Grundschulrichtlinien S. 9)).
- Das Motto des Schulprogramms lautet: „Miteinander leben – voneinander lernen."

Wie weit die kulturelle Differenz jedoch bewußt gemacht und pädagogisch produktiv gewendet wird, läßt sich aus solchen Zitaten noch nicht hinreichend erkennen.

2. Die praktische Unterrichtsarbeit

Didaktik und Methodik des Unterrichts entsprechen den Grundschulrichtlinien. Eine spezielle Didaktik und Methodik für multikulturelle Klassen sei dadurch nicht erforderlich, ist die Meinung des Schulleiters. Im Alltag heißt das, daß nicht Frontalunterricht dominiert, sondern offene und individualisierende Unterrichtsformen wie Projektunterricht, Freiarbeit, Werkstätten und Stationenlernen. Viele davon bieten auch Möglichkeiten zum sozialen Lernen.

Eine besondere Maßnahme betrifft die Alphabetisierung. Eine zweite, türkische Lehrkraft kommt dazu und unterrichtet mit der Klassenlehrerin im Team. Die Alphabetisierung wird dadurch zugleich in der Muttersprache und im Deutschen vorgenommen. Trotz der verbreiteten Kritik an der gleichzeitigen Alphabetisierung in deutsch und türkisch spricht die Schule von guten Erfolgen. Auf die grundsätzliche Bedeutung der Alphabetisierung in der Muttersprache und die unterschiedlichen Modelle soll hier nicht näher eingegangen werden.

Im Anschluß an den Unterricht findet für die türkischen Kinder auf freiwilliger Basis zwei Stunden muttersprachlicher Ergänzungsunterricht statt.

Interkulturelle Erziehung geschieht auch durch Öffnung der Curricula. Dies bedeutet, Themen nicht nur aus dem Blickwinkel christlich-abendländi-

Interkulturelle Erziehung 75

scher Tradition auszuwählen und zu deuten, sondern auch Themen zu behandeln, die für je unterschiedliche Kulturen bestimmend und identitätsbildend sind. Als Beispiel einige interkulturelle Themen aus dem Sachunterricht:

- Essen und Trinken
- Pflanzen und Tiere
- Zeiteinteilung und Zeitablauf (Kalender, Jahreszeiten)
- Ich und die anderen
- Geburt und Aufwachsen
- Körper und Gesundheit (Krankheiten und Heilmethoden)
- früher und heute
- Luft, Wasser und Wärme (Klima, Wetter)

3. *Schulleben*

Seit drei Jahren ist die Schule GÖS-Schule (Abk. für „Gestaltung und Öffnung der Schule", Förderprogramm des Landes NRW) für Interkulturelle Erziehung. Das Schulleben wird durch Interkulturelles Leben und Lernen geprägt; die Eltern werden einbezogen und gestalten das Schulleben entsprechend. Für die Eltern gibt es an St.Theresia folgende Angebote:

- Ein Deutschkurs für türkische Eltern verbessert nicht nur die Sprachkenntnisse, sondern bindet auch die Eltern in die Schule ein.
- Alle Feste, auch die der Minderheiten, werden gemeinsam gefeiert. Die Migranteneltern und ihre Kinder fühlen sich dadurch mit ihrer Kultur akzeptiert.
- Die Schulpartnerschaft mit einer Schule in der Türkei ist mit einem Austauschprogramm verbunden: Deutsche Kinder leben für je eine Woche in dortigen Familien, Kinder aus der Türkei kommen in deutsche Gastfamilien. Seit 1995 nehmen jährlich fünfzehn Kinder beider Seiten am Austausch teil.
- Es gibt eine Türkisch-AG für deutschsprachige Kinder, die ihnen Gelegenheit gibt, Grundkenntnisse des Türkischen zu erwerben, Einblicke in die türkische Lebensweise zu gewinnen.
- Die Übermittagsbetreuung schafft neue Möglichkeiten des Kontakts und damit des interkulturellen Lernens. – Kinder aus alteingesessenen und zugewanderten Familien spielen miteinander und lernen sich besser kennen. Jugendhilfe, Stadt, Land und Schule wirken bei der Finanzierung zusammen und beschäftigen eine Sozialpädagogin (ABM) und 4 Honorarkräfte auf 630.– DM-Basis.

4. Schulleitung und Lehrerschaft

Die Rolle von Schulleitung und Lehrer(inne)n hat sich erweitert. Damit interkulturelles Lernen möglich wird, müssen Lehrer(innen) sich auf Fremdes einlassen können und einen Weg zwischen Wissensvermittlung und Bewusstseinsbildung finden. Der Schulleiter steht hinter dem Konzept und fördert es bewusst unter dem Aspekt, dass multikulturelles Aufwachsen in Zukunft die „normale" Situation für ausländische wie deutsche Kinder sein wird und dass dies bewusst als Chance genutzt werden soll.

5. Ergebnisse

Zusammenfassend lässt sich feststellen, dass folgende Aspekte interkulturellen Lernens an dieser Schule realisiert werden:

- Gemeinsames und gleichberechtigtes Lernen
- Interkulturelle Lerninhalte
- Individualisierte offene Lernformen
- Öffnung der Schule auch für ausländische Eltern und Partner im GÖS-Projekt
- Multikulturalität als kulturelle Bereicherung
- Entwicklung der eigenen Identität über die Muttersprache für die ausländischen Schüler/innen und Erfahrung kultureller Vielfalt für die Deutschen

Die *Grundschule an St.Theresia* gestaltet interkulturelle Erziehung als bewusstes Zusammenleben deutscher und ausländischer Kinder und versteht es als Vorbereitung auf ein friedliches und gleichberechtigtes Zusammenleben erwachsener Bürgerinnen und Bürger.

Beispiel 2:
Europaschule Gesamtschule Köln-Zollstock

Die Europaschule Köln ist eine Gesamtschule, die 1976 gegründet wurde. Eine Art „Neugründung" als „Europaschule" erlebte sie vor 5 Jahren. 30% der Schüler/innen gehören anderen Nationen an. Sie stammen aus 30 verschiedenen Ländern. An diesem Beispiel soll deutlich werden, wie aus der ursprünglichen Zielsetzung der Gesamtschule als Sekundarschule ein Schulprogramm entwickelt wurde, in dessen Mittelpunkt das interkulturelle Lernen steht.

Die Gesamtschule verhindert die frühe Selektion des dreigliedrigen Schulwesens. Alle Kinder haben ab dem 5. Schuljahr die Möglichkeit, eine Gesamtschule zu besuchen, unabhängig von ihren schulischen Leistungen in der

Interkulturelle Erziehung

Grundschule. Die unterschiedlichen Kinder sollen entsprechend ihren Fähigkeiten und Neigungen gefördert werden, was durch verschiedene individuelle Förderprogramme geschieht. Selbständiges Lernen, solidarisches Lernen und die Förderung der Sozialkompetenz sind weitere Ziele der Gesamtschule. Diese Zielsetzungen sollen bewirken, dass mehr Chancengleichheit erreicht wird.
Auf dieser Grundlage hat die Europaschule Köln fünf Schwerpunkte ihres Schulprogramms entwickelt. Sic will

- die muttersprachliche und mehrsprachige Erziehung aller Schülerinnen und Schüler fördern,
- den kulturellen Austausch über Themen der Lebens- und Arbeitswelt in den Unterrichtsfächern verankern,
- das theoretische Lernen durch praxisorientierte Unterrichtsformen wie Arbeitsgemeinschaften und Projekte ergänzen,
- das gemeinsame Lernen durch vielfältige internationale Begegnungen fördern,
- auf das Leben und Arbeiten in einem vereinten Europa vorbereiten.

Das interkulturelle Lernen geht „von der Lebenssituation der Schülerinnen und Schüler aus, von der Unterschiedlichkeit und Vielfalt ihrer menschlichen Einstellungen und Handlungsmotive" (Schulbroschüre, S. 9). Dabei sind Toleranz und Aufgeschlossenheit gegenüber Fremden wichtigstes Erziehungsziel. Fächerübergreifende Lernepochen bereiten bestehende Lehrplaninhalte unter interkultureller Fragestellung neu auf. Dabei entsteht ein *hausinterner Lehrplan des interkulturellen Lernens*.

Ein curricularer Schwerpunkt der Schule ist schülerorientiertes Fremdsprachenlernen im Wahlsprachen-Unterricht. Zu Englisch als erster Fremdsprache kommt in den Jahrgängen 6 bis 8 das Angebot einer Wahlsprache. Beim Lernen dieser Sprache steht die Kommunikation im Mittelpunkt mit dem Ziel, sich in Situationen des täglichen Lebens in der betreffenden Sprache zurechtzufinden. Dabei ist die Idee, dass es in Zukunft wichtiger sein wird, in mehreren Sprachen kommunizieren zu können, als eine Sprache perfekt zu beherrschen.

In der Europaschule werden im Wahlsprachenbereich sechs Fremdsprachen angeboten: Portugiesisch, Spanisch, Italienisch, Französisch, Türkisch, Niederländisch und Deutsch als Trainingseinheit (Fremdsprache). Prinzipien sind Kommunikationsorientierung, Situationsorientierung, Handlungsorientierung und interkulturelle Orientierung. Dabei ist es wichtig, den Kindern die Freude am Sprachenlernen zu vermitteln und die Angst vor dem Sprechen einer fremden Sprache zu nehmen. In Rollenspielen üben die Kinder Alltagssituationen.

Die Europaschule hat vielfältige *internationale Kontakte* aufgebaut. Alle Schüler/innen nehmen mehrmals in ihrer Schullaufbahn mit Partnerklassen aus dem europäischen Ausland Kontakt auf. Dabei haben sich Jahrgangsschwerpunkte gebildet.

- Die Unterstufe geht Briefkontakte mit den Wahlsprachenländern ein (ab 6. Klasse).
- Im 7. Jahrgang fahren alle eine Woche nach England.
- Im 9. und 10. Jahrgang gibt es einen Austausch mit Warschau.
- Die „Internationale Klasse" mit holländischen und belgischen Schüler(innen) ist Schwerpunkt im Jahrgang 9 bis 11.
- Die Oberstufe richtet Workshops mit dem Sokratesprogramm ein; mit Holland werden ausländische Betriebspraktika organisiert.

Jede/r Schüler/in hat mindestens zwei Auslandsaufenthalte. Für ihre internationalen Kontakte setzt die Schule verschiedene Medien ein wie Fax, Internet, e-mail, Audio- und Video-Kassetten neben Briefen oder Telefon. Der Schüleraustausch kann eine thematische Anbindung haben, z.b. ein gemeinsam erarbeitetes Theaterstück. Teilweise werden auch internationale Betriebspraktika in Holland und Belgien mit dem Austausch verbunden.

Dabei lernen die Schüler/innen schon früh, wie wichtig es ist, andere Sprachen zu sprechen, und sie merken auch, dass Kinder anderer Länder fremde Sprachen auch nicht perfekt beherrschen.

Das Schulleben ist bewusst *multikulturell*. Es umfasst Präsentationen und Ausstellungen zur interkulturellen Projektarbeit, Theater und Musikproduktionen, Schulfeste und Entlassungsfeiern. Ein Ziel dabei ist auch die Identifizierung mit der Europaschule durch Gemeinschaftserlebnisse.

Außerschulische Partner werden durch *Expertenbefragungen*, klassische Dichterlesungen und Präsentationen von Arbeitsergebnissen vor „Prominenten des öffentlichen Lebens" ins Schulleben mit einbezogen.

Im 9. Schuljahr wird das Wahlpflichtangebot II unter den Leitgedanken der Europaqualifizierung gestellt. In allen WPII-Kursen finden regelmäßig PC-Anwendungsphasen und Anwendungsphasen in englischer Sprache statt. Diese Kurse sind sowohl berufsvorbereitend wie vorbereitend für die Oberstufe.

Ergänzend gibt es im AG-Bereich Trainingskurse in Medien, Gestaltung, Wirtschaftsenglisch, Schreibmaschine, Internet-Führerschein. Die Teilnahme wird mit einem besonderen Zertifikat bescheinigt. Jeder Schüler, jede Schülerin sollte 2 Trainingskurse belegen. Die Schulkonferenz entscheidet, welche Trainingskurse ein Zertifikat vergeben.

Das Schulprogramm mit Sprachenkonzept interessiert auch leistungsbewusste Eltern, so dass es für die Europaschule kein Problem mehr ist, einen angemessenen Anteil leistungsstarker Schüler/innen aufzunehmen.

Eine Befragung der Schüler/innen durch Studierende zeigte, dass die Schüler/innen das Schulprogramm kennen und verstehen und sich meist positiv dazu äußern. Signifikant sind z.B. die Antworten auf die Frage: Wie wird mit ausländischen Kindern umgegangen, die neu in die Klasse kommen? Hier gibt es ausschließlich Antworten wie:

- helfen,
- draufzugehen,

Interkulturelle Erziehung 79

- gucken, ob das ausländische Kind Hilfe will,
- freundlich, nett sein
- Lehrer nehmen Rücksicht

Zusammenfassend läßt sich sagen, daß hier vor allem folgende Aspekte des interkulturellen Lernens zum Tragen kommen:

- Interkulturelle Lerninhalte: Lebens- und auch Arbeitswelt
- Öffnung der Schule für Kontakte und gemeinsame Projekte mit Jugendlichen anderer Länder in vielfältigen internationalen Begegnungen
- Multikulturalität als kulturelle Bereicherung
- Mehrsprachigkeit als Mittel zum Austausch mit Jugendlichen anderer Nationalitäten auf einer gleichberechtigten Basis

Ziel ist es, eine Europa-Identität zu erreichen, also über nationale Identität hinauszuwachsen. Im Unterschied zum ersten Beispiel ist hier interkulturelles Lernen nicht nur auf eine Migrantengruppe beschränkt.

3. Beispiel:
Schulversuch an dem Berufskolleg Zugweg (früher BBS 4) mit dem Schwerpunkt Betriebswirtschaftslehre – Profil Fremdsprachen – Türkisch

Der Schulversuch am Berufskolleg Zugweg ist am 10.8.1998 angelaufen.

1. Hintergründe

Die Schule geht davon aus, dass sowohl in Deutschland als auch in der Türkei türkische und deutsche Betriebe mit der Türkei bzw. mit Deutschland in Handelsbeziehungen stehen. In diesem Bereich herrscht ein großer Bedarf an qualifizierten Arbeitskräften, die fundierte sprachliche, wirtschaftliche und bikulturelle Kompetenzen vorweisen können. Diese geforderten Qualifikationen will die Schule durch ihre Bildungsangebot vermitteln.

2. Adressaten

Die Schule nimmt die bikulturelle Sozialisation der türkischen Jugendlichen bewusst auf. Sie will ihnen eine konzeptuelle Orientierung und eine balancierte Identifikation mit beiden Kulturen bieten.

Da sich die vermittelten Qualifikationen auf bilaterale Wirtschaftssektoren richten, wird eine höhere Flexibilität und Mobilität bei den Schüler(inne)n erreicht. Das kann sich positiv auf ihre späteren Beschäftigungschancen auswirken.

3. Schwerpunkt Fremdsprachen und BWL

Der Profilschwerpunkt Türkisch enthält fünf Unterrichtsstunden Türkisch und 3 Unterrichtsstunden einer speziellen Wirtschaftslehre in türkischer Sprache. Das Angebot richtet sich an Schüler/innen mit guten türkischen Sprachkenntnissen, die die Fachoberschulreife erreicht haben oder aus der 11. Klasse des Gymnasiums oder der Gesamtschule kommen. Es gibt eine intensive Schullaufbahnberatung.

4. Die Lehrer/innen

Türkische Kolleg(inn)en, die Türkisch als zweite Fremdsprache in der Sekundarstufe II und wirtschaftliche Fächer unterrichten können, sind für den Schulversuch aus Gymnasien und Gesamtschulen abgeordnet.

5. Partner der Schulversuchs

Der Schulversuch wird von mehreren Partnern getragen. Die Schule arbeitet mit der Anadolu-Universität und der Regionalen Arbeitsstelle zur Förderung ausländischer Kinder und Jugendlicher (RAA) Köln zusammen; hier werden die Curricula und die bildungsgangbegleitende Beratung sowie die Praktikumsbetreuung entwickelt.

Weitere Partner sind die Bezirksregierung Köln, die Industrie und Handelskammer (IHK), die Beratungsstelle für Qualifizierung von Nachwuchskräften (BQN), der deutsch-türkische Unternehmerverband, die Koordinierungsstelle zur Förderung der Reintegration durch Qualifizierung und Existenzgründung (KFR), Türkische Unternehmer-Vereinigungen, das Arbeitsamt Köln und das Landesinstitut für Schule und Weiterbildung (LSW) in Soest.

6. Die Curricula

Während des Schulversuchs wird ein Curriculum „Türkisch als 2. Fremdsprache mit besonderem Anforderungsniveau" und „Wirtschaftslehre Türkisch" entwickelt.

Im Fach Türkisch handelt es sich um die Entwicklung und Erweiterung der unkoordiniert erworbenen heimatsprachlichen Kompetenzen. Angehörige der 2. und 3. Migrantengeneration beherrschen Türkisch in der Regel hinreichend im Bereich der Alltagskommunikation, doch im Bereich der komplexen Anforderungen des angestrebten Berufsfeldes reichen diese Kompetenzen nicht aus. Das zu entwickelnde Fach Türkisch wird neue Wege gehen und sich vom herkömmlichen Fremdsprachen-Unterricht grundsätzlich unterscheiden.

Das Fach „Spezielle Wirtschaftslehre" wird ebenfalls in Türkisch erteilt. Es wird vom Kulturkontrast ausgehen und Inhaltsbereiche behandeln wie:

- Wirtschaft der Türkei
- Landeskunde
- Geopolitische Besonderheiten
- EU-Assoziation
- Wirtschaftliche Brückenfunktion (Naher Osten, GUS-Staaten, Staaten der Turkvölker)
- Außenhandels-BWL etc.

Die weiteren Fächer des Berufskollegs werden nach und nach integrativ unterrichtet.

7. Abschlüsse und Optionen

Dieser Bildungsgang vermittelt die Fachhochschulreife. Die besondere Qualifizierung über den BWL-Bildungsgang hinaus wird ggf. zertifiziert.

In Deutschland ist der Abschluss gleichgestellt, auch die Zugangsberechtigung zur türkischen Hochschule ist formal bereits gegeben. Die Akzeptanz in der türkischen Unternehmerschaft muss noch gefördert werden.

Bildungsoptionen in Deutschland:

- Praktikum in türkischen Unternehmen
- Praktikum in deutschen Unternehmen
- Ausbildung in deutschen Unternehmen
- Ausbildung in türkischen Unternehmen
- Fachhochschulreife
- Fachhochschulstudium

Bildungsoptionen in der Türkei:

- Praktikum in türkischen Unternehmen
- Praktikum in deutschen Auslandsunternehmen
- Arbeit im mittleren Management
- Türkische Universität
- Fernstudium Anadolu-Universität

8. Heutige Lage

Die Schule hat am 10.8.1998 mit 19 Schüler/innen begonnen. Sie kommen aus Hauptschulen, Realschulen, Gesamtschulen. Zwei Lehrkräfte sind teilabgeordnet. Motivation und Lebendigkeit sind hoch.
Es wird von Interesse sein, diesen Versuch weiter zu beobachten. Er wendet sich zwar ausschließlich an türkische Jugendliche, versteht aber bewusst ihre Interkulturalität als Zentrum der Ausbildung und bereitet auf ein Berufsleben mit Bezug zu beiden Kulturen vor.

Die drei Beispiele scheinen mir gelungene Ansätze zu sein, kulturelle Differenz nicht zu leugnen und auszublenden, sondern sie pädagogisch produktiv für ausländische und deutsche Schüler und Schülerinnen aufzunehmen und den Umgang damit im Schulprogramm zu verankern.

Literatur

Auernheimer, Georg (1995): Einführung in die interkulturelle Erziehung. 2., überarb. u. erg. Aufl. Darmstadt.
Richtlinien und Lehrpläne für die Grundschule in Nordrhein-Westfalen (1985). Köln.
Europaschule – Gesamtschule Zollstock (o.J.): Schulbroschüre. Köln.

Britta Kollberg

Ansätze interkultureller Erziehung – speziell in der Zusammenarbeit von Schule und Jugendhilfe

1. Zur Situation

Fremdenfeindlichkeit, Rechtsextremismus und damit verbundene Jugendgruppengewalt sind, wie Ereignisse und Fachpublikationen der letzten Jahre deutlich gemacht haben, zunehmend soziokulturelle Bewegungen, die sich unterhalb der parteipolitischen Ebene strukturieren, jedoch nicht minder einflussreich sind. Insbesondere in den neuen Bundesländern und im Osten Berlins werden Grenzüberschreitungen und Tabubrüche junger Rechter von breiten Teilen der Bevölkerung als Alltagserscheinungen wahrgenommen, mit sozialen Problemlagen entschuldigt und weitgehend akzeptiert.

Der dabei immer stärker zutage tretende Mangel an zivilgesellschaftlicher Kultur und demokratischer Praxis ist keineswegs ein Jugendproblem, sondern Zweifel an der Demokratie und Bürgergesellschaft als Grundwert und schützenswertes Gut sind bei Eltern und anderen Erwachsenen, selbst bei pädagogisch Verantwortlichen, anzutreffen.

Die tradierten Konzepte der politischen Bildung und die aktuellen Aspekte interkultureller Erziehung in den alten Ländern sind in dieser Situation nicht so wirkungsvoll oder relevant, wie sie in anderen Kontexten sein mögen. Allerdings stellt sich auch dort – und wir sehen es an den Problemfeldern unserer Tätigkeit in Westberlin – die Frage, ob die unaufhaltsame Marginalisierung und Festschreibung einer ethnic class und die entsprechenden Tendenzen extremistischer Orientierungen unter einem Teil der Kinder aus zugewanderten Familien durch die vorhandenen Angebote von Schule und Jugendhilfe aufgefangen oder auch nur abgeschwächt werden können.

Bildungs- und sozialpolitische Innovation, die auf die hier skizzierten Herausforderungen reagieren soll, muss sich auf zwei Ebenen bewegen: Zum einen muss sie vor Ort und praktisch die individuelle und soziale Handlungskompetenz Jugendlicher und ihrer Lehrer und Begleiter stärken. Zum anderen muss sie gleichzeitig demokratische Grundwerte vermitteln und ihre Umsetzung motivieren, fordern und unterstützen.

Die Schule ist einer der Orte, an denen dies am effektivsten geschehen kann, da sie das gesamte sozialpolitische Spektrum der Bevölkerung erreicht und als dezentrale staatliche Einrichtung Werte und Standards theoretisch wie praktisch vermitteln und einfordern kann. Die Diskussion, die hier und an anderen Orten pädagogischen Handelns, besonders in den neuen Ländern, geführt werden muss, ist zunächst eine grundsätzliche über Werte, Funktion und Sinnhaftigkeit einer Demokratie, die sich für viele ehemalige DDR-Bürger – auch Lehrer – vor allem mit Arbeitslosigkeit und sozialer Unsicherheit verknüpft. Pädagogen in solchen Umfeldern brauchen keine neuen Lehrpläne für den Politikunterricht, sondern eigene Klarheit über Partizipationsmöglichkeiten in Schule, Kommune und Gesellschaft; sie müssen aufgerufen und befähigt werden, demokratische Werte aktiv zu vertreten und extremistische Tendenzen wahrzunehmen und darauf zu reagieren. Dies ist ein Prozess, der durch gemeinsame praktische Veränderungen begleitet und fixiert werden muss.

2. Schülerclubs – Ein Projektbeispiel als Modell

Ein Anstoß zu praktischer Demokratie in der Schule ist das Experiment Schülerclub. Dies gilt keineswegs nur für die neuen Länder und Ost-Berlin, sondern ebenso im Westteil der Stadt und in den alten Ländern. Ein Schülerclub im Sinne des folgenden Beispiels ist ein Vehikel zur Herstellung von Selbstverständlichkeiten, die im Raum Schule oft nur über Umwege, in der Zusammenarbeit mit außerschulischen Partnern und in Form besonderer Modellprojekte möglich werden. Denn Schule scheint kein Ort zu sein, der an sich demokratische Praxis fordert und trainiert, jedenfalls sind ihre Strukturen selbst bei gutem Willen nur schwer für partnerschaftliche Zusammenarbeit zu öffnen. Dennoch ist genau hier der Platz für Erziehung zu Engagement, Eigeninitiative, Akzeptanz und fairem Miteinander; und gerade von der Schule aus erreicht man mit interessanten Initiativen neben den Schülern einen beachtlichen Teil der Kommune: Eltern, Nachbarn, Vereine, Unternehmer etc. Die im System Schule Tätigen fordert das heraus, Strukturen aufzubauen, die Erwachsene und Schüler als Partner an der Gestaltung eines gemeinsamen Ganzen beteiligen. Ein Schülerclub ist eine solche Struktur und gleichzeitig Ausgangspunkt für weitere Innovationen.

Beispiel und Modell für solche Veränderungen ist die Erich-Maria-Remarque-Oberschule in Berlin-Hellersdorf. Sie richtete 1992/93 in eigener Erfindung und ein bisschen DDR-Schultradition einen Schülerclub ein, um vor allem mit einigen der Jugendlichen ins Gespräch zu kommen, die gemeinhin Schulschwänzer genannt werden, obwohl sie genauer besehen sehr oft „nur" Unterrichtsschwänzer sind. Am Ort Schule und am Kontakt mit den Lehrern scheint ihnen doch gelegen zu sein, jedenfalls halten sie sich meist in der Nähe auf. Mit der Initiative einer engagierten Lehrerin und Unterstützung des Schulleiters „funktionierte" daher der Schülerclub auch sofort, indem er den Jugendlichen eine Rolle und Verantwortung gab – nämlich die Einrich-

Ansätze interkultureller Erziehung

tung des Clubs und die gemeinsame Gestaltung der Freizeit für sich und andere. Dies wiederum half den Schülern, auch ihre andere Rolle – im Unterricht – wieder einzunehmen.

Die wesentlichen Teile dieses scheinbar simplen „Strickmusters" waren: eine persönliche Aufgabe, praktische Arbeit in der Schule, partnerschaftliche Zusammenarbeit mit Lehrern und anderen Erwachsenen, Akzeptanz der eigenen Bedürfnisse, wirkliches Mitspracherecht in einem wesentlichen Aspekt des schulischen Lebens – nämlich hier: dem Freizeitbereich. Sehr schnell waren auch andere Schüler beteiligt und ein weiteres wichtiges Problem ebenfalls kanalisiert: die hohe Gewaltbereitschaft und Ausländerfeindlichkeit im Stadtteil. Themen, die im Club zusammen mit den ausländischen und „ausländerfreundlichen" Partnern von der RAA (Regionale Arbeitsstelle für Ausländerfragen, Jugendarbeit und Schule) und kommunalen Vereinen ganz anders als im Unterricht diskutiert werden konnten. Der Schülerclub eröffnete so Freizeitmöglichkeiten für die Schüler, vor allem aber ein Forum für ihre Fragen und den gleichberechtigten Austausch mit ihren erwachsenen Vertrauenspersonen – denn genau das sind viele Lehrer trotz aller Lehrerschelte noch.

Das Beispiel dieser und weniger anderer Schulen wurde 1994 vom Berliner Senat und der Deutschen Kinder- und Jugendstiftung aufgegriffen und als Modell einem Programm für das gesamte Land Berlin zugrunde gelegt. Gestaltet werden konnten mit großzügiger Förderung Schülerclubs, die vor allem die genannten Aspekte realisierten: Eigeninitiative der Jugendlichen unterstützten, Freizeitangebote unterbreiteten, die die Schüler selbst bestimmten und organisierten, Lehrer und andere Erwachsene zur Zusammenarbeit miteinander und mit den Jugendlichen verpflichteten. Diese Clubs sind generell angelegt als ein den Schülern weitgehend eigenständig zur Verfügung stehender Raum in der Schule, jedoch streuen sie ihre Initiativen durch das gesamte Schulhaus und in den Stadtteil und befördern ein Klima, in dem Schule mit der Zeit tatsächlich ein Gemeinschaftswerk von Lehrern, Schülern und Eltern werden kann. Dies bedarf natürlich einer kompetenten pädagogischen Begleitung und der Kooperation verschiedener Erwachsener und Träger, kurz – des Zusammengehens von Jugendhilfe und Schule.

Ausgehend von den Berliner Erfahrungen wurden in der Folge ähnliche Programme in Brandenburg, Mecklenburg-Vorpommern, Sachsen, Nordrhein-Westfalen und Sachsen-Anhalt eingerichtet. Weitere Länder arbeiten an regionalen Modellen.

In den Schülerclubs kann Demokratie ganz praktisch geübt werden, von der Wahl von Verantwortlichen über die Wahrnehmung verschiedenster Gruppen und ihrer Bedürfnisse bis hin zur Reglementierung „verfassungsfeindlichen" Handelns. Für Selbstbestimmung braucht es den Clubrat, gebildet per Interesse, Wahl, Rotationsprinzip oder anders; ein Statut ist vonnöten, wenn nicht doch wieder Sozialarbeiter oder Lehrer die Regeln machen und durchsetzen sollen, und dann bedarf es der aufmerksamen Mitarbeit, damit der Club als Angebot für alle funktioniert. Hier können weit besser als im Unterricht oder in einer unabhängigen Jugendfreizeitstätte Ausgrenzungsmechanismen deutlich gemacht und überwunden werden, weil potentiell alle Gruppen vorhanden sind: Mädchen und Jungen, Ältere und Jüngere, Computerfreaks und Discomäuse, Rechte und Linke etc. Häufig auch Ausländer und deutsche Mitbürger und Bürgerinnen. Der Schülerclub bietet die Notwendigkeit und Gelegenheiten, Subsidiarität ebenso zu üben wie Solidarität und Minderheitenschutz.

All dies sind Prinzipien, die mit der Zeit in andere Bereiche des Schulalltags hineinwirken und sie – hoffentlich – beleben, die Pausengestaltung, den Unterricht, Wandertage und Projektwochen, Schulpartnerschaften und Weihnachtsfeiern (oder Jolka oder Bayram, je nachdem). Prinzipien, die dann im Stadtteil weiter eingesetzt und erprobt werden können, wenn kommunale oder gesellschaftliche Themen in Club und Schule aufgegriffen und als Schüleraktivitäten in die Gemeinde zurückgegeben werden.

An der Erich-Maria-Remarque-Oberschule Hellersdorf haben die Sozialpädagogen besondere Energie investiert, um bei der Wahl des Clubrats auf paritätische Beteiligung von Mädchen, Jüngeren und den bosnischen Schülern der Förderklassen zu achten. Der Club hat verschiedene Seiten und bezieht alle Möglichkeiten der Schule ein: die Cafeteria, die als informeller Treffpunkt mit Galerie und einem kleinen Lavabrunnen gestaltet wurde, einen Fitnessraum, in dem Mädchen und Jungen trainieren können, den Keller als Clubraum, in dem es vormittags eine Pausendisco gibt, Tischtennis, Billard und Kicker im Flur. Was aufwendig und teuer klingt, hat vor allem Ideen und Aufmerksamkeit gekostet und die offene Zusammenarbeit von Lehrern, Sozialpädagogen und Schülern.

Heute gibt es im Club Mädchen- und Jungentage, es gibt verschiedenste Arbeitsgemeinschaften von Theater bis Kochen und Fahrradwerkstatt, es gibt ein Fotoatelier als Schülerfirma i.G. mit Kunden in ganz Hellersdorf; und längst läßt sich nicht mehr unterscheiden, was Club-, was Schul-, was Lehreraktivitäten sind. Ökologische Projekte finden in Freizeit und Unterricht statt und erstrecken sich bis in den Stadtteil, Gäste aus der Kommune und dem öffentlichen Leben der Bundesrepublik werden zu einer fortlaufenden Diskussionsreihe eingeladen. Und eine Gruppe von Mädchen und Jungen lässt sich zu Konfliktschlichtern ausbilden, um selbst in Streitfällen zwischen Mitschülern vermitteln zu können.

Trotz all dieser Initiativen hat der Hellersdorfer Rechtsextremismus nicht vor den Türen der Remarque-Oberschule Halt gemacht. Aber in dem in den letzten Jahren geschaffenen Klima können die Kollegen daran arbeiten und mit suchenden Schülern Alternativen gestalten. Wer im Schülerclub oder sonst in der Schule einen Platz, Ansprechpartner und spannende Angebote findet, kann hoffentlich dem Sog rechter „actions" abwartender gegenüberstehen; wer im Clubrat, im Unterricht und im schulischen Alltag fairen Umgang erlebt und trainiert, wird an seine Freunde ebensolche Ansprüche stel-

Ansätze interkultureller Erziehung

len. Und wer Rücksicht auf Minderheiten geübt hat, wagt vielleicht selbst ein Stück mehr Individualität und verwechselt nicht Gemeinschaft mit einer homogenen geschlossenen Gesellschaft. Darauf zu achten, ist eine ständig neue Herausforderung bei all den beschriebenen Aktivitäten in Schule und Club, denn nur zu leicht lenkt der Sog der Sache die Aufmerksamkeit vom Ziel eines zivilen Miteinanders ab. Demokratische Standards zu setzen und in den Projekten zu verwirklichen, Minderheiten einzubeziehen, auch mal nach ihren oder besser noch gemeinsam erdachten Spielregeln zu handeln, ist ein Prozess, der nun im einzelnen geübt werden muss, sei es bei der Getrenntmüllsammlung oder beim Mediationstraining. Doch eine Grundlage ist gelegt: Ambivalenz lässt sich aushalten, wenn man sich selbst gut aufgehoben fühlt, wenn Schule und Club Geborgenheit vermitteln und interessante Projekte anbieten.

3. Eckpunkte der interkulturellen Arbeit und Rechtsextremismusprävention

Dieses Beispiel ist nur eins unter mehreren und beschränkt sich auf die Schuljugendarbeit, ebenso interessantes wäre sicher über andere kommunale Ansätze und Modelle zu sagen. Der Phantasie sind keine Grenzen gesetzt, einige Kriterien jedoch seien hier zusammengefasst, damit ein Vorhaben im Sinne der Stärkung der Zivilgesellschaft wirklich gelingt.

Wesentlich für gemeinsame Projekte von Jugendarbeit und Schule sind:

– Akzeptanz der Bedürfnisse, Vermittlung von Geborgenheit und interessanten Angeboten
– ein offener Umgang mit Problemen
– die Anerkennung und Förderung demokratischer Grundpositionen wie z.B. Minderheitenschutz, klare Werte und das Aushalten von Ambivalenzen
– das Training von Konflikt- und Diskursfähigkeit, die Suche nach komplexen Strategien für komplexe Probleme
– Eigeninitiative der Jugendlichen unterstützen durch: eine persönliche Aufgabe, praktische Arbeit, Mitspracherecht in wesentlichen Aspekten
– partnerschaftliche Zusammenarbeit zwischen Jugendlichen und Erwachsenen
– Humor und etwas Selbstironie

Das beschriebene Projekt, in dem man die kreative Umsetzung dieser Kriterien nachvollziehen kann, ist kein Einzelfall. Die etwa 45 RAA in sieben Bundesländern haben Partner an mehreren Orten, und Ideen werden verschiedentlich nachgenutzt. Der Erfolg dieser Versuche hängt an der Mitarbeit von Erwachsenen, die nicht nur kompetent den Umgang mit ihrem Fach und Material vermitteln, sondern die vor allem den interkulturellen, demokratischen Aspekt ihres Handelns im Auge behalten. Jedes solcher Projekte könnte man sich auch nationalistisch verfasst, völkisch orientiert vorstellen; und natürlich wird man gegen rechtes Gedankengut in Schülerclubs anzukämpfen haben so wie gegen rechte Drohungen gegen ein alternatives Jugendprojekt in einer der von den Kameradschaften so genannten „National befreiten Zone". Umso mehr bedarf es der kritischen Begleitung und Unterstützung solcher Initiativen durch Agenturen, die kommunale Ziele und die Förderung demokratischer Kultur miteinander verbinden können.

Literatur

„Häkeln für den Frieden. Essen gegen Rechts". Projektbeispiele und -kriterien zur Rechtsextremismusprävention, Bulletin des Zentrum Demokratische Kultur 3/98.

„Schülerclubs – ein Modell partnerschaftlicher Bildungspolitik". Infobrief 6 der Bundesarbeitsgemeinschaft der RAA, 1998.

3 Jugendarbeit

Susanne Lang

Anti-rassistische Projektarbeit als Lernprozess

Aktionsforschung in einem gewerkschaftlichen Bildungsprojekt

Beim vorliegenden Artikel handelt es sich um eine kritische Reflexion eines gewerkschaftlichen Antirassismusprojektes, das von Dezember 1994 bis März 1996 in zwei hessischen Großbetrieben mit insgesamt 46 Auszubildenden durchgeführt wurde. Als ehrenamtliche Bildungsreferentin war ich an der Durchführung des Projektes beteiligt. Aus dem doppelten Interesse, einerseits Erfahrungen in der antirassistischen Bildungsarbeit zu sammeln sowie andererseits aus der konkreten Praxis lernen zu wollen, entschloss ich mich zu einer nicht institutionell angebundenen Untersuchung und wählte die Methode der Handlungsforschung[1], die mir erlaubte sowohl aktiv im Feld zu handeln als auch passiv beobachtende Forscherin zu sein.

1. Von den konzeptuellen Überlegungen zu den konkreten Projekterfahrungen

Bevor ich jedoch zu einigen Ergebnisse der Untersuchung gelange, möchte ich zuerst das Projektkonzept, die damit verfolgten Ziele vorstellen und aus der konkreten antirassistischen Bildungspraxis berichten.

1.1 Das Projektkonzept

In einem allgemein gefassten Projektkonzept wurden zwei inhaltlich unterscheidbare Teilprojekte entwickelt. Das Teilprojekt 1 *„Wir leben hier"* beinhaltete einen biographischen Ansatz. Demnach sollten die Teilnehmer(inn)en

---

1 Von Praxis- oder Aktions- bzw. Handlungsforschung kann dann gesprochen werden, „wenn Menschen ihre eigene Praxis untersuchen und weiterentwickeln, indem sie ihr Handeln und Reflektieren immer wieder aufeinander beziehen" (Altrichter/Lobewein/ Welte 1997, S. 690).

die Biographien ihrer Kolleg(inn)en kennen lernen. Anhand von Gesprächen mit ‚Zeitzeugen' der ersten Einwanderergeneration sowie durch gegenseitiges Vorstellen des eigenen Biographieverlaufes, sollten die autochthonen Jugendlichen lernen, dass die Jugendlichen mit Migrationshintergrund ein fester Bestandteil dieser Gesellschaft und keine Verfügungsmasse sind, die bei Arbeitskräfteüberschuss wieder ins Herkunftsland ihrer Eltern geschickt werden können. Als praktische Umsetzung wird im Projektkonzept vorgeschlagen, mit den Auszubildenden zu recherchieren, welche Bedeutung allochthonen Mitarbeiter(inne)n im Betrieb zukommt, und welche Position sie in der Betriebshierarchie einnehmen. Desweiteren sollten sowohl autochthone und allochthone Jugendliche gemeinsam überlegen, welche Vorstellungen sie mit den Begriffen ‚Heimat' und ‚Herkunft' verbinden.

Im Teilprojekt 2 „*Wir sind ein ausländerfreundlicher Betrieb*" sollten die Auszubildenden „das Beschmieren von Wänden und Tischen mit ausländerfeindlichen und neofaschistischen Parolen" thematisieren. Vorgeschlagen werden im Projektkonzept „innerbetriebliche, phantasievolle Aktionsformen". Die Schmierereien sollten nicht nur entfernt werden, der Betrieb sollte darüber hinaus ‚ein ausländerfreundliches Erscheinungsbild' erhalten. Im Mittelpunkt dieses Teilprojektes sollte die betriebsöffentliche Thematisierung der rassistischen Parolen stehen. Darüber hinaus sollten begleitende Seminarangebote ergänzend zu den betrieblichen Teilprojekten angeboten werden wie Ausstellungen zu Formen des „alltäglichen" Rassismus, die „multikulturelle Ausbildungswerkstatt" sowie betriebliche Jugend- und Auszubildendenversammlungen einberufen werden. Des weiteren sollte über die Lebensbedingungen von allochthonen und autochthonen Jugendlichen anhand von Presse- und Medienberichten informiert werden. Kulturelle Aktionen sollten in Form von „unsichtbarem Theater" auf dem Betriebsgelände stattfinden.

Weiterhin wurde an eine „Multiplikator(inn)en-Arbeit" mit den Jugend- und Auszubildenden-Vertreter(inne)n sowie mit Berufsschullehrer(inne)n und Ausbilder(inne)n gedacht. Bezogen auf die Jugend- und Auszubildenden-Vertretung (JAV) wurde vorgeschlagen, ergänzend zu den Veranstaltungen während der Vorlaufphase des Projektes Wochenend- und Tagesseminare durchzuführen, auf denen Handlungsmöglichkeiten gegen Rassismus sowie Gestaltungsmöglichkeiten „von innerbetrieblichen Tagesveranstaltungen in der Verantwortung der innerbetrieblichen Interessenvertretung" thematisiert werden.

1.2 Projektziele

Die Zielgruppe der Maßnahme waren sogenannte Normaljugendliche, die sich in einer Berufsausbildung befinden. Die Begründung für einen betrieblichen Ansatz wurde im Projektkonzept wie folgt ausgeführt: Der Rassismus aus der „Mitte der Gesellschaft" (Jäger/Jäger 1991) macht nicht vor dem ju-

Anti-rassistische Projektarbeit als Lernprozess 93

gendlichen Alltagsbewusstsein und den bestehenden Arbeitsbeziehungen halt. Wenn im Jahr 1992 über 80% der von Jugendlichen begangenen rechtsextremistischen Straftaten auf das Konto von Auszubildenden, Schülerinnen und Schülern, Arbeitnehmerinnen und Arbeitnehmern gingen, dann gibt es eine offenkundige Notwendigkeit, die Jugendlichen in den Lebenszusammenhängen Schule und Ausbildungsplatz aufzusuchen. Wesentliches Ziel des Projektes war es, Konfliktlinien in der Ausbildungsstätte „Betrieb" nach zugrundeliegenden rassistischen, sexistischen und anderen ideologischen Deutungsmustern zu beleuchten und diese zum Vorschein zu bringen. In einem weiteren Schritt sollte es zu einer Bearbeitung der spezifischen Konflikte kommen. Das grundlegende Lernziel des Projektes war, die Jugendlichen aus *ihren (diskursiven) Verstrickungen*[2] in autoritäres und rassistisches Denken und Handeln herauszulösen, sie sollten nicht eines „falschen Bewusstseins" überführt werden. Es sollten Haltungen bei den Jugendlichen befördert werden, die für ein Leben in der Einwanderungssituation, wie sie in der Bundesrepublik besteht, unerlässlich sind. Es wurde allerdings nicht davon ausgegangen, dass Rassismus ein genuines Problem der Jugendlichen ist.

1.3 Umsetzung und Modifizierung des Projektkonzeptes

Bei der didaktischen Umsetzung orientierte man sich am Deutungsmusteransatz.[3] Das Lernverständnis des Deutungsmusteransatzes wendet sich gegen die dominanten Lern- und Lehrverhältnisse indem die Teilnehmer(innen)orientierung ‚groß' geschrieben wird. Mit dem Deutungsmusteransatz soll der Tatsache Rechnung getragen werden, dass Jugendliche und Erwachsene sehr selektiv lernen, d.h. sich aus den im Angebot befindlichen Informationen nur jene wählen, die für sie als interessant erscheinen bzw. mehr noch jene, die mit ihrem Vorwissen und ihren Denkschemata kompatibel sind. In Anerkennung der Tatsache des selektiven Lernens auf der Grundlage des eigenen Wissens und eigener Deutungsmuster postuliert der Deutungsmusteransatz, dass an den zum Teil wie Lernblockaden wirkenden Deutungsmuster angesetzt werden muss, um tiefgreifende Lernprozesse auszulösen und zu befördern.

Bildungsveranstaltungen, die nach dem Deutungsmusteransatz konzipiert sind, lassen sich in drei Phasen aufgliedern:

---

2 Der Begriff der (diskursiven) Verstrickung umfasst ein totales soziales Phänomen. Nach Michel Foucault werden die Subjekte durch den Diskurs konstituiert. Sie tragen mehr oder weniger stark dazu bei, dass die Diskurse weiter „fliessen".
3 Der Deutungsmusteransatz kennzeichnet eine Theorie und Praxis gewerkschaftlicher Bildungsarbeit, die Mitte der 70er Jahre aus der Konzeptentwicklung des Projektes „Lernen in der Gewerkschaft" des DGB-Bundesvorstandes für eine verbesserte gewerkschaftliche Bildungsarbeit hervorging. In diesem Projekt wurde versucht den Erfahrungsansatz von Oskar Negt zu effektivieren.

1. Orientierungsphase (Teilnehmer(innen)orientierung)
   In der Orientierungsphase steht das gegenseitige Kennenlernen im Vordergrund. Teilnehmer/innen und Teamer(innen) sollen sich bekannt machen und ihr jeweiliges Interesse am Seminar kundtun. Die Erwartungen der Teilnehmer(innen) sollen hierbei erhoben werden. Das Bildungsprogramm soll den Interessen der Teilnehmer(innen) gemäß abgeändert werden. Anhand von inhaltlichen Stimuli (transportiert in Filmen, Zeitungsartikeln oder einer einfachen Themenfokussierung, z.B. Fragen zur Ausbildungssituation) sollen die Deutungsmuster der Teilnehmenden ans Tageslicht gefördert werden. Die Deutungsmuster werden nach Oberthemen geordnet. Es wird festgehalten, wer welche Position vertreten hat. An diesem Punkt ist man bei der gemeinsamen Diskussion angelangt, in der in der Regel erste kontroverse Positionen formuliert werden. Themenschwerpunkte werden anhand moderationstechnischer Methoden (Klebert/Schrader/Straub 1992) herauskristallisiert, über die die Teilnehmer(innen) mehr erfahren wollen. Ziel der Orientierungsphase ist es, deutlich zu machen, dass zu bestimmten Fragen Informationsquellen herangezogen werden müssen, um die unterschiedlichsten Positionen bekräftigen oder entkräften zu können.
2. Analysephase (Wissenschaftsorientierung)
   Die Analysephase steht gleichsam für ein Modell, wie man mit unterschiedlichen Meinungen umgehen kann: „Es soll nicht Meinung gegen Meinung stehen, sondern gefragt werden, welche Belege gibt es für welche Meinung und welche Interessen stecken hinter welcher Meinung" (Buchholz 1987, S. 169). Unter Zuhilfenahme von Informationsquellen sollen die Positionen bekräftigt oder nach Bedarf dekonstruiert werden. Die Auswertung dieser Informationsquellen findet in Arbeitsgruppen statt. Hier ist wichtig, dass die Meinungen nicht konfrontativ gegenübergestellt, sondern Belege für oder gegen bestimmte Positionen kritisch ausgewertet werden. Das Team muss in dieser Hinsicht sehr aufmerksam und darauf bedacht sein, die Auseinandersetzungen dialogisch[4] zu führen. Die kritische Quellenauswertung und die Differenzierung von Meinungen, Deutungen und belegten Tatsachen sind Momente der Wissenschaftsorientierung, die anhand des exemplarischen Charakters der Seminararbeit den Teilnehmer(inne)n auch über das Seminar hinaus als Instrument der Informationsbewertung und Meinungsbildung dienen können. Gegen Ende der Analysephase werden die Ergebnisse im Plenum

---

4 Das dialogische Lernen ist nach Paulo Freire ein wechselseitiges Lernen. Keiner der Dialogpartner darf von sich behaupten apriorisches Wissen zu haben. Das Lehrer-Schüler-Verhältnis soll im Dialog dialektisch aufgehoben werden: „Bildung, die den Widerspruch zwischen Lehrer und Schüler zu überwinden vermag, vollzieht sich in einer Situation, in der beide ihren Erkenntnisakt dem Objekt zuwenden, durch das sie vermittelt sind" (Freire 1973, 1987II, S. 76).

Anti-rassistische Projektarbeit als Lernprozess

vorgestellt und diskutiert. Auch hier gelten die gleichen Darstellungs- und Diskussionsregeln wie in der Gruppenarbeit. Das Ziel ist nicht die gemeinsame Sichtweise hinsichtlich der fokussierten Themen, es soll in erster Linie das Selbstdenken (Bloch) angestoßen und die Bereitschaft geweckt werden, eindimensionale Denkschemata zu verabschieden, d.h. Deutungsmuster selbständig zu revidieren, wenn die objektiven Tatsachen dies erfordern.

3. Anwendungsphase (Handlungsorientierung)
Die Anwendungsphase sollte in der Regel ein Drittel der Seminarzeit betragen. In der Seminarpraxis wird jedoch oft der Frage: „Was können wir jetzt tun?" ein geringer Zeitrahmen gegeben. Eine ‚Sparvariante' ist denn auch das Handeln theoretisch zu diskutieren – nach dem Motto: Welche Handlungsmöglichkeiten eröffnen sich uns? Wie lassen sich diese realisieren? Welche Problemen können dabei auftreten? Meist wird diese Variante bei betrieblichen Probleme angewandt, da ja in der Regel das Seminar in nichtbetrieblichen Räumen abgehalten wird. Bestimmte Konflikte werden anhand von Rollen- und Planspielen durchgespielt. In der Seminarpraxis werden vorrangig folgende Angebote gemacht: Konkretes Handeln wird erarbeitet anhand von Aktionen einer Gruppe im Sinne ihrer zukünftigen Gruppenaktivität, Theaterstücke werden eingeübt und vorgeführt, Leserbriefe geschrieben, Aufrufe und Resolutionen verfasst, Begegnungen und Reisen vorbereitet, Informationsmaterialien angefertigt.

Beim Projektkonzept wurde die Orientierungsphase ‚*Erfahrungsorientierung*' genannt, da wir überzeugt waren, dass hinsichtlich des Themas die Orientierung auf alltägliche Erfahrungen in der Arbeit wie in der Freizeit dringend geboten ist. Im Mittelpunkt der Erfahrungsorientierung standen die Erfahrungen mit rassistischen Vorurteilen, die mögliche Verstrickung in ebensolches Denken. Ausgehend von der Erfahrung eigener Diskriminierung als Arbeitnehmer(in), sollte eine Sensibilisierung für Diskriminierungshandeln im Allgemeinen erreicht werden. In dieser Phase sollten gängige Vorurteile dekonstruiert werden und auf den Mechanismus der Bedeutungskonstitution von Bildern hingewiesen sowie die unter den Jugendlichen verbreiteten Vorstellungen zum Begriff Heimat erhoben werden.

In der Phase der Wissensorientierung stand die Auseinandersetzung mit den alltäglichen Erscheinungsformen des Rassismus im Mittelpunkt der Arbeit. Anhand von konkreten Beispielen sollten sich die Jugendlichen mit den Folgen des Asylkompromisses auseinander setzen, Asylbetrugsmythen dekonstruieren sowie sich mit den Konstruktionsprozessen von Begriffen wie ‚Asylant' und ‚Rasse' beschäftigen. Schließlich sollten die sozialen Dimensionen des Rassismus beleuchtet und der Neofaschismus behandelt werden.

Da im Projekt in Seminarform gearbeitet wurde, erstreckte sich die Anwendungsphase auf kulturelle Aktivitäten wie Medienarbeit und Exkursionen.

Der Deutungsmusteransatz in der konkreten antirassistischen Bildungspraxis

Erfahrungsorientierung	– Dekonstruktion von Vorurteilen – Zur Bedeutungskonstitution von Bildern (Techniken der Darstellung, ästhetische Wahrnehmungen und ihr Wandel) – Vorstellungen zum Begriff der Heimat
Analysephase	– Asylkompromiss – Dekonstruktion von ‚Asylbetrugsmythen' – Konstitutionsprozesse von Begriffen aufzeigen: z.B. ‚Asylant', ‚Rasse' – Rassismus als gesellschaftliches Phänomen – Neofaschismus
Handlungsphase	– Dokumentationsfilm und Ausstellungstafeln zu den Themen Asyl und Rassismus im Betrieb – Rap-Video und Strassentheater – Exkursionen (Erstaufnahme-Einrichtung für Flüchtlinge, Flughafensozialdienst)

1.4 Das modifizierte Projektkonzept im Betrieb A

Im Ausbildungswerk des Betriebes A wurden im Dezember 1994 Seminare an insgesamt sechs Werktagen durchgeführt. Dabei standen reguläre innerbetriebliche Unterrichtsräume zur Verfügung. 23 Männer aus zwei Ausbildungsklassen der Fachrichtungen Energieelektroniker und Industriemechaniker nahmen am Seminar teil.

Das inhaltliche Konzept wurde mit nur wenigen Modifikationen umgesetzt. Die Erwartungs- und Erfahrungsabfrage (Erfahrungsorientierung) am ersten Seminartag ergab, dass sich die allochthonen Jugendlichen unserer Seminargruppe zu Ausbildungsbeginn mit beleidigenden und rassistischen Witzen konfrontiert sahen. Es wurde auch von rassistischen Schmierereien in den Toiletten berichtet. Weiterhin arbeiteten wir mit den Themenbausteinen „Dekonstruktion von Vorurteilen", „zur Bedeutungskonstitution von Bildern" und „welchen Heimatbegriff haben wir?".

Bei dem Themenabschnitt „zur Bedeutungskonstitution von Bildern" war auffallend, dass es den Jugendlichen Schwierigkeiten bereitete, Interpretationen zu den Bildern, die aufgeboten wurden, zu liefern. Die Auszubildenden blieben ausnahmslos, beispielsweise zu Foto- und Bildreihen zum Thema „Das Boot ist voll", affirmativ in ihrer Haltung, in dem Sinne: „ich weiß nicht, was Du willst" zur Teamerin sagend, „das ist doch auch so, das Boot ist doch wirklich voll, ich kann da nichts anderes rauslesen". Es war offensichtlich: der Asylbetrugsdiskurs hatte „Früchte" getragen! An diesem Punkt blieb dem Team erst einmal nichts anders übrig, als zum nächsten Themenbaustein überzugehen und für den weiteren Verlauf Überlegungen zur weiteren Thematisierung anzustellen.

Am zweiten Seminartag setzten wir uns mit den *Erscheinungsformen des (alltäglichen) Rassismus* (Analysephase) auseinander. Wir diskutierten den Begriff ,Asylant', befassten uns mit dem Artikel 116 GG, thematisierten den Begriff der ,Rasse' und seine Geschichte anhand einer Vorlage (Riepe/Riepe 1992) sowie den Bereich Neofaschismus anhand des Textes „Die Wähler der Reps" (Ahlheim 1993, S. 129).

Der dritte Seminartag hatte die *Dekonstruktion rassistischer Argumente* zum Ziel. Hier wurden von den Jugendlichen die am prekärsten empfundenen rassistischen Argumente aufgeführt und anhand von verfügbaren Materialien im Vortrag entkräftet. Wir bearbeiteten diskursiv den „Sündenbock-Mechanismus". Des weiteren erzählte ein Sharp-Skin[5] (Auszubildender) etwas über die Geschichte der Skin-Bewegung und Kultur und zeigte auf, dass sich in dieser Bewegung politisch disparate Fraktionen gegenüberstehen.

Zum Abschluss des dritten Seminartages wurden Verabredungen getroffen für den weiteren (*handlungsorientierten*) Projektverlauf. Am vierten, fünften und sechsten Seminartag wurde praktisch gearbeitet. Dazu wurden drei Arbeitsgruppen mit folgenden Schwerpunkten gebildet:

1. *Unsichtbares Theater „Zivilcourage"*: Eine Gruppe von Auszubildenden studierte eine Szene auf einem nahegelegenen Bahnhof ein: ein junger Mann (Allochthoner) wird von einem anderen jungen Mann genötigt, einen Sitzplatz auf einem der Wartebänke freizumachen. Ziel ist hier, die Passanten in die Szene miteinzubeziehen und nach Auflösung und Klärung der Situation ein Gespräch über das Erlebte zu initiieren. Die Jugendlichen vollziehen hier den Akt des Positionierens[6], indem sie im szenischen Spiel Stellung beziehen müssen. Waren sie vorher im Projektseminar Zuhörer(in) oder Diskussionsteilnehmer(in), so verlangt die selbst inszenierte Situation eine eigenständige Umsetzung des Erfahrenen. Indem verschiedene Rollen übernommen werden, ist hier auch die Fähigkeit, sich in andere hineinzuversetzten und aus deren Perspektive heraus zu handeln, gefragt. Die Szenen wurden mit einer Videokamera für die Kolleg(inn)en dokumentiert.

2. *Interviews zu Rassismus und Fremdenfeindlichkeit*: Eine zweite Gruppe machte sich auf den Weg und befragte Passanten zu dem Thema „Rassismus". (Es wurde vorher ein Fragenkatalog entwickelt). Während der Befragung lief ebenfalls eine Kamera. Bei dieser Tätigkeit schlüpfen die Jugendlichen in die Rolle des neutralen Reporters, der zu einem brisanten Thema eine Meinungsumfrage startet. Hier wird von den Jugendlichen verlangt, eine kritisch-reflexive Position einzunehmen, die eigene Voreingenommenheit beiseite zu schieben und schließlich die Aussagen der Passanten zu vergleichen

---

5 Abkürzung für „Skinhead Against Racial Prejudice".
6 Stuart Hall weist uns auf die Erkenntnisse moderner Theorien des Sprechens hin, wonach immer von einem Ort aus gesprochen wird. „Das Sprechen muss einen Ort und eine Position haben und ist immer innerhalb eines Diskurses positioniert" (Hall 1994, S. 61f.).

und zu kommentieren. Gewöhnlich hat man hier den Effekt – das zeigen unsere Erfahrungen aus der Bildungsarbeit –, dass die in den vorherigen Seminarphasen erworbenen Argumentationsmuster angewandt werden.
3. Die letzte Gruppe machte eine *Exkursion zu einer Erstaufnahme-Einrichtung für Flüchtlinge*. Aus pädagogisch-didaktischen Überlegungen heraus, hielten wir es für sinnvoll, den Jugendlichen die Möglichkeit zu geben, in direkten Kontakt mit Asylbewerber(inne)n sowie mit Personen, die mit Flüchtlingen arbeiten, zu kommen, um eine kritische Distanz zum Asylbetrugs-Diskurs zu schaffen.

1.5 Das modifizierte Projektkonzept im Betrieb B

Ebenfalls im Dezember 1994 führten wir eine dreitägige Projektphase mit Auszubildenden des Betriebs B durch. Die Zusammensetzung der Teilnehmenden war sehr heterogen: Drei junge Arbeitnehmer aus der Abfertigung, fünf Lader (der Anteil an Migrantenjugendlichen liegt hier bei über 80%), zwei junge Arbeitnehmer aus dem Räum- und Kehrdienst (davon ein Freigänger), neun Auszubildende aus dem Berufszweig Verkehrskauffrau (nur Frauen) und acht Auszubildende aus dem gewerblichen Bereich der Kraftmaschinenmechanik hatten sich für die erste Projektphase freistellen lassen.

Am ersten Tag der Projektphase stand die *Erfahrungsorientierung* im Mittelpunkt. Zentrales Thema war hierbei die eigene Verstrickung in rassistisches vorurteilsbeladenes Denken. Zum Themenbereich *Erscheinungsformen des (alltäglichen) Rassismus* wurde der Film „Der Schwarzfahrer"[7] gezeigt und Raum für eine ausführliche Diskussion in Kleingruppen gelassen. In der Analysephase wurde in Kleingruppen das Thema „Rassismus ist ein gesellschaftliches Phänomen" und der Begriff der ‚Rasse' mit überschaubaren Textbausteinen aus dem Band „Du schwarz – ich weiß" von Gerd und Regina Riepe behandelt (vgl. Riepe/Riepe 1992). Im Plenum wurden die Kleingruppenergebnisse vorgestellt. Vermittelt wurden in dieser Weise die Rassismus-Definition von Albert Memmi (vgl. Memmi 1987, S. 164f.). Die Auseinandersetzung mit dem ‚Rasse'-Begriff zeitigte eine Rekonstruktion von ‚Rasse'-Vorstellungen in der Geschichte und gab Hinweise auf die wissenschaftliche Unbrauchbarkeit des Begriffs.

Am zweiten Seminartag wurde zu dem Thema Neofaschismus eine TV-Dokumentation über die Geschehnisse in Rostock-Lichtenhagen gezeigt.[8] Es

---

7 Der Kurzspielfim des Jungregisseurs Pepe Danquart erhielt 1994 einen Oscar (Länge ca. 10 Minuten).
8 „The Truth lies in Rostock"/„Die Wahrheit liegt/lügt in Rostock", eine englisch-deutsche Produktion: SPECTACLE in Zusammenarbeit mit JAKO videocooperative Rostock und dem JugendAlternativZentrum JAZ e.V. Rostock, deutsch-synchronisierte Fassung 3-SAT, 1994.

Anti-rassistische Projektarbeit als Lernprozess

sollte nicht ein Film über organisierte rechtsextreme Jugendliche angeschaut werden, sondern anhand einer kritischen Dokumentation darauf aufmerksam gemacht werden, dass dem Treiben des Mobs in Rostock-Lichtenhagen Zustimmung von Seiten der ‚normalen' Bürger und Bürgerinnen zugetragen wurde.

Am dritten Seminartag wurde mit Bildern bzw. Fotografien gearbeitet. Im Zentrum stand die Auseinandersetzung mit rassistischen und sexistischen Konstitutionsprozessen, wie sie täglich in den Medien in Form von sozial konstruierten Bildern von Körpern inszeniert werden. Durch die Analyse von fotografischen und filmischen Techniken sowie durch die Auseinandersetzung mit der Wirkung der Bilder sollten diese ‚entzaubert' werden.

1.6 Bildungsurlaub

In einer zweiten Projektphase wurde im Frühjahr 1995 ein Bildungsurlaub (BU) für beide Gruppen angeboten. Im Rahmen dieser BU-Woche sollte das Erörterte intensiviert und Raum für die Thematisierung von betrieblichen Konflikten gelassen werden. Hier stand die Handlungsorientierung im Mittelpunkt: Den Jugendlichen sollte die Gelegenheit gegeben werden, einen Dokumentationsfilm über die Themen Flucht und Asyl sowie Rassimus im Betrieb zu drehen. Verarbeitet werden sollten die Materialien, die während der ersten Seminarphase gesammelt werden konnten.

Zum Einstieg ins Seminar wurde an das erinnert, was in den vorigen Seminarphasen behandelt wurde. So wurde der Rassismusbegriff von Memmi und die Vorurteilsdefinitionen von Allport, Davis und Ackerman/Jahoda (in Ahlheim 1993 Band 1, S. 23) rekapituliert. Die Auszubildenden erinnerten sich daran, dass Vorurteile Sündenbockfunktion haben können. Bei wirtschaftlicher Rezession suche man Sündenböcke in marginalisierten Gruppen, unter Asylbewerber(inne)n, Arbeitsmigrant(inn)en, Frauen, behinderten und obdachlosen Menschen. Diese stelle man als zufrieden und satt dar. Die eigene Situation würde als unzufrieden empfunden werden, man habe Existenzangst, Furcht vor Arbeitslosigkeit, Geldmangel und Wohnungsnot. Als Lösung schlugen die Jugendlichen vor, mehr Aufklärungsarbeit zu betreiben und darüber hinaus die Gesetzeslage zu verbessern, um einerseits das gleiche Recht für alle zu erreichen und andererseits Gewalttäter schärfer zu bestrafen.

Beim Heimatverständnis waren sich die Jugendlichen am Ende der AG-Gruppen-Diskussion einig, dass sich das Gefühl für das ‚Heimisch-Fühlen' ändern kann, dass es abhängig ist von den Sozialbeziehungen, die man pflegt: Heimat ist dort, „wo man sich eingelebt hat".

Das Thema Asyl wurde ausführlich in Arbeitsgruppen behandelt, den Jugendlichen standen dazu aktuelle Informationsquellen zur Verfügung. Die erste AG arbeitete zu den geographischen, historischen und rechtlichen Dimensionen der Asyl- und Fluchtproblematik. Die zweite AG arbeitete zum Art.

16 Grundgesetz und stellte die Veränderungen seit 1978 heraus. Des weiteren zeigte sie, in welche Gruppen mit unterschiedlichen Rechtsansprüchen die Asylbewerber(innen) eingeteilt werden. Die dritte AG befasste sich mit dem Asylkompromiss und den Positionen der Parteien zu dieser Frage.

Zur Vertiefung des Themas und folglich zur Erweiterung des Filmmaterials wurde eine weitere Exkursion geplant. Die Jugendlichen beschäftigten sich mit dem sogenannten Flughafenverfahren, das auf Flüchtlinge zukommt, sofern sie mit dem Flugzeug in die BRD einreisen. Dazu führten die Jugendlichen ein Interview mit dem stellvertretenden Leiter des Flughafen-Sozialdienstes in Frankfurt und befragten ihn zu den Auswirkungen des neuen Flughafenverfahrens.

Eine Gruppe von Auszubildenden erstellte mit dem gefilmten Material einen Dokumentationsfilm, eine weitere Gruppe arbeitete an einer Ausstellung zur Lebens- und Wohnsituation von Flüchtlingen in den Erstaufnahme-Einrichtungen. Die Ergebnisse unseres Handlungsteils waren sechs Ausstellungstafeln zum Thema Asyl. Die Jugendlichen hatten hier die Beschriftung von Fotos und Kommentaren zu biographischen Berichten von Flüchtlingen selbst verfasst und kommentiert. Es entstand ein Dokumentarfilm zu den Themen Asyl und Rassismus im Betrieb. Eine dritte Gruppe, die allochthonen Jugendlichen, sollte betriebliche Konflikte in Form eines Statuentheaters (vgl. Boal 1979, 1989[II]) inszenieren. Dieser Beitrag sollte ebenfalls gefilmt werden. Die Jugendlichen wehrten sich gegen diese Zuschreibung, sie wollten sich nicht als Opfer darstellen. Sie entschieden sich dann, den anderen Kolleg(inn)en etwas über den türkisch-kurdischen Konflikt nahezubringen. Die Gruppe zeichnete eine geographische Landkarte mit den wichtigsten politischen Daten und stellte diese in einer Plenumsphase ihren Kolleg(inn)en vor. Da der Film während der fünf Tage nicht ganz fertig gestellt werden konnte, erklärten sich drei Auszubildende dazu bereit, an einem Wochenende dem Film den letzten Schliff zu geben.

2. Aktionsforschung im Antirassismus-Projekt

2.1 Auswertung einer Gruppendiskussion im Betrieb A

Ende November des Jahres 1995 kam es im Betrieb A zur Diskussion über den erstellten Dokumentarfilm. Die Diskussion sollte zwei Zwecke erfüllen: Einerseits sollten alle Auszubildenden zur Auseinandersetzung mit den Themen „rassistische Diskriminierung im Betrieb" und „Asylpolitik" motiviert und andererseits der Erfolg der Maßnahme gemessen werden. Ursprünglich war geplant, den Film in kleinen Gruppen mit 7-8 Teilnehmer(inne)n zu besprechen. Damit sollte gewährleistet werden, dass sich auch jeder zu Wort melden kann. Der Ausbildungsleiter bestimmte dann kurzerhand, dass alle

Anti-rassistische Projektarbeit als Lernprozess 101

Auszubildenden an der Diskussion teilnehmen und auch zwei Ausbilder zugegen sein sollten. Letztere hatten eindeutig eine kontrollierende Funktion. Sie betraten den Seminarraum nach dem Beginn der Filmvorführung und blieben neben der Tür stehen und hielten sich in dieser Weise beobachtend im Hintergrund. Im letzten Drittel der Diskussion schaltete sich einer der beiden Ausbilder, Herr L. ein.

Im Folgenden werde ich transkribierte Textausschnitte aus der Gruppendiskussion darstellen und diskursanalytisch interpretieren. Ich habe an dieser Stelle mit der Methode der Gruppendiskussion gearbeitet, da sie Aufschlüsse über die ‚informelle Gruppenmeinung'[9] liefern kann. Die Analyse der Gruppenmeinung sollte den erreichten Grad der Sensibilisierung hinsichtlich der bearbeiteten Themen aufzeigen. Damit eine gewisse Transparenz gewährleistet ist, werde ich die Textabschnitte wesentlichen Themengebieten der Gruppendiskussion zuordnen, um sie dann in einem ersten Schritt paraphrasieren und in einem zweiten Schritt interpretieren zu können.

Themen der Diskussion

Nach der Vorführung des Dokumentarfilmes frage ich die Jugendlichen nach dem Inhalt und der Absicht des Filmes. Nach einem zähen Einstieg in die Diskussion, meldet sich Murat und sagt, er habe es gut gefunden, dass man sich mit der öffentlichen Meinung im Zusammenhang mit dem Rassismus-Thema auseinander gesetzt habe. Die Frage, ob durch die erste Projektphase Veränderungen im Betrieb feststellbar seien, wird allerdings einhellig mit „Nein" beantwortet. Schon bald wird deutlich, dass die Diskussion das Ziel einer Verbreiterung des Erarbeiteten nicht erreichen würde, da die Jugendlichen, die nicht am Seminar teilgenommen hatten, überwogen und sich durch den Film und die darin dargestellten Themen stimuliert fühlen, nun ihrerseits Assoziationen zu den Themen zu äußern.

Schmierereien in den Toiletten

Dass es im Betrieb keine Veränderungen durch das Projekt gab, liege, so Murat daran, weil zu wenig Diskussionen stattfänden und auch der Austausch „über solche Sachen" nicht zustandegekommen sei. Ein Beispiel hierfür seien

---

9 Das Konzept der Gruppenmeinung besagt, dass Meinungen kollektiv von den einzelnen gleichsam arbeitsteilig vorgetragen werden. Die jeweiligen Sprecher und Sprecherinnen bestätigen, ergänzen und korrigieren sich gegenseitig. Die einzelnen Äusserungen bauen aufeinander auf: Die Gruppenmeinung ist also keine reine Addition von Einzelmeinungen, sondern ein Produkt kollektiver Interaktionen der Gruppe. Die kollektive Meinung wird in der Diskussion nur aktualisiert. Die Meinungen sind kein Resultat der spezifischen Untersuchungsanordnung, sie repräsentieren vielmehr die informellen Gruppenmeinungen, die sich in den alltäglichen Interaktionen der Gruppe herausgebildet haben (vgl. Bohnsack 1997, S. 493).

die Schmiereien in den Toiletten, die ein Anzeichen dafür seien, dass entsprechend ausgrenzend über die allochthonen Jugendlichen gedacht werde. Dieses Denken bleibe jedoch im Verborgenen, man werde damit nicht offen konfrontiert und könne folglich auch nicht angemessen reagieren.

Murat: Das kommt daher – dass ma miteinander net viel sich unterhaltet hat – diskutiert – über solche Sachen – denk' ich.
Ural: Doch – wir ham uns unterhalten – aber da wolln die net mitmachen – die Leute – die gegen Ausländer sind – denk' ich mal. Die wollen an den Gesellschaft net ran gehen. Die wollen ihre Meinung nicht ändern – sag' ich mal so. Die wollen deren Meinung bleiben.
I.: Mmh.
Murat: Z.B. – in den Toiletten steht über Ausländer ne ganze Menge von Mist. Normal – also – wenn wir mit den Leuten reden – oder so. Sonst kommen solche – ja – Wörter net – aber – so aus dem Versteckten – wird so was gemacht – so. Das find' ich dann – net in Ordnung. Wenn's Probleme gibt – dann sollte man darüber reden.

Auf meine Frage, in welcher Weise man ihrer Meinung nach etwas gegen die Schmiereien unternehmen könnte, schlägt Murat vor, zu beobachten, wer auf die Toilettenwände schreibt. Man solle offen über ‚Probleme' reden. Michael antwortet darauf, „das größte Problem" sei doch, „dass keiner sich trauen würde – über die Probleme offen zu reden".

I.: Was müsste denn passieren? – Du hast gesagt: „Da muss was passieren!"
(Gemurmel)
Murat: Da sollt ma – acht geben und die mal gucken – welche Leut' – äh – die das schreiben.
Rudi: Willst ne Kamera da aufbaun?
(Gemurmel)
Murat: Na ja – das kommt ja von jedem allein – aber – – ich weiss net – wir leben in multikulturellen Gesellschaft – und dann – dann kommt sowas – das – ich weiss net – das ist krank – finde ich. – – – Wenn's Probleme gibt – dann sollt ma offen darüber sprechen!
I.: Mmh.
Murat: Das hat ja keinen Sinn – wenn ma als so scheiss Sachen schreibt – dann kommt n'andere – und schreibt auch so schlechte Sachen.
Michael: Aber – das grösste Problem ist doch – dass keiner sich trauen würde – über die Probleme offen zu reden. Und wenn es Probleme gibt – dann fällt's meistens so aus – dass sie sich gleich auf die Schnauze haun wolln – und in dem Fall sind se meistens auch noch dann angetrunken – und in dem Fall kannste meist gar nichts machen! Ich erleb' das jedes Jahr – wenn bei uns irgendein Fest ist. – Da fängt einer irgendwas an – lässt'n dumm Spruch los – zwei – drei Aus-

länder stehn daneben und kriegen das mit – und dann baden se's sofort aus. – Und wenn' se auseinanderbringen willst – dann wolln' se sich gleich totschlagn. – – Und wenn se dann mal loslässt – beide Parteien – dann stehn' se die ganze Zeit nur dumm da.

Murat ist der einzige, der einen Vorschlag formuliert, wie das Schreiben der rassistischen Sprüche zu unterbinden wäre. Er möchte diejenigen, die die Schmierereien verursachen, identifizieren können. Die Frage von Rudi, ob er daran denke eine Kamera aufzubauen, weist auf ein schwieriges Problem hin. Eine solche Beobachtung der Intimspäre würde selbst die Integrität der Schreibenden verletzten.

Es ist aber gerade die gesellschaftliche Garantie der Unversehrtheit der Intimssphäre, die von den einzelnen missbraucht wird, wenn hasserfüllte Sprüche auf die Toilettenwände geschrieben werden. Die Verfasser(innen) können sich während des Schreibens auf Anonymität und Ungestörtsein verlassen. Möglicherweise könnte einen die Handschrift verraten, was jedoch durch ‚Verfälschung' der Schrift vermieden werden kann. Vom anonymen Ort der öffentlichen Toilette heraus richtet sich das Idiom der Toilettensprüche an die Allgemeinheit. Ohne Zensur können eigene Gedanken formuliert werden. Die Gedanken selbst sind nicht reine private Kontemplationen oder Monologe, sondern werden für Adressaten formuliert. Sie haben ‚Zitatcharakter' und sind Teil eines gesamtgesellschaftlichen Diskurses (vgl. Butler 1998, S. 45f.). Der Zitatcharakter der Sprüche darf jedoch nicht als Entbindung der einzelnen aus ihrer Verantwortung verstanden werden. Der Schreiber oder die Verfasserin von Toilettensprüchen sind dafür verantwortlich zu machen, dass sie einen spezifischen Diskurs in einer gewissen Weise reproduzieren und damit die Kontexte von Hass und Verletzung aktualisieren (vgl. ebd., S. 46).

Bei den Schmierereien handelt es sich um politische Statements. Es wird etwas gesagt, das man sich in der betriebsinternen Öffentlichkeit nicht zu sagen getraut, was möglicherweise den Konsens über das, was sagbar ist bricht, bzw. darüber hinausgeht. Die Schreibenden können auch in einen anonymen Dialog treten, wenn sie auf gewisse Sprüche Antworten geben.

Murat insistiert nicht darauf, nach den Subjekten dieser Hass-Sprache zu fahnden. Etwas hilflos beschwört er die multikulturelle Gesellschaft, die für die Ächtung von Diskriminierung und Rassismus einsteht. Weiterhin nimmt Murat an, dass hinter dieser Sprache ‚Probleme' oder Konflikte stehen, über die man reden solle. Sein Appell ist jedoch sehr diplomatisch, da diese Form der Hass-Sprache keine direkte Angriffsmöglichkeiten bietet und es keinen Aussicht auf Erfolg hinsichtlich der Gegenstrategien gibt. Sehr defensiv streicht Murat die Sinnlosigkeit dieser Sprüche heraus. Anders als Michael appelliert er nicht an abstrakte Zivilisationsnormen, an die sich die einzelnen zu halten haben. Er verweist damit indirekt auf die Absicht der Herabwürdigung und der Kränkung, die durch neuerliches Schreiben dokumentiert wird und wo abstrakte Argumente nicht gegen an können. Murat spricht den Hass an, der über die Sprüche transportiert wird und rational nicht nachvollziehbar ist.

Über die Probleme traue sich ja keiner zu reden, meint Michael. Er verdoppelt die Unmöglichkeit etwas gegen die Schmierereien zu unternehmen. Ursachen von Konflikten seien Provokationen „Da fängt einer irgendwas an – lässt'n dumm Spruch los...", die in Momenten von Unzurechnungsfähigkeit stattfänden, und wo eigentlich keiner die genauen Intentionen kenne. Die Absicht der Be-Drohung wird, indem sie kleingeredet wird, verleugnet. Auf die verletzenden Seiten der Hass-Sprache wird nicht näher eingegangen. Sie ist als nicht bedeutsam hinzunehmen. Es handelt sich um Dumme-Jungen-Streiche. Indem Michael die ‚Probleme', die hinter der Hass-Sprache stehen, als von streitsüchtigen betrunkenen Aussenseitern identifiziert, stellt er das Thema als ausserhalb der Ingroup zu lokalisierendes. Insbesondere stellt er sich als vernünftig dar. Diejenigen, die sich zu den Schmiereien hinreißen ließen sind unvernünftig und nicht ernst zu nehmen.

Rassistische Sprüche als Hass-Sprache

Nach der vorausgegangenen Diskussion und meinem Nachfragen, ob die Schmierereien auf Konflikte im Betrieb hindeuten, wurde deutlich, dass die Schmierereien nicht direkt Ausdruck eines innerbetrieblichen Konfliktes sind, sondern als eine Form von offenem Rassismus bzw. als *Hate speech* (Butler 1998) aufzufassen sind. Diese Form eines offen manifestierten und unzensierten Rassismus spricht unmittelbar und ungeschützt ihre Adressaten an und beansprucht eine spezifische Wirkmächtigkeit – teilweise im Sinne einer Handlungsanweisung mit repressivem oder gewalttätigem Charakter.

Judith Butler weist mit der afro-amerikanischen Schriftstellerin Toni Morrison darauf hin, dass die „repressive Sprache" oder *Hate speech* nicht bloss eine Repräsentation von Gewalt, sondern selbst Gewalt ist (Butler 1998, S. 19). In Rekurs auf J.L. Austin sagt sie weiter, dass Sprache Effekte oder Wirkungen als Folgeerscheinungen hervorbringen kann, die körperliche Reaktionen hervorrufen: Empfindungen wie Schmerzen, Wut und Aggression (vgl. ebd., S. 11). Hass-Sprache ist an bestimmte Adressaten gerichtet und wirkt auf diese ein. Sie vermittelt ein Hassgefühl und stellt darüber hinaus einen verletzenden Akt dar (vgl. Butler 1998, S. 30).

Murat: Ja – aber da stehen auch manche Sachen – die – mal gemacht wurden. – Z.B. – „Juden wurden vergast" – dann – „Türken wurden vergast" – ich glaube ich hab' mal gelesen gehabt
(Gemurmel)
Murat: Wartet mal – ich bin noch net fertig – ich bin noch net – – das ist scho' was – das zeigt da'drauf hin – dass man verhasst wird – und dass so'was passieren könnte. – – Davor hat man ja Angst – – und das sollt' jetzt auch net nochmal geschehen – denk' ich halt.

Murat thematisiert, dass er sich durch die Schmiereien unmittelbar bedroht fühlt. Die Parallelisierung des Genozids an den Juden mit einem möglichen Schicksal von türkischen Einwanderern beunruhigt ihn aktuell. Es könnte noch einmal passieren, die Angst ist geweckt, dass die Drohung aktuell (man beachte das Zeitwort „jetzt") in einen tätlichen Angriff umschlägt. Exakt in der Parallelisierung ist die Bedrohung implizit angedeutet. Butler nimmt an, dass solche sprachlichen Drohungen in einem gewissen Sinne schon das vollziehen, was sie androhen, wenn sie auch anerkennt, dass die sprachliche Drohung nicht unmittelbar die Handlung ist, auf die sie verweist. Sie ist jedoch als Akt, als Sprechakt aufzufassen.

Wenn die sprachliche Drohung ihre Handlung nicht vollständig ausführt, versucht sie doch, „die Zukunft, in der die Drohung ausgeführt werden wird, mittels der Sprache festzuschreiben" (Butler 1998, S. 20). Murat spricht genau diesen Aspekt, die Handlungsanweisung, die in der sprachlichen Drohung steckt, an und offenbart, dass ihn die Drohung existentiell tangiert. Er verspürt eine Angst tätlich/tötlich angegriffen zu werden.

Leugnung des Rassismus

Im weiteren Verlauf der Diskussion greift Ercan sehr aufgeregt das Thema ‚Schmiereien in den Toiletten' auf. Er ist im Gegensatz zu Murat sehr aufgeregt und kommt unmittelbar auf die Wirkungen zu sprechen, die die Sprüche auf ihn haben. Er beklagt sich insbesondere über die Sprüche, die ihm Kopfschmerzen bereiten, da sie auf das Ehrempfinden zielen und den Islam abwerten.

Ercan: Ist doch so Mann! – Keiner hat was geschrieben – keiner hat was gegen Euch – gegen Deutschen – von uns. – Aber ich versteh' net – das mir morgens Stress – oder Kopfschmerzen – wenn ich das in Toilette sehe.
Siggi: Das ist genau dein Fehler – dass du dich da'drüber uffregst
Ercan: Die Türkenmutter wären Hure oder was – und dann „Scheiss Islam" – „Türken – ihr braucht euch nicht verstecken" „wir werden sowieso euch finden" und „Türken – Türken".
Michael: Aber du suchst dir auch die Sahnestücke raus gegen euch – es gibt auch andere Sprüche gegen *Punks* usw. –*Technos* (...)
Ercan: Ich hab' gar nichts – das sind nur die Leute – die im Kopf gar nichts haben – die auch – wie z.B. wie Ausländer – aus die Musikarten unterscheiden – z.B. *Techno – Metallica* sein Freund sein – manche *Hip Hop* – manche *Break Beat* – Die machen (...) – die wollen unbedingt irgend'en Streit haben – wenn auch (...) das sind doch Deutsche – dann – die können doch net sagen: „He – Du bist scheiss Deutscher" (...). – Die wollen auch einen Streit haben – die sagen eh du bist *Hip Hop* – du bist *Metallica* – das find' ich net toll

– das macht Kopfschmerzen. – Das noch gemacht haben – Hitler mit seinem – richtige Hitler haben die gemacht: „Das war gut Zeichen – das stimmt" – und dann hat ein Typ – türkische Halbmond und Stern – türkische Fahne – Symbol – schmeissen in Abfall. – Türken in Abfall und so – aber – wenn die ma Probleme ham – dann soll die mal kommen – sag' ich mal ganz offen.

Von Siggi hört Ercan nur wiederholt Beschwichtigungen, dass er sich so aufrege, sei sein Fehler. Michael verharmlost die Bedeutung der Schmierereien, in dem er in euphemistischer Weise die besonders krassen Sprüche als „Sahnestücke" bezeichnet. Ercan und Murat werden in dieser Weise in eine Defensive gedrängt, sie müssen die Beweise liefern, dass es sich hier tatsächlich um Rassismus handelt. Ercan kommt auf die faschistischen und rassistischen Botschaften zu sprechen, deren Adressaten ausgewählt sind und zu denen er sich zwangsläufig zuordnen muss. Sie haben eine ganz andere Qualität als die trennenden Kategorisierungen nach Musikgruppen, da sie gegenüber einer gesellschaftlichen Minderheit einerseits Gewalt androhen und andererseits die Adressaten ethnisieren.

Michael: Ich denk' mal die meisten – die da unten was draufschreiben sind vielleicht in dem Alter – wo man sich ne Meinung bilden muss. Und die – die da was draufschreiben – die lassen sich von irgendwelchen äußeren Einflüssen – halt eben leiten. Und deshalb geb' ich im Moment auf die Sprüche – die da unten draufstehen net all' so viel. Also – ich les' mir des mal durch – ich hab das mal sehr intensiv durchgelesen – wie ich auf dem Klo war – aber mittlerweile interessiert mich das gar net mehr.

Für Michael wurden die Klosprüche von Leuten geschrieben, die noch nicht aufgeklärt sind, die sich noch „ne Meinung bilden" müssen und sich von „irgendwelchen äußeren Einflüssen" leiten ließen. Die „Wissensquellen" der Hass-Sprache sind nicht zu ermitteln. Es scheint sich um eine Verführung von unaufgeklärten wenigen zu handeln, die die Schmierereien produziert haben. Wie weiter oben schon deutlich wurde, stellt sich Michael als aufgeklärte und wissende Person dar, der Rassismus wird bei irgendwelchen anderen dummen, unreifen und manipulierten Außenseitern verortet. Auch Siggi unterstützt die Ausführungen von Michael:

Siggi: Ich hab' da kein Problem damit – das sind einzelne Personen die das schreiben. – Also ich hab' kein Problem damit – mir geht auch net so was durch den Kopp – was da steht – – ich find' das nur ganz witzig – dass da Antworten drauf stehen – das die Leute die eigentlich dann sagen müssten: „Hier – lass die doch einfach dumm schreiben – dass sind doch Kinner" wie er g'sagt hat – die in dem Alter sind – – oder im Kopf net so weit sinn. – – Aber – wenn ma da als Antworten drauf gibt – dann geht das immer so weiter – verstehste!

Anti-rassistische Projektarbeit als Lernprozess

Indem dieser Rassismus sogenannten Extremisten zugeschrieben wird, leugnet man ihn als Bestandteil der eigenen Gruppe autochthoner oder ‚weißer' Staatsbürger, insbesondere des eigenen Denkens und definiert sich selbst als handlungsfähig, da man die Verursacher ja klar identifizieren kann und damit das ‚Problem' schon gebannt hat. Siggi fokussiert die Reaktionen auf die Schmierereien und sieht in ihnen die Ursache dafür, dass es mit den Schmierereien kein Ende nimmt.

Rudi: Das ist doch überall so – des ist in der Schule genauso wie im Betrieb. – In der Schule is des auf'em Klo genauso – da macht ma sich doch gar kei' Gedanke mehr. – Ich auf jeden Fall net mehr – das ist doch Alltag – dass ma' das überall sieht. – Da muss ma nur raus auf die Strass' gehn – da sieht ma das überall.

Für Rudi gehört die Hass-Sprache zum Alltag. Er sieht darüber hinweg. Letztlich verweigern die autochthonen den allochthonen Jugendlichen eine Anerkennung ihrer Erfahrungen und setzen sich über das Verletztsein hinweg. Die Schmierereien werden von den autochthonen Jugendlichen nicht im Zusammenhang mit ihrer verletzenden und herabwürdigenden Wirkung wahrgenommen. Ganz lapidar wird gefordert, sich nichts daraus zu machen. Die mit den Schmierereien verbundene Drohung wird verharmlost, indem die Schreibenden als Ausnahmefälle und damit als nicht ernstzunehmend dargestellt werden. Implizit sprechen sich die autochthonen Jugendlichen von dem Vorwurf frei, die Schmierereien verwiesen auf ein latent vorhandenes Denken, indem sie die Schreibenden als marginalisierte Einzelne darstellen. Mit der Verurteilung der Schreibenden als ausgeflippte Außenseiter spricht man sich vom Rassismus-Vorwurf frei und stellt sich selbst als geläuterte und aufgeklärte liberale Personen dar. Der ‚systemische Rassismus der Ingroup' wird damit geleugnet. Die Aufregung der allochthonen Jugendlichen wird selbst als Indiz für einen Mangel an Überlegenheit und für Unreife gewertet, womit die autochthonen Jugendlichen erneut die Asymmetrie bestätigen.

Rassismus als Reflex der Gesellschaft

Murat: Aber – also – so'was – sagt ja über die Gesellschaft auch was aus. – Deswegen – man sieht ja – da ist ein Problem – also – wenn so was schon da unten steht.

Murat widerspricht Michael, dass es sich hier um nicht ernstzunehmende unaufgeklärte einzelne handelt, die nur etwas an die Wände schmieren. Die Sprüche verweisen auf einen gesamtgesellschaftlichen Diskurs. Es wird hier deutlich, dass die Jugendlichen um Definitionen dessen ringen, was unter Rassismus zu verstehen ist, das heißt, dass hier auch letztlich entschieden wird, ob rassistische Sprache und/oder entsprechendes Handeln vorliegt sowie ob folglich Unterlassungsvereinbarungen getroffen werden müssen.

Thematisierung eines betrieblichen Konfliktes

Von Rudi, einem autochthonen Kollegen wurde ganz zaghaft ein betrieblicher Konflikt angesprochen, die Ausgrenzung von vier Kollegen in der Lehrwerkstatt.

Rudi: Und was ich z.b. nicht versteh' – ist – warum da hinten bei der Schmiede sind alles Kurden – und dann in der Lehrwerkstatt ist fast keiner.
(Gemurmel, Pause/15 sec., LKW wendet.)
I.: Moment – ich möchte das verstehen – warum sind manche in der Schmiede untergebracht?
Siggi: Jeder hat sein Werkzeugkasten – in der Schmiede sind Werkzeugkästen – was weiss ich – fünf – sechs Stück – und da sind nur die ausländischen Kollegen. – Und vorne bei uns – das sind halt nur die – Deutschen (...).

Ercan, der mit drei anderen allochthonen Kollegen in der Schmiede seinen Ausbildungsplatz zugewiesen bekam, greift das Thema auf und macht deutlich, dass er es als unrecht empfunden hatte, in der Schmiede untergebracht worden zu sein. Er habe sich damals gegen diese Ausgrenzung zur Wehr gesetzt, jedoch ohne Erfolg.

Ercan: Frag' doch den Meister – ich wollte gerne (...) – Ich wollte gerne – ich hab' zehn mal zum Meister gesagt: „Da draußen – wo die alle arbeiten – da will ich auch einen Schrank!" – Aber für uns gab's nur die Schmiede. – – Da war nur ein Schrank und da war – da war noch ein anderer der das Schrank wollte. – Und es war unmöglich für uns – die Schmiede – und wir mussten dahin gehen. – Wir waren zu dritt – da kam der (...) von zweiten Lehrjahr is reingekommen – das war's – wir mussten – und wo sollten wir noch bleiben – da gab's ja kein Platz.
I.: Was bedeutet das für Euch in der Schmiede untergebracht zu sein – ihr habt da einen Spind oder einen Werkzeugkasten?
Ercan: Ein Spind gab's net.
I.: Es ist nicht so bequem dort – oder – man muss weit laufen?
(Gemurmel)
Ercan: Ich wollte gerne da draußen mit den Leuten sein – ich wollte net unbedingt mit Türken zusammen. – Aber – ich hab' das zehn mal laut dem Meister gsagt – (...) aber da gab's kein Platz.

Hier bestätigt sich die Beobachtung eines allochthonen Betriebsrates, wonach Diskriminierungen am Arbeitsplatz in der Regel verdeckt und damit schwer nachweisbar sind (vgl. Caglar/Javaher-Haghighi 1998, S. 69). Sie werden von den autochthonen Kollegen tabuisiert, bzw. anhand von Segregationsvorwürfen verleugnet.

Siggi: Ja – wenn jetzt drei Mann von euch in der Schmiede sein würden – und zwei Mann vorne – dann wärd ihr eh als in der Schmiede – weil ihr sowieso immer zusammen steht!

Bei der Gruppendiskussion wird die Ausgrenzung der türkischen Kollegen nachträglich mit einem Separationsvorwurf legitimiert und damit als richtig akzeptiert (Siggi). Hier zeigt sich, dass der Ausgrenzung der türkischen Jugendlichen ein Konstruktionsprozess vorausgegangen ist: als vermeintlich homogene Gruppe werden den einzelnen die Bindung an dieselbe qua gemeinsamen ethnischen Hintergrund unterstellt. Mit dieser kollektiven Zuschreibung wird die tatsächliche Benachteiligung nachträglich legitimiert. In der Diskussion wird der Konflikt heruntergespielt. Aus der überlegenen Position des Privilegierten, wird die Interessenartikulation des anderen entwertet. Diese Positionierung ist den Akteuren in der Regel nicht bewusst.[10]

Asyl

Bei diesem Themenkomplex beteiligen sich viele Auszubildende, die nicht am Seminar teilgenommen hatten. Auch der Ausbilder, Herr L., schaltete sich in die Diskussion ein.

Im Betrieb wird nicht offen gegen Ausländer polemisiert; die Asylbewerber sind das Objekt der rassistischen Rede. Dabei wird nicht an die besondere Situation von Flüchtlingen gedacht. Der Begriff Asyl erscheint als Stichwort für besondere wirtschaftliche Interessen von „Anderen", die meist in Zusammenhang mit Missbrauch genannt werden.

Joachim: Ich bin da geteilter Meinung – auf der einen Seite hab' ich Verständnis – warum manche Leute hierherkommen. – Den' bleibt nichts anderes übrig – als aus ihrem Land abzuhauen. – Und auf der anderen Seite muss ich sagen – da gibt's unter den Ausländer (...) – wenn ich das z.b. sehe – mein Bruder hat dadurch ein Arbeitsplatz verloren – weil er angeblich zu teuer geworden is. – (...) – Wenn ma Asyl hat – der hat sogar einen höheren Stundenlohn gehabt wie mein Bruder. – Und dann ham' wer mal die ganze Sache hinterfragt – und da hat sich herausgestellt – dass er für den nur die Hälfte zahlt und die andere Hälfte das Arbeitsamt. – Und da war natürlich klar – dass Arbeitgeber die billige Arbeitskraft benutzt – deshalb hab' ich ne geteilte Meinung darüber – (...).

---

10 „Der Rassismus ist das objektive Gegenstück zur objektiven Situation des Opfers"(Memmi 1987, S. 73) Die einzelnen können durch die kollektive Argumentation verführt werden, sich in gleicher Weise zu positionieren, da das Wertesystem des eigenen Milieus die Last für eine mögliche Verantwortung abnimmt. Niemand beschwert sich, „da alle Welt das Geschehen duldet und billigt" (ebd.).

Joachim, der nach dem Fall der Mauer in die alten Bundesländer kam, beschreibt seine Haltung gegenüber Asylbewerbern als ambivalent. Vor dem Hintergrund der eigenen ‚Migrationserfahrung' kann er Verständnis dafür aufbringen, dass Menschen den Wunsch hegen, durch Migration ihre Lebensperspektiven zu verbessern.

Identifiziert er jedoch Asylberechtigte als potentielle Konkurrenten um einen Arbeitsplatz, dann kann er kein Verständnis mehr aufbringen.

Joachim: Ich glaub' den Leuten ist irgendwie die Hutschnur geplatzt. – – – Wir hatten schon – ich komm' ja selber aus der ehemaligen DDR – und damals gab's bei uns so Vietnamesen und aus Angola – wo se alle herkamen – da gab's keine Probleme mit. – Die Leute sind ganz normal arbeiten gegangen – den ging's kann ma sagen – für das was die hatten – mussten die auch ordentlich arbeiten. – Die mussten genauso arbeiten wie wir – und da hat des auch geklappt. – So – jetzt sind – warn die Grenzen auf – und jetzt ham die neuen Bundesländer – ham – genau die gleichen Prozentzahlen – wie's hier gesagt wird – jedes Bundesland hat so und soviel Prozent aufzunehmen. – Sind natürlich die noch mal gleichen Prozentzahlen – noch mal mit draufgedrückt worden. – Und dann ist das Arbeitsamt – das Arbeitsamt die Hälfte beilegt – wenn die Leute arbeiten. – So das sind natürlich erst mal en Grossteil von den – von den deutschen Leuten gekündigt worden – weil der Arbeitgeber sagt: „Gut – die sind billiger – weil – soll ich mit den teuren Arbeitskräften angehen – also abgehen – wenn ich's für die Hälfte ham kann. – Das ist für mich persönlich en höherer Gewinn". – Denk' ich mer – dass es den Leuten mal gereicht hat – da hat's halt mal gekracht da drüben.

Joachim spricht aus der Perspektive eines ‚deutschen Arbeitnehmers', dessen Arbeitstüchtigkeit als Merkmal für die Ingroup charakterisiert wird. Die Kategorie Arbeitstüchtigkeit („ganz normal arbeiten gehen", „ordentlich arbeiten" – „genauso arbeiten wie wir") dient ihm als Unterscheidungskriterium für Inkludierte und Exkludierte. In der Vergangenheit gehörten die Arbeiterinnen und Arbeiter aus Angola und Vietnam aus seiner Sicht zu den Inkludierten. Mit dem Öffnen der innerdeutschen Grenze wurde die ehemalige DDR in alle Richtungen geöffnet, was für Joachim zur Konsequenz hatte, dass die neuen Bundesländer über das festgesetzte Kontingent Asylbewerber aufnehmen muss. Vor diesem Hintergrund bringt er Verständnis für die pogromartigen Übergriffe in Rostock auf und entschuldigt gleichsam diese rassistisch motivierten Ausschreitungen. Seiner Meinung nach haben die Menschen auf eine Überforderung reagiert. Aufgrund der hohen Zuwanderung an billigen Arbeitskräften sei den autochthonen Arbeitern gekündigt worden. Hier liegt eine eindeutige Verkennung der realen Rechtslage und der allgemeinen sozio-ökonomischen Verhältnisse vor. Die miserable Arbeitsmarktlage im Osten Deutschlands wird mit der Zuwanderung von Flüchtlingen erklärt.

Anti-rassistische Projektarbeit als Lernprozess

Im Zusammenhang mit der Diskussion über Asyl taucht des öfteren bei den Jugendlichen die These von der unmittelbaren Konkurrenz zwischen Asylbewerbern und Autochthonen auf. An keiner Stelle der notierten Gruppendiskussionen und Einzelinterviews wird ein Zusammenhang zwischen Arbeitsmigration und Arbeitslosigkeit thematisiert. Lediglich beim Asylthema taucht die besagte Konstruktion auf.

Markus: Die kommen doch net alle mit dem Flugzeug!
Ausbilder, Herr L.: So sieht's nämlich aus! Die werden hier rein geschleppt mit Schlepperbanden – und das ist ja das Problem!
(Gemurmel)
Ausbilder, Herr L.: Wahnsinnssummen werden von diesen Leuten ausgegeben – werden hier reingeschleppt – und dann stehen se hier – und wir müssen se alle bezahlen. – Und dann wern se wieder abgeschoben – darum geht's! Das bisschen – was über die Flughäfen kommt – ist überhaupt kein Problem!
Markus: Das Zurückschicken – das kost' auch wieder Geld
Ausbilder, Herr L.: Dies sind die Probleme – die ham wer! – – Und die müssen – solange die hier sind – müssen sie ja verköstigt werden. – Sie bekommen Taschengeld – und so weiter und so fort – und unsere Leut' – die arbeitslos werden – die kriegen ständig nur die Leistungen gekürzt. – Und da ist es doch kein Wunder – dass unsere eigene Bevölkerung – und auf diese Leute
Bernd: Sauer wird
Ausbilder, Herr L.: Böse wird – und sagt: „Jetzt müsse' wir alle was unternehmen!" – Dann kommt nämlich diese Rassendiskriminierung und so weiter auf – nur so. Das ist der Hauptgrund. Solange es uns – bei uns in der Bundesrepublik gut geht – und jeder Arbeit hat – und gut's Geld verdient hat – hat ma nie etwas da'drüber gehört!

Die Flüchtlinge werden hier nicht genauer bezeichnet. Nicht ihnen wird eine Verantwortung für die negative Reputation zugewiesen, sondern einer übergeordneten Instanz von Fluchthelfern. Der Fokus wird auf sogenannte Schlepper gelegt. Nach Ute Gerhard konnotiert der Begriff „Schlepper" mit dem „Einschleppen von Krankheiten" (Gerhard 1992, S. 169). Das Wort „Schlepperbanden" suggeriert eine mafiaähnliche Organisation, die „Wahnsinnssummen" eintreiben kann. Es wird scheinbar im Interesse der Flüchtlinge gesprochen, diese hätten Geld, viel Geld ausgegeben, für nichts. Herr L. spricht sich nicht direkt gegen die Flüchtlinge aus, wohl aber gegen ein imaginäres übergeordnetes System, welches auf der Grundlage krimineller Interessen funktioniere. Somit kann er das spezifische Anliegen der Flüchtlinge ignorieren und sich moralisch über hohe Fluchtkosten empören.

Im Zentrum seiner weiteren Überlegungen stehen auch Geldfragen und zwar hinsichtlich der existentiellen Versorgung von Flüchtlingen. Schon allein die Tatsache, dass man Flüchtlinge mit dem Lebensnotwendigsten versorgt, schüre Rassenhass, wenn die Eigengruppe mit Sozialkürzungen konfrontiert werde, so seine Argumentation. Sein um das Verstehen des Rassenhasses bemühtes Argumentieren legitimiert rassistische Übergriffe auf Flüchtlinge und Migranten.

Zusammenfassung

Es zeigt sich, dass die Jugendlichen im Rahmen der offenen Gruppendiskussion die Aspekte ansprechen, die für das Projektvorhaben wesentlich gewesen wären und *nicht* vor Projektbeginn erhoben werden konnten.

1. Die Schmierereien in den Toiletten sind nicht nur ärgerliche Äusserungen von einzelnen wenigen, die durch Verbote unterbunden werden könnten. In der Praxis (Betriebsratsarbeit) zeigt es sich, dass ein Verbot der Schmierereien oder eine drohende Kündigung das Schreiben von Toilettensprüchen nicht verhindern. Auch bei Verschönerungsarbeiten wird die Erfahrung gemacht, dass danach die Schmierereien fortgesetzt werden (vgl. Caglar/Javaher-Haghighi 1998, S. 74).
   Die Toilettensprüche werden mit der Absicht geschrieben, bestimmte Adressaten zu treffen. Bedeutsam ist die Tatsache, dass die autochthonen Jugendlichen die Relevanz der Sprüche verharmlosen und damit den rassistischen Gehalt der Sprüche leugnen. Die allochthonen Jugendlichen Ercan und Murat werden in dieser Weise in eine Verteidigungshaltung gezwungen; sie selbst müssen die Beweise für ihren Rassismusvorwurf liefern. Das Interesse an der Leugnung oder Verharmlosung von Rassismus kann nicht ernst genug genommen werden. Verharmlosungsstrategien werden besonders wichtig in jenen sozialen Situationen, in denen die relevanten Normen streng geahndet und sanktioniert werden. Je höher die Normen gegen Diskriminierung und Rassismus formuliert werden, umso stärker wird es eine Tendenz geben, Rassismus zu leugnen oder zu verharmlosen (vgl. van Dijk 1992, S. 109). Nicht-rassistische Arbeit muss sich dieses Phänomens bewusst sein, weil sie implizit als Träger antirassistischer Normen identifiziert wird. Vor diesem Hintergrund muss ein moralisierender Impetus vermieden werden. Darüber hinaus sollte den Zielgruppen vermittelt werden, dass Rassismus nicht ein gesellschaftliches Randphänomen darstellt, sondern in den alltäglichen Handlungen aktualisiert und damit reproduziert wird und somit im eigenen Alltag aufzudecken ist.
2. Sehr deutlich lässt sich herausarbeiten, dass die Jugendlichen abhängig von ihrer Erfahrung sehr unterschiedliche Sichtweisen auf die Interaktionsprozesse im Betrieb haben. Allochthone Jugendliche wie Murat und Ercan berichten von Rassismuserfahrungen und weisen darauf hin, dass es sich dabei nicht um belanglose Zufallsgeschichten handelt, sondern sie sich mit einem totalen sozialen Phänomen konfrontiert sehen, das sich insbesondere in konkreten Handlungen einzelner im Betrieb wiederfinden lässt.

Anti-rassistische Projektarbeit als Lernprozess

Bei den autochthonen Jugendlichen ist eine starke Tendenz zur Leugnung von Rassismus sichtbar. Die nicht-leugbaren rassistischen Handlungen werden vorsichtig in Begriffe wie „Vorurteil" hineingepasst. Offensichtlich wurde bis zu diesem Zeitpunkt nicht erreicht, den Jugendlichen einen Rassismus-Begriff nahezubringen, welcher ein ganzes System ‚rassischer' oder ‚ethnischer' Ungleichheit, von Ausgrenzung und Unterdrückung in der BRD bezeichnet.
3. Die Einrichtung von vier Arbeitsplätzen in der Schmiede ist aus Ercans Sicht ein Akt ethnischer Diskriminierung. Hier liegt eindeutig ein betrieblicher Konflikt vor, in dem Unterscheidungen und Trennungen entlang der Kategorie ‚Ethnizität' vorgenommen wurden. Sowohl von der Ausbildungsleitung als auch von den Auszubildenden und der JAV wird dieser Konflikt nicht ernst genommen und damit tabuisiert. Die Tabuisierung von rassistischer Diskriminierung ist eine Hauptform der Leugnung im Alltagsdiskurs (vgl. van Dijk 1992, S. 117). Die Opfer der rassistischen Diskriminierung werden selbst für diesen Akt verantwortlich gemacht, indem ihnen Selbstethnisierung und Separationsbestreben vorgeworfen wird.
4. Dass Rassismus im Betrieb in besonderem Maße tabuisiert wird, zeigt sich auch daran, dass die allochthonen Jugendlichen in der Diskussion nicht offen angegriffen werden und man sich ausschließlich auf Asylbewerber(innen) konzentriert. Asylbewerber(innen) werden im Zusammenhang mit Missbrauch und Konkurrenz auf dem Arbeitsmarkt genannt. Ihnen wird die Verantwortung für den aktuell virulenten Rassismus zugewiesen, da durch ihre Präsenz und ihre spezifischen Ansprüche auf Verpflegung Neidgefühle vor dem Hintergrund von Sozialabbau mobilisiert würden. Bemerkenswert an diesem Thema war, dass sich sowohl ein Ausbilder als auch ein Vertreter der Jugend- und Auszubildenden-Vertretung (Markus) in die Diskussion einmischten und mit besonders pointierten Formulierungen auffielen. Es zeigt sich auch, dass die rassistische Artikulation, je nach individuellem Erfahrungshintergrund, variieren kann. So ist Joachim in seiner Haltung Flüchtlingen gegenüber ambivalent. Einerseits kann er nachvollziehen, dass man aus politischen Gründen seine Heimat verlässt, auf der anderen Seite dient ihm die These von der unmittelbaren Konkurrenz auf dem Arbeitsmarkt zur Verkennung der realen sozio-ökonomischen Situation in den neuen Bundesländern.
5. Im Betrieb kann man exklusive Gruppen ausmachen, die sich hinsichtlich ethnischer Kategorien unterscheiden ließen. Es stellt sich nun die Frage, wie diese Separierung zu begreifen ist. Meiner Meinung nach können diese Erscheinungen mit dem „Individualisierungstheorem" (Heitmeyer/Olk 1990) nicht erklärt werden. Mit Josef Held teile ich die Annahme, dass sich neue Sozialformen vor dem Hintergrund einer fortschreitenden sozialen Segmentierung der Gesellschaft herausbilden. Die soziale Segmentierung, die Aufteilung der Jugendlichen in unterscheidbare Untergruppen erfolgt nicht ausschließlich auf der Basis unter-

schiedlicher materieller Lebensbedingungen. Die gesellschaftlichen Verhältnisse sind heute allgemein durch Prozesse der Ausgrenzung und Abgrenzung bestimmt: „In einem gesellschaftlichen Klima von Konkurrenz, Ressourcen-Verknappung und Auflösung des sozialen Bezugrahmens werden die neu entstehenden Beziehungsstrukturen (segmentierte Gruppen) durch eben dieses Klima geprägt" (Held 1995, S. 119).

Held unterscheidet hinsichtlich der Segmentierungsprozesse zwei Entwicklungstendenzen:

– Vor dem Hintergrund ökonomisch-politischer Entwicklungen befördern soziale Differenzierungen die Stabilisierung und auch die Neubildung segmentierter Gruppen (z.b. Benachteiligte, Frauen, Migrantengruppen).
– Gleichzeitig findet ein Prozess der Selbstsegmentierung statt, der ebenso schwer wiegt, wie die erste Entwicklungstendenz.

Die Differenzen zwischen verschiedenen Gruppen lassen sich hinsichtlich dieser Entwicklungstendenzen folgendermaßen erfassen: „Segmentierte Gruppen stabilisieren ihre Unterscheidbarkeit u.a. dadurch, dass sie sich als Einheit verstehen und ihre Differenzen gegenüber anderen gesellschaftlichen Einheiten betonen" (ebd., S. 124). Ich gehe jedoch nicht davon aus, dass die beobachtbaren Selbstsegmentierungsprozesse bei den Migrantenjugendlichen nur reine Reaktionsbildungen gegenüber Marginalisierungserfahrungen sind. Phil Cohen stellt im Hinblick auf „ethnicity" heraus, dass es sich hierbei um einen „realen Prozess der historischen Individuation"(Cohen 1990) handelt, in dem sich spezielle kulturelle Praktiken herausgebildet haben. Es hat sich beispielsweise in den letzten zwanzig Jahren ein neues Selbstverständnis bei den Migrantenkulturen der zweiten und dritten Generation herausgebildet. Dies lässt sich unter anderem an dem „deutsch-türkischen Underground" und seinem Musikgeschmack zeigen (vgl. Becker 1996, S. 43).

2.2 Interpretation der Ergebnisse einer Gruppenarbeit im Betrieb B

Im Rahmen meiner Forschungen habe ich auch die Methode der teilnehmenden Beobachtung[11] gewählt. Hierbei dokumentierte ich in den Seminarphasen ohne standardisierte Vorgaben den Verlauf der Seminare und Gruppenprozesse. Als empirische Quellen dienen mir heute auch Seminararbeiten der Auszubildenden, die mir in Form von Overhead-Folien, Wandzeitungen und Zeichnungen vorliegen. Im Folgenden werde ich eine spezifische Konfliktla-

---

11 Die teilnehmende Beobachtung kann dort eingesetzt werden, „wo es unter spezifischen theoretischen Perspektiven um die Erfassung der sozialen Konstituierung von Wirklichkeit und um Prozesse des Aushandelns von Situationsdefinitionen (Lamnek 1995, S. 240) geht.

Anti-rassistische Projektarbeit als Lernprozess

ge, wie sie im Betrieb B sichtbar wurde, darlegen und Aspekte von geschlechtsspezifischen Positionierungen im Zusammenhang mit dem rassistischen Diskurs beleuchten.

Im Betrieb B war die Gruppenstruktur der Teilnehmer(innen) nicht nur hinsichtlich ihrer kulturellen Herkunft und der Geschlechtszugehörigkeit vielgestaltig, sondern auch bezüglich des sozialen Ansehens der unterschiedlichen Ausbildungsbereiche. Von den fünfundzwanzig Projektteilnehmerinnen und -teilnehmern kamen ein Drittel aus dem Bereich der Ladearbeit. Die Ausbildung für diesen Berufszweig dauert in der Regel ein Jahr. Die sogenannten ‚Lader' waren zu hundert Prozent Migrantenjugendliche türkischer und marokkanischer Herkunft. Ein weiteres Drittel der Auszubildenden waren Verkehrskauffrauen und das übrige Drittel kam aus dem Bereich der Kraftmaschinentechnik.

Der zentrale Konflikt der Gruppe bestand in der Dominanzposition, die die Verkehrskauffrauen in der Jugend- und Auszubildendenvertretung (JAV) gegen Infragestellung vehement verteidigten. Es wurde deutlich, dass diese, zu deren Job es gehört, sich sprachlich gewandt, kompetent und höflich zu präsentieren, eine gute Verbindung hatten zu den verschiedenen Instanzen der Interessenvertretung und auch diesen Bereich für sich einzunehmen vermochten. Während des Seminars forderten die ‚Lader' – das Recht auf Präsentation durch mindestens einen Kollegen. Die Gruppe der Verkehrskauffrauen reagierte vehement gegen diesen Wunsch. Die jungen Frauen sprachen ihren Kollegen die nötigen Kompetenzen für die JAV-Arbeit ab. Diese seien zu emotional, nicht ausreichend kontrolliert und hätten keinen „Durchblick".

Als Ergebnis einer Gruppenarbeit – wir hatten aufgrund einer Auseinandersetzung zwischen den marokkanischen und türkischen Jugendlichen und den Frauen hinsichtlich der Frage nach der Verantwortung für den gegenwärtigen Rechtsextremismus homogene Nationalitätengruppen gebildet – präsentierten die Verkehrskauffrauen ihr Bild, das sie von der anderen Gruppe gezeichnet hatten, auf einer Wandzeitung, die den Titel trug „So sehen wir die Ausländer".

Die Frauen zeichneten sich in dem entworfenen Bild der anderen als die überlegenen und rationalen weißen Frauen. Die fremden Männer sind emotional und unberechenbar. Ihre Familien werden als männliche Verschwörung und Bedrohung wahrgenommen, das belegen auch die Erzählungen über die Angst vor türkischen und marokkanischen Männern, die bei einer Erwartungsabfrage zu Beginn des Seminars von Seiten der Verkehrskauffrauen vorgetragen wurden.[12]

---

12 Im Diskurs über „den Westen und den Rest der Welt" werden andere als weniger zivilisiert, weniger intellektuell, mehr als Teil von „Natur konstruiert", was in diesem Sinne weniger menschlich bedeutet. Frigga Haug schreibt in ihrem Aufsatz „Das Bild der anderen und die weibliche Angst", dass solche Wahrnehmungen weiterhin Verbreitung finden können, „solange Geschlechterverhältnisse garantieren und nähren, dass das andere Geschlecht als weniger menschlich erfahren wird als das eigene" (Haug 1993, S. 912).

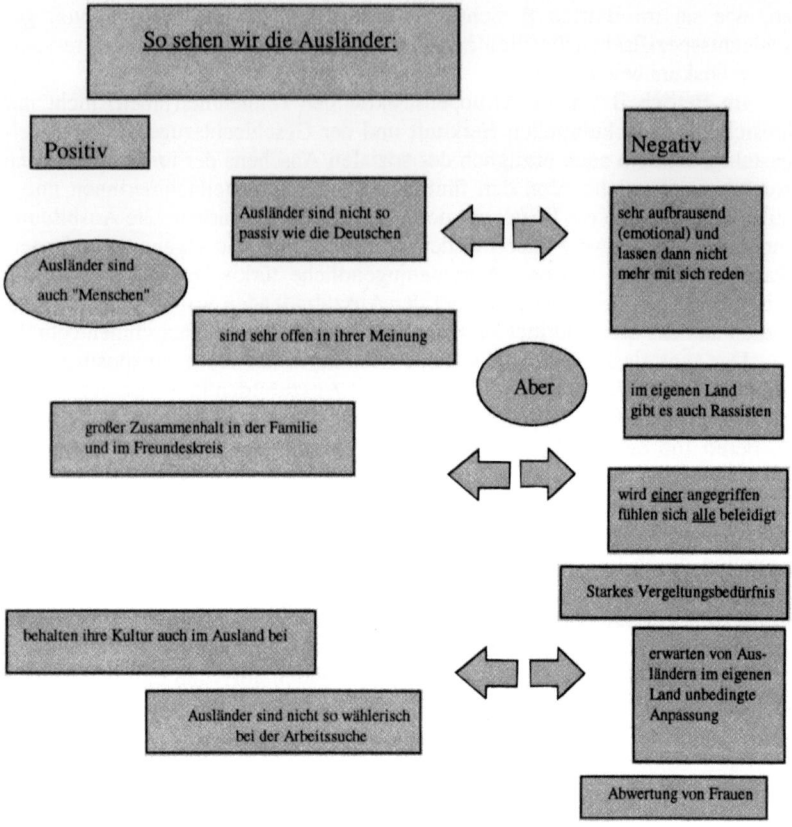

Die Gruppe der ‚Lader' wird mit Argumenten konfrontiert, die gemeinhin Frauen vernehmen, sofern sie in Männerdomänen einziehen wollen. D.h., dass hier von den Frauen über Fragen von Klassen- und Schichtzugehörigkeit sowie von Ethnizität vor dem Hintergrund von Geschlechterverhältnissen gesprochen wird. Ferner wird deutlich, wie sich Rassismus in die Auseinandersetzung um Status und Machtpositionen einschreibt.

Die Gruppe der ‚Lader' zeichnete kein doppelseitiges Bild, sondern thematisierte in Stichworten, dass sie zunehmend Erfahrungen mit kriminalisierenden Praktiken der Polizei machen, sie eine rechtliche Gleichstellung wünschen, dass ihr Äußeres (Kleidung, Schmuck) auf wenig Akzeptanz stößt und sie zwar im Herkunftsland ihrer Eltern gerne Urlaub machen würden, ihr Lebensmittelpunkt aber ganz klar in der BRD sei. Bei ihren deutschen Kolleg(inn)en beklagen sie die ‚Coolness', ‚Egoismus' und fehlende Reaktionen auf fremdenfeindliche und rassistische Übergriffe.

Als Teamer und Teamerin nahmen wir Bezug auf die kulturalistischen Klischees, die in der Präsentation der Wandzeitungen formuliert wurden. Hier konnte vor allem das statische Bild vom ‚ausländischen Kollegen' dekonstruiert werden. Hinsichtlich des Konflikts um die Repräsentation der ‚Lader' in der JAV kam es zu keiner Bearbeitung. Die Gründe sind im Projektkonzept zu suchen. Ein Eingreifen in betriebliche Abläufe, ob in den Bereichen der Ausbildung oder der Interessenvertretung, war nicht vorgesehen.

2.3 Vorläufiges Fazit

Nun soll zusammenfassend auf die entscheidenden Defizite des Konzeptes hingewiesen werden:

Im Projektkonzept mangelte es an einer Differenzierung hinsichtlich unterschiedlicher Interessenlagen von verschiedenen Gruppen (z.B. Berufsgruppen, ethnisch diskriminierten Gruppen, geschlechtsspezifisch benachteiligten Gruppen). Institutionelle ethnische oder/und geschlechtsspezifische oder/und berufsgruppenspezifische Diskriminierungen konnten in der Seminar-Praxis nicht ausreichend erhoben werden, was insbesondere bei der dokumentierten Gruppendiskussion im Betrieb A deutlich wurde. Vier Kollegen türkischer und griechischer Herkunft wurde ein Arbeitsplatz außerhalb der Lehrwerkstatt zugewiesen (Schmiede), dort arbeiteten sie unter widrigen Bedingungen (Lärm, Schmutz; im Sommer bei unerträglicher Hitze; im Winter bei Kälte).

Auch hinsichtlich der Lernziele wurde ein Mangel an Differenzierung deutlich, Aspekte geschlechtsspezifischen Ausgrenzungsdenkens und -handelns wurden beispielsweise nicht berücksichtigt (vgl. Wandzeitung der Verkehrskauffrauen); es fehlten Konzepte, wie man entsprechende Orientierungen erschüttern könnte. Es bestand eine implizit einseitige Konzentration auf männliche deutsche Jugendliche und deren spezifische Disposition auf rechtsextremistische und rassistische Orientierungsangebote anzuspringen.

Das inhaltliche Curriculum war vornehmlich geprägt durch einen kritischen Aufklärungscharakter. Die Kulturarbeit bezog sich meist auf ausserbetriebliche Themen. Betriebliche Themen standen im Hintergrund, so dass die betriebliche Situation nicht tangiert wurde. Die Teamer und die Teamerin hatten kein Mandat, das ihnen erlaubt hätte, auf innerbetriebliche Strukturen und Regelungen verändernd einzuwirken.

3. Das nächste mal anders vorgehen! Aber wie?

Hinsichtlich der skizzierten Mehrdimensionalität von fremdenfeindlichen und rassistischen Denk- und Handlungsmustern erscheint es einsichtig, dass man nicht umhinkommt, die verschiedenen Perspektiven von einzelnen oder von kollektiven Subjekten in der Berufsschulklasse, im Ausbildungsbetrieb oder auf dem Bildungsseminar zu berücksichtigen. Für eine antirassistische Arbeit ist es deshalb unerlässlich „multiperspektivisch" (Cohen 1994, S. 73ff.) an ein Feld heranzugehen. Erst wenn man die verschiedenen Positionen zu Wort kommen lässt, sie gegenseitig mit ihren Aussagen konfrontiert und gemeinsam nach Lösungsmöglichkeiten sucht, hat man eher die Gewähr, Konfliktlagen aufdecken und sie schliesslich bearbeiten zu können, vorausgesetzt, dass dies, die konstruktive Lösung von Konflikten, gewollt ist. Die Begründungszusammenhänge einzelner Positionierungen in Diskussionen und Gesprächen müssen weiterhin nach ihrem ideologischen Gehalt befragt werden.

Abschließend möchte ich folgende wichtige Punkte nennen, die bei einer zukünftigen nicht-rassistischen Projektarbeit im Betrieb berücksichtigt werden sollten:

1. Die Evaluation der betrieblichen Strukturen nach Gepflogenheiten, Regeln, Selbstverständlichkeiten, hinter denen sich Diskriminierung verbergen kann (betriebliche Ausbildungs- und Arbeitspolitik, Einstellungspolitik, Leistungspolitik, Informationspolitik, Verfahren der Mitbestimmung, strukturelle und institutionelle Diskriminierung), durch externe unabhängige Personen: Methodisch sinnvoll wären hierbei Gruppendiskussionen mit homogenen Beschäftigungsgruppen (*multiperspektivische Herangehensweise*) zu den Themen/Fragen:

   1. Ausbildungs- und Arbeitsbedingungen und -belastungen.
   2. Gab es Veränderungen in den vergangenen Jahren?
   3. Gibt es Probleme und Schwierigkeiten zwischen Ausbildungsleitung, Ausbilder(inne)n und Auszubildenden?
   4. Gibt es Konflikte zwischen autochthonen und allochthonen Auszubildenden im Betrieb bzw. Diskriminierungserfahrungen im Ausbildungsalltag (vgl. Freyberg 1997, S. 36)?

   In der inhaltlichen Ausrichtung müssten im Projektkonzept Aspekte geschlechtsspezifischen Ausgrenzungsdenkens und -handelns berücksichtigt sein. Dabei sollte man sich nicht nur auf die Vermittlung von Wissen beschränken, sondern mit gruppenpädagogischen Übungen (Rollenspiel) arbeiten.

2. Gewachsene Strukturen im Betrieb sind potentielle Quellen von Diskriminierung, auf diese muss sich Antirassismus-Arbeit konzentrieren. Da man es meist mit status quo interessierten Gruppen zu tun hat, die an ihren Privilegien festhalten wollen, ist eine konfliktorientierte Herangehensweise vonnöten.

3. Bildungsarbeiterinnen und Bildungsarbeiter müssen sich positionieren, d.h. sich stark machen für mehr Chancengleichheit. Sie müssen sich einsetzen für eine positive Diskriminierung zur Stärkung der Schwächeren. Pädagogische Ansätze (z.B. „Kulturarbeit") können zur Ankurbelung ei-

nes Diskurses über Gleichberechtigungs- und Gleichheitsdefinitionen dienlich sein, wenn sie das Ziel der kollektiven Aushandlung von ‚gerechten' Regelungen zur ‚Gleichbehandlung' verfolgen.
4. Mit kurzzeitig angelegten Projekten ist es nicht getan. Wichtig ist eine kontinuierliche Präsenz im Betrieb mit dem Ziel der Einbindung von Auszubildenden in die betriebliche Interessenvertretung. Hierzu müssen Gesprächsrunden angeboten werden, die sich entlang von verschiedenen Berufsfeldern gründen. Ein wichtiger Aspekt ist hier nach wie vor die Aufklärung über die Rechte von Auszubildenden. Dabei müssen die spezifischen Lebensverhältnisse der Jugendlichen und ihre lebenslagenrelevanten Interessen sowie ihr verändertes Verhältnis zur institutionalisierten Vertretungspolitik stärker berücksichtigt werden (vgl. Birsl/Baumann 1993, S. 30).

Insgesamt gesehen, muss sich gewerkschaftliche Politik mehr auf gesellschaftliche Perspektiven ausrichten, es müsste das *soziale Prinzip* aktiv auf der tariflichen und gesellschaftlichen Handlungsebene vertreten werden: Beispielsweise in Form von Forderungen nach Arbeitszeitverkürzungen als Schlüssel von sozialen Utopien (vgl. Horn 1995, S. 493). Nur so kann Ausgrenzungen wirkungsvoll entgegengetreten werden. Hier besteht Handlungsbedarf für die Gewerkschaften, da sich gewerkschaftlich organisierte Jugendliche deutlicher von sozial schlechter gestellten Menschen distanzieren als unorganisierte Jugendliche.

Literatur

Ahlheim, Klaus u.a.(1993): Argumente gegen den Hass. Band 1 und 2. Bausteine und Textsammlung für Lehrende in der politischen Bildung. Bonn.
Altrichter, Herbert/Lobenwein, Waltraud/Welte, Heike (1997): PraktikerInnen als ForscherInnen. Forschung und Entwicklung durch Aktionsforschung. In: Friebertshäuser, Barbara/Prengel, Annedore (Hrsg.): Handbuch Qualitative Forschungsmethoden in der Erziehungswissenschaft. München/Weinheim, S. 640-660.
Becker, Jörg (1996): Zwischen Integration und Dissoziation. Türkische Medienkultur in Deutschland. In: Aus Politik und Zeitgeschichte, B.44-45, 25.10.1996, S. 39-47.
Birsl, Ursula/Baumann, M. (1993): Gewerkschaftliche Strategien gegen rechtsextremistische Orientierungen bei Auszubildenden. In: Die Mitbestimmung 4, S. 27-30.
Boal, Augusto (1979, 1989[11]): Theater der Unterdrückten. Übungen und Spiele für Schauspieler und Nicht-Schauspieler. Frankfurt a. M.
Bohnsack, Ralf (1997): Gruppendiskussion und Milieuforschung. In: Friebertshäuser, Barbara/Prengel, Annedore (Hrsg.): Handbuch Qualitative Forschungsmethoden in der Erziehungswissenschaft. München/Weinheim, S. 492-502.
Buchholz, Jürgen (1987): Von ‚Entwicklungspolitischer Bildung' zum ‚Interkulturellen Lernen' – Die Möglichkeiten des Deutungsmusteransatzes. In: U. Schmidt: Kulturelle Identität und Universalität. Interkulturelles Lernen als Bildungsprinzip (Pädagogik : Dritte Welt; Jahrbuch). Frankfurt a. M., S. 163-172.
Butler, Judith (1998): Hass spricht – Zur Politik des Performativen. Berlin.

Caglar, Gazi/Javaher-Haghighi (Hrsg.) (1998): Rassismus und Diskriminierung im Betrieb – Interkulturelle Verantwortung der Gewerkschaften Hamburg.
Cohen, Philip (1990): Gefährliche Erbschaften. Studien zur Entstehung einer multirassistischen Kultur in Grossbritannien. In: A. Kalpaka/N. Räthzel: Die Schwierigkeit, nicht rassistisch zu sein. Berlin, S. 81-144.
Cohen, Philip (1994): Verbotene Spiele. Theorie und Praxis antirassistischer Erziehung. Hamburg.
Dijk, Teun A. van (1992): Rassismus-Leugnung im Diskurs. In: Osnabrücker Beiträge zur Sprachtheorie, Nr. 46, S. 103-129.
Freire, Paulo (1973, 1987[11]): Pädagogik der Unterdrückten. Bildung als Praxis der Freiheit. Reinbek bei Hamburg.
Freyberg, Thomas von (1997): Quellen ethnischer Diskriminierung am Arbeitsplatz. Möglichkeiten betrieblicher Antidiskriminierungspolitik. In: isotopia. Forum für gesellschaftspolitische Alternativen 7, S. 35-41.
Gerhard, Ute (1992): Wenn Flüchtlinge und Einwanderer zu ‚Asylantenfluten' werden – zum Anteil des Mediendiskurses an rassistischen Progromen. In: Osnabrücker Beiträge zur Sprachtheorie, Nr. 46, S. 163-178.
Hall, Stuart (1994): Rassismus und kulturelle Identität. Hamburg.
Haug, Frigga (1993): Das Bild der anderen und die weibliche Angst. In: DAS ARGUMENT 202, S. 901-913.
Heitmeyer, Wilhelm/Olk, Thomas (1990): Individualisierung von Jugend. Gesellschaftliche Prozesse subjektiver Verarbeitungsformen, jugendpolitische Konsequenzen. Weinheim/München.
Held, Josef (1995): Politische Orientierungen Jugendlicher im Kontext gesellschaftlicher Veränderungen. In: Müller, S. u.a. (Hg.): Fremde und andere in Deutschland. Opladen, S. 117-132.
Horn, Hans-W. (1995): No times for losers. In: Gewerkschaftliche Monatshefte 8, 1995, S. 484-496.
Jäger, Margret und Siegfried (Hrsg.): Aus der Mitte der Gesellschaft (I-IV). Zu den Ursachen von Rechtsextremismus und Rassismus in Europa. Duisburg (DISS-Texte Nr. 20-23).
Klebert, Karin/Schrader, Einhard/Straub, Walter G. (1992): KurzModeration. Anwendung der Moderationsmethode in Betrieb, Schule, Hochschule, Kirche und Politik, Sozialbereich und Familie bei Besprechungen und Präsentationen. Hamburg.
Lamnek, Siegfried (1995): Qualitative Sozialforschung. Band 2: Methoden und Techniken. 3. korrigierte Auflage. Weinheim.
Memmi, Albert (1987): Rassismus. Frankfurt a. M.
Riepe, Gerd und Regina (1992): Du schwarz – ich weiß. Bilder und Texte gegen den alltäglichen Rassismus. Wuppertal.

Sebastian Goecke

Interkulturarbeit mit Jugendlichen – Auseinandersetzung einfordern!

Es ist festzustellen, dass sich gerade im Freizeitbereich eine Trennung und Abschottung zwischen deutschen und Jugendlichen ausländischer Herkunft vollzieht. Dabei bedingt sich diese Abschottung gegenseitig. Als Ausnahme könnten weitgehend unverbindliche, meist konsumorientierte Freizeitmöglichkeiten, wie Discos, Kino, Konzerte und Spielhallen gesehen werden, die jedoch auch oft in „nationalen" Gruppen genutzt werden, ohne das nähere Kontakte zu anderen Besuchergruppen bestehen. Auch Sportvereinen gelingt es teilweise „internationale" Mannschaften herzustellen, andererseits entstehen gegenläufig immer mehr nationale, z.B. türkische, marokkanische Sportvereine. Ein großer Teil der freien Zeit Jugendlicher ausländischer Herkunft spielt sich in ihren Familien und in Vereinen und Organisationen ihrer Heimatländer ab, ob Clubs, Vereinslokale, Moscheen, Feste (Familienfeste, religiöse Feiern u.ä.), zu denen deutsche Jugendliche kaum Zugang haben. Somit reduzieren sich intensivere Kontakte zwischen deutschen und Jugendlichen ausländischer Herkunft meist auf Schule und Beruf sowie teilweise auf das direkte Wohnumfeld.

Fragt man Jugendliche, warum sie sich verstärkt auf nationale Gruppen beschränken und wenig Interesse am Kontakt zu anderen Nationalitäten haben, kristallisieren sich verschiedene Argumente heraus:

– bestehende gegenseitige Vorurteile
– Ausländerhass (auch von Ausländern)
– Verschiedenartigkeit der Kulturen
– Vermeidung von Stressfaktoren durch Andersartigkeit
– Gefühl von Stärke durch Gruppenzugehörigkeit

Jugendliche ausländischer Herkunft erleben täglich ihre schizophrene Situation zwischen zwei Kulturen. Eine ständige Auseinandersetzung zu führen mit ihrem kulturellen Denken, ihren religiösen Prinzipien, ihrer Art und Weise, Sexualität auszuleben bzw. nicht ausleben zu können, heißt ständige Selbstzweifel, ständiges Selbstinfragestellen und Infragegestellt werden und ständige Entscheidungsanforderungen.

In nationalen Gruppen wird zumindest ein gewisses Maß an Solidarität und Verständnis für die eigene Situation vorausgesetzt. Jugendliche, ob deutscher oder ausländischer Herkunft, weisen gerade in der Adoleszenzphase einen eindeutigen Drang zur Cliquenbildung und Separierung von anderen Gruppen auf, was zur Selbstfindung und andererseits zur Selbstabgrenzung benötigt zu werden scheint. Für jeden Jugendlichen ist die Adoleszenzphase mit der Problematik der Selbstfindung, Selbstbestimmung und der Entdeckung und der Entwicklung der eigenen Sexualität verknüpft, dies sicherlich auf dem Hintergrund unterschiedlicher Sozialstrukturen.

Voraussetzung der Entwicklung interkultureller Konzepte

Die Entwicklung neuer Konzepte bedarf der Berücksichtigung aktueller Entwicklungen im Jugendbereich. Bei der Generation Jugendlicher ausländischer Herkunft, die derzeit Klientel der pädagogischen Arbeit sind, handelt es sich primär um Jugendliche, die den größten Teil ihres Lebens, ihrer Sozialisation und Entwicklung in der Bundesrepublik verlebt haben, wenn sie nicht hier geboren sind. Dies lässt den Schluss zu, dass die Entwicklung der Gruppen deutscher und Jugendlicher ausländischer Herkunft in ihrer Sozialisation parallel verlaufen und viele Voraussetzungen damit gleich sind.

Für deutsche Jugendliche hat die „Ausländerproblematik" nur Relevanz, wenn sie in ihrem täglichen Leben, bedingt durch Wohnumfeld, Schule, Beruf und Freizeitverhalten zur Auseinandersetzung mit Jugendlichen ausländischer Herkunft „gezwungen" sind oder durch Außeneinflüsse (Medien, Cliquen, Eltern, Schule u.ä.) dazu gebracht werden. Auffällig ist, dass z.B. in Gebieten und Stadtteilen, in denen Deutsche und Bürger ausländischer Herkunft intensiver zusammenleben, die „Ausländerfeindlichkeit" eher geringer ist und sich oft eine von beiden Seiten als angenehm empfundene Form des Zusammenlebens entwickelt hat.

Für viele deutsche Jugendliche hat die „Ausländerproblematik" kaum persönlichen Bezug und Bedeutung in ihrem alltäglichen Leben. Sie sehen oft die Notwendigkeit einer Auseinandersetzung mit Bürgern ausländischer Herkunft nicht, weil sie in ihrem Alltag kaum etwas mit dieser Gruppe zu tun haben und ein oft vorurteilsbeladenes „Wissen" den Anschein gibt, weitestgehend informiert zu sein. Somit existieren meist festgesetzte Meinungen zu Bürgern ausländischer Herkunft, die man auch nicht in Frage gestellt sehen möchte.

So gibt es schon innerhalb einer Stadt regionale Unterschiede in Bezug auf Höhe des „Ausländeranteils" und der Sozialstruktur bestimmter Stadtgebiete, die sehr unterschiedliche Ausprägungen von Auseinandersetzungen und gegenseitigen Einschätzungen beider Gruppen bedingen und notwendigerweise in einer Konzeptionierung interkultureller Angebote berücksichtigt werden muss.

Interkulturarbeit – Die Notwendigkeit neuer Herangehensweisen

Alle Ansätze zur Interkulturarbeit weisen teilweise gravierende Unterschiede in Begrifflichkeiten und Zielsetzungen auf, was sich an Definitionsstreitigkeiten von Worten wie „Interkulturarbeit" und „Multikulturelle Arbeit" gut festmachen lässt.

Definiert werden die Begriffe häufig unter den Interessensaspekten der jeweils Definierenden und die Diskussion verschiedener Begriffe dieses Arbeitsfeldes lassen schnell erkennen, welches Interesse und ob überhaupt ein Interesse der Autoren an einer Modifizierung des Zusammenlebens Deutscher mit Bürgern ausländischer Herkunft besteht. Auch lässt sich oft erkennen, dass verschiedene Ansätze kaum überprüfen, welches Interesse oder ob überhaupt ein Interesse bei Bürgern ausländischer Herkunft an einer solchen Arbeit vorhanden ist. Vielmehr wird häufig davon ausgegangen, dass es eine „Ausländerproblematik" gibt und sozialintegrative Lösungen gefunden werden müssen, um scheinbare bzw. real existierende Problemlagen zu bearbeiten.

„Ausländerfeindlichkeit" schwebt als äußerst negativ besetzter Begriff über allem. Ausländerfeindlichkeit darf es nicht geben, schon aus der deutschen Geschichte heraus nicht, also muss etwas dagegen getan werden. Dass es eine Ausländerfeindlichkeit auch bei Bürgern ausländischer Herkunft gibt, wird dabei häufig vergessen bzw. nicht berücksichtigt. Nicht mithalten können viele interkulturelle Ansätze mit aktuellen Trends. So ist zum Beispiel feststellbar, dass sich in weiten Teilen in Jugendszenen eine Art „Internationalismus" entwickelt (nicht zuletzt bedingt durch Jugendmedien wie Musiksender, Jugendzeitschriften und Computer). So gilt es inzwischen teilweise unter Jugendlichen als chic, sich in multinationalen Gruppen zu bewegen.

Viele Ansätze der Interkulturarbeit gehen zudem von einem Fremdheitsbegriff aus. Bürger ausländischer Herkunft werden über ihr Fremdsein definiert. Fremdsein impliziert Begriffe wie Andersartigkeit, Befremden, Ungewohntsein, Nichtangepasstsein. Fremdes schürt Angst, Fremdes heißt sich auf Neues, Ungewohntes einlassen zu müssen, sich davor schützen, abschotten zu müssen.

Aus dieser Herangehensweise ergibt sich, dass in der Interkulturarbeit oft die Integration, Annäherung und Vorurteilsbearbeitung als Ziel formuliert wird.

Das, was gemeinhin Interkulturarbeit genannt wird, sind häufig Feste oder Internationale Begegnungen, die durch Essen, Volkstanz, Kulturprogramm u.ä. anderer Länder, andere Sitten und Gebräuche vorstellen wollen, mit dem Ziel, Verständnis für die Andersartigkeit zu entwickeln und durch gemeinsame Feste Integration zu fördern.

Jedoch ist davon auszugehen, dass Besucher dieser Feste meist Deutsche sind, die sowieso schon Kontakte zu Bürgern ausländischer Herkunft haben bzw. die in den Kontakten zu dieser Gruppe keine Probleme sehen. Auch die teilnehmenden Bürger ausländischer Herkunft sind meist die Angehörigen der jeweiligen Nationalität, mit der gefeiert wird und die oft nur aufgrund der Zugehörigkeit zu bestimmten Vereinen die Notwendigkeit ihrer Präsenz sehen. Zu einer Mischung von Besucher verschiedenster nationaler Herkunft kommt es hierbei selten oder wenn eher zufällig.

In der gesamten Diskussion wird viel zu selten die Frage aufgeworfen, ob von Seiten der Bürger ausländischer Herkunft überhaupt ein Interesse an Integration bzw. an welchem Maß von Integration besteht.

Eine Auseinandersetzung über die Problematik des Zusammenlebens findet meist gar nicht oder nur in Ansätzen statt. Die Herstellung gemeinsamer Diskussionen und ein Austausch, der sich nicht allein an der „Ausländerproblematik" festbeißt, geschieht viel zu wenig.

Interkulturarbeit – Suche nach neuen Ansätzen

Bessere Nutzung bestehender Foren

Schule, Beruf und Jugendarbeit, in deren Rahmen deutsche und Jugendliche ausländischer Herkunft aufeinander treffen, bieten die Möglichkeit Situationen einer Auseinandersetzung herzustellen, die über das normale Maß alltäglicher Begegnung hinaus gehen. Es gilt diese Foren besser zu nutzen und in diesen andere Formen von Begegnungsqualität zu entwickeln. Bei Schulen bestehen z.B. allein aus der Interessengemeinschaft der Eltern für optimale Lernbedingungen der Kinder Möglichkeiten, eine andere Qualität von Kontakten herzustellen als es üblicherweise geschieht.

Warum wird Elternarbeit so selten genutzt, um Unterschiedlichkeit und daraus entstehende Ängste deutscher und Eltern ausländischer Herkunft zu thematisieren? Bestehen nicht auch von offizieller Seite zu viele Ängste und Vorbehalte vor Auseinandersetzung?

Erleichtern würde schon, wenn es bereits in der Konzeptionierung von Interkulturarbeit gelänge, Fremdes mit positiven Begriffen wie „neugierig machend", „spannend" und „weiterbringend" zu besetzen. Andererseits kann und darf Interkulturarbeit nicht bestehende Probleme des Zusammenlebens von deutschen und Bürgern ausländischer Herkunft ausblenden. Tut sie dies, wird sie oberflächlich bleiben.

Interkulturarbeit muss verfolgt werden mit dem Ziel der Herstellung von Ebenen des Zusammenlebens von Deutschen und Bürgern ausländischer Herkunft. Dies kann nur geschehen durch die Auseinandersetzung mit dem jeweiligen Gegenüber, durch Aneignen von Wissen und der Erarbeitung von gegenseitiger Akzeptanz und Toleranz. Zu bearbeiten sind hierbei die eigenen und fremden Vorurteile und Sichtweisen. Es muss gelingen von gruppencharakterisierenden Vorurteilen zu auf Einzelpersonen und -situationen bezogenen Sichtweisen zu gelangen. Zu berücksichtigen sind hierbei die sozialen Zusammenhänge der Zielgruppen, die Lebenshintergründe der Einzelnen sowie deren Interessenlagen.

Ziel von Interkulturarbeit kann und darf nicht die Integration und Anpassung sein. Es muss ihr vielmehr gelingen, die Aspekte der Vielfalt und die Möglichkeiten, die sich durch ein Zusammenleben ergeben, in den Vordergrund zu heben. Gerade die Entwicklung und Beibehaltung einer Eigenständigkeit und einer klaren Identität sind Grundvoraussetzungen einer selbstbestimmten Lebensplanung und -gestaltung, die wiederum Grundlage einer offenen und gleichberechtigten Auseinandersetzung ist. Nur so lässt sich ein gleichwertiges Miteinander, Akzeptanz und Toleranz herstellen.

Interkulturelle Arbeit mit Jugendlichen
Projektbeispiele aus Wuppertal

Ziel aller im folgenden beschriebenen Projekte ist, basierend auf einer Umsetzung des emanzipatorischen Ansatzes der Jugendarbeit, den Jugendlichen Möglichkeiten der Selbstentwicklung und -findung zu bieten, in dem Experimentierfelder hergestellt werden, die eine Auseinandersetzung mit eigenen Fähigkeiten, Fertigkeiten, eine Auseinandersetzung mit anderen Nationalitätengruppen und der Öffentlichkeit herstellen.

Voraussetzung hierbei ist parteilich für die Jugendlichen zu arbeiten, sie deren Interessen entwickeln und umsetzen zu lassen, auch wenn diese nicht immer mit Interessen der Pädagogen übereinstimmen.

Versucht werden soll durch diese Projekte, deutsche und Jugendliche ausländischer Herkunft zu einer anderen Ebene von Auseinandersetzung zu führen und durch gemeinsames Erarbeiten zu einer Modifizierung des Verhältnisses beider Gruppen zu gelangen.

Ausgegangen wird dabei von der These, dass nur persönliche Auseinandersetzung ermöglicht, Sichtweisen und Vorurteile zu modifizieren oder überhaupt in Frage zu stellen. Um dies zu erreichen, muss es gelingen, eine Form von Offenheit beider Seiten herzustellen, damit die Auseinandersetzung nicht oberflächlich bleibt. Besonderes Ziel dieser Projekte ist, mit diesen Projekten nicht nur schon interessierte Jugendliche zu erreichen, sondern vor allen Dingen Gruppen anzusprechen, die sich bisher solchen Auseinandersetzungen entzogen haben. Dies wird besonders in Projekten an Schulen und durch Öffentlichkeitsarbeit, teilweise mit den erarbeiteten Produkten der Projekte versucht.

Die Art der Projekte ist äußerst breit gefächert und erstreckt sich von der täglichen Arbeit in den Einrichtungen über längerfristige Angebote im Stadtteil bis hin zu Großveranstaltungen und Kooperationsprojekten mit Schulen. Grundprinzip ist zu versuchen, bestehende, gemeinsame Interessensebenen zu eruieren, die eine Auseinandersetzung über das normale Maß hinaus fordern.

Viele der Projekte entstanden aus Ideen von Jugendlichen, die mit Unterstützung der Mitarbeiter umgesetzt wurden. Ebenso werden Projekte realisiert, in denen Themen vorgegeben werden, die gemeinsam bearbeitet werden.

Medienprojekte bilden einen Schwerpunkt, da diese den Jugendlichen die Möglichkeit bieten, durch eine Präsentation ihrer Produkte Öffentlichkeit in der Einrichtung, Schule, im Stadtteil, im gesamten Stadtgebiet und darüber hinaus zu erhalten und sich mit den Konsumenten und deren Reaktionen auseinanderzusetzen.

Die Art der Projekte ist vielfältig: Diskussionsveranstaltungen, Video- und Fotoprojekte, Theaterarbeit, Unterstützung von Musikgruppen, Ausstellungen, Projekte mit Schülern, Fortbildungen für Lehrer, abenteuerpädagogische Angebote bis hin zu Großprojekten im Stadtteil und Parties.

Bei allen Projekten halten wir es für ein legitimes Recht, um eine Offenheit in der Auseinandersetzung zu erreichen, auch gezielte Provokation und Überzeichnung einzusetzen. Zu interkultureller Erziehung gehört die Fähigkeit zu lernen, sich von Vorurteilen zu distanzieren, gleichzeitig jedoch zu gewissen Überzeugungen weiterhin stehen zu können. In dieser Arbeit kann und darf man nicht gewisse „heikle" und besonders vorurteilsbelastete Aspekte (z.B. Vorurteile über das Frauenbild in islamischen Kulturen oder den Rassismus von Bürgern ausländischer Herkunft gegen Deutsche oder andere „ausländische" Gruppen) außen vor lassen, weil sonst ein gegenseitiges Verständnis nie erreicht werden kann. Es muss gelingen die Abschottung beider Seiten aufzubrechen.

Offene Jugendarbeit ist ein hervorragendes Forum, solche Projekte zu realisieren, Auseinandersetzung zu fördern und zu fordern, um damit das Zusammenleben der Kulturen zu verbessern.

Projektbeispiele[1]

des Hauses der Jugend, Bergstrasse, Wuppertal

„*Erlebnisse statt Gewalt"*
(Videoprojekt des AK Nordstadt unter Beteiligung von sieben weiterführenden Schulen des Stadtteils, dem Medienprojekt Wuppertal und zwei Jugendeinrichtungen)

An jeweils zwei Tagen treffen sich im Haus der Jugend, Bergstrasse je zehn Schüler der beteiligten Schulen, um in schulgemischten Gruppen Videos zu bestimmten Themen zu erarbeiten. Die geschieht unter Anleitung von Me-

---

1 Bei den hier aufgeführten Beispielen handelt es sich nur um eine kleine Auswahl. Genauere Projektbeschreibungen und ausführlichere Informationen zu weiteren Angeboten sind erhältlich bei: Haus der Jugend/Sebastian Goecke/ Bergstrasse 50/42105 Wuppertal/Fax:0202/5638096/Tel.:0202/5636295

Interkulturarbeit mit Jugendlichen

dienpädagogen des Medienprojektes Wuppertal. In einem gemeinsamen Vorplenum werden Themenschwerpunkte erarbeitet, denen sich die Schüler nach Interessenlagen zuordnen können. Gemeinsam wird dann in Kleingruppen weitergearbeitet, ein Drehbuch entwickelt und dann filmisch umgesetzt. Nach vier Tagen werden die Videos mit den Jugendlichen geschnitten. In der Folgewoche werden die produzierten Videos zunächst in einer Sondervorführung in einem öffentlichen Kino uraufgeführt, danach in der Aula einer Schule allen Schülern der beteiligten Jahrgangsstufen aller Schulen präsentiert. Neben einer weiteren Bearbeitung der Filme im Unterricht der einzelnen Schulen werden die besten Filme zu überregionalen Wettbewerben eingereicht und dort präsentiert. Viele der produzierten Filme haben teilweise bundesweite Wettbewerbe gewonnen. Zudem werden Kopien der Filme Stadt- und Landesbildstellen als Bildungsmaterial zur Verfügung gestellt.

„Nordpool"
Zeitungsprojekt des AK Nordstadt

In Zusammenarbeit mit allen beteiligten Organisationen wurde eine in einer Auflage von zehntausend Stück erscheinende Stadtteilzeitung konzipiert, in der Kindern und Jugendlichen die Möglichkeit geboten wird, von ihnen produzierte Artikel, Comics und Gedichte zu veröffentlichen, sich zu Problemen im Stadtteil zu äußern und eigene Vorschläge zur Verbesserung des Zusammenlebens im Stadtteil einzubringen. Flankierend zum Erscheinen der Zeitungen werden Computer- und Schreibkurse angeboten und Multiplikatoren zur Betreuung der einzelnen Redaktionsgruppen in den beteiligten Einrichtungen angeboten.

Die Zeitung wird im gesamten Stadtteil kostenlos verteilt und ist inzwischen wichtiges Informationsorgan für verschiedenste Gruppen und Aktivitäten im Stadtteil.

Eritrea Projekt
Projekt des Hauses der Jugend, Bergstrasse

Im Sommer 1997 fuhr eine Gruppe des Hauses der Jugend, bestehend aus fünf in Deutschland lebenden Eritreern und vier deutschen Jugendlichen nach Eritrea, um vor Ort die Lebenssituation in Eritrea zu erforschen. Besonderer Aspekt des Projektes war die Frage der Rückkehrwünsche und -vorstellungen in Deutschland lebender Jugendlicher ausländischer Herkunft. Ausgewertet wurde diese Reise in Videos, Fotoausstellungen und Diavorträgen in Deutschland präsentiert.

„Hitan" – Der Beschneidungsfilm

Die Idee zum Film entstand in der Diskussion einer internationalen Jungengruppe zum Thema „Beschneidung von Männern". Es stellte sich heraus, dass es über Hintergründe von Beschneidung sehr unterschiedliche Meinungen gab. So wurde beschlossen nachzuforschen. Interviewt wurden ein Iman, ein Arzt, eine Islamwissenschaftlerin und eine Familie, die ihren Sohn beschneiden lassen wollte. Ebenso wurde eine Beschneidung gefilmt.

Ziel des Filmes war für die Jugendlichen, zunächst selbst mehr über das Thema zu erfahren und andererseits andere Jugendliche über das Thema zu informieren und bestehende Vorurteile und Unwissenheit zu bearbeiten.

Der Film wurde in öffentlichen Kinos und Schulklassen im Beisein der Macher aufgeführt und anschließend diskutiert. Auf mehreren Wettbewerben erhielt der Film Preise und wird inzwischen über diverse Medienverleihe bundesweit als Bildungsmittel vertrieben.

Berrin Özlem Otyakmaz

Aspekte interkultureller Mädchenarbeit

Einleitung

Die Lebenssituation von jugendlichen Migrantinnen ist ebenso vielschichtig wie die Lebenssituation von deutschen Mädchen und jungen Frauen. Sie machen positive wie negative Erfahrungen, haben Erfolge und Misserfolge. Ebenfalls vielschichtig sind die Konflikte, die aus ihren Lebenssituationen erwachsen. Sie haben Konflikte mit ihren Eltern, haben Liebeskummer, Stress mit den Freund(inn)en, Schulprobleme, Pubertätskonflikte und Identitätsfindungsschwierigkeiten. Im Gegensatz zu jungen deutschen Frauen und Mädchen werden ihre Probleme allerdings oftmals reduziert als Folge des Aufwachsens mit zwei verschiedenen Kulturen begründet. Als das zentrale Problem der jungen Frauen und Mädchen wird der Kulturkonflikt genannt. Darunter wird verstanden, dass zwei unterschiedliche Kulturen mit unterschiedlichen Wertmaßstäben aufeinander treffen, sich unvereinbar und unveränderbar gegenüberstehen und zum Entscheidungskonflikt zwischen erstrebter und verhafteter Kultur führen (Castelnuovo 1990). Hätten die Mädchen die Wahl, „zwischen den Kulturen" zu entscheiden, würde die Entscheidung eindeutig zugunsten einer deutschen Lebensweise fallen, denn es wird allgemein angenommen, dass junge Migrantinnen die Kulturen ihrer Eltern als fremd und ablehnenswert empfänden und gezwungen seien, sich den Reglements der Eltern wenigstens äußerlich zu unterwerfen. Eine andere ebenso deutbare wie mögliche Perspektive, dass Mädchen mit Migrationshintergrund die deutschen Normen und Werte als fremd empfinden und sie ablehnen und daher die Verhaltenserwartungen von deutscher Seite als Druck empfinden, wird ebensowenig thematisiert wie eine dritte Variante, dass ein individuelles Aussuchen, Ausbalancieren, Vermischen, Transformieren und Abändern kultureller Normen und Werte möglich sei.

Selbstverständlich gibt es auch bei Migrantinnen Problemfälle, die zwecks Lösungsfindung professioneller Unterstützung bedürfen. In der Regel jedoch werden ihre Konflikte von Praktiker(inne)n und Theoretiker(inne)n der Mehrheitsgesellschaft generalisiert und als kulturspezifisches Charakteristikum auf die gesamte Gruppe übertragen. Es darf aber nicht vergessen werden, dass nur diejenigen psychosoziale Einrichtungen aufsuchen, bei denen sich – zumindest in Teilbereichen ihres Alltags oder zu bestimmten Lebensperioden – Schwierigkeiten in der Lebensbewältigung einstellen und dass nicht das Leben in und mit verschiedenen Lebenswelten an sich das Problem darstellt, welches es zu überwinden gilt. Schließlich überwiegt die Anzahl von Menschen mit bi- oder multikultureller Lebenssituation, die ihren Alltag zu ihrer Zufriedenheit gestalten, von daher meistens nicht auffallen, und als nicht „Auffällige" keinen Kontakt zu Beratungsstellen haben. Hier zeigt sich, dass es erforderlich ist, mehr Wissen über diese „gelingenden" Lebensverläufe von Kindern aus Migrationsfamilien zu erlangen und nicht als Vergleich lediglich eine „deutsche" Normalbiographie zugrunde zu legen.

Die Vorstellung der psychisch belasteten und hilflosen Mädchen aus Migrationsfamilien, die „wenig Zukunftsperspektiven und kaum Möglichkeiten zur aktiven Lebensgestaltung" haben und ihrer Situation hilflos ausgeliefert" seien (Dittmann/Kröning-Hammer 1986; König 1989) ist strittig. Einerseits ist zu kritisieren, dass auch neuere Studien und Darstellungen in vielen Fällen auf Einzelfallberichten oder Kasuistiken – häufig beruhend auf der selektiven Erfahrung von Mitarbeiterinnen in Kriseneinrichtungen – basieren, ohne sich auf eine breitere empirische Basis berufen zu können. Andererseits gelingt es nur wenigen Autor(inn)en, sich in ihrer Darstellung und Beurteilung der Lebenslagen von Mädchen und jungen Frauen aus Migrationsfamilien von ihren persönlichen Überzeugungen und weit verbreiteten Stereotypen zu lösen. Diese Perspektive verstellt jedoch bei tatsächlich vorhandenen Problemen der jungen Frauen allzu häufig den Blick für eine individuelle und situationsadäquate Analyse ihrer Konflikte und somit auch eine passende Lösungsfindung. Darüber hinaus lässt die Fokussierung auf den Kulturkonflikt als zentrales Problem der jungen Frauen und Mädchen außer Acht, dass es tatsächlich ein wichtiges lebensweltrelevantes Unterscheidungsmerkmal zwischen jungen Frauen und Mädchen aus Migrationsfamilien und jugendlichen Deutschen gibt – die rassistische Diskriminierung. Denn trotz gemeinsamen Aufwachsens im selben Land, trotz ähnlicher Interessen und Lebensgefühle, wird die Zugehörigkeit der einen zu diesem Land sowohl auf gesetzlicher wie auch auf gesellschaftlicher Ebene permanent in Frage gestellt. Da das Thema Rassismuserfahrungen von jugendlichen Migrantinnen selten behandelt wird, will ich in einem Exkurs darauf etwas detaillierter eingehen, denn die Einsicht in diese für die Betroffenen prägende Lebenserfahrung bietet einen wichtige Grundlage für die Arbeit mit Jugendlichen mit Migrationshintergrund.

Exkurs: Rassismuserfahrungen

Migrantinnen machen im Laufe ihrer Biographie zahlreiche Erfahrungen von rassistischen Diskriminierungen. Diese Erfahrungen können von unterschiedlicher Qualität sein und individuell unterschiedlich erlebt werden. Sie

Aspekte interkultureller Mädchenarbeit

haben auf jeden Fall negative und belastende Konsequenzen für die Betroffenen.

„Diese Erfahrungen erzeugen Reaktionen, die konstitutiv für die Qualität der Rassismus-Erfahrung sind: Wut, Entsetzen, Hass, Verbitterung, ‚reaktiver Rassismus' sind Reaktionsmodi, ebenso wie Angst, Verzweiflung, Unsicherheit, Schreckhaftigkeit und Scham. Letztere ist wohl eine der perfidesten Auswirkungen des Rassismus: Die Opfer schämen sich ihrer Haut und ihres Aussehens." (Mecheril 1995, S. 104).

Rassismuserfahrungen können zu Depressionen, sozialer Ängstlichkeit und Selbstwertproblematik bei den Betroffenen führen. Rassismus hat viele Gesichter und kann sich auf vielerlei Arten zeigen. Rassismus kann sich als offene gewalttätige Attacke auf Leib und Leben äußern. Rassismus kann aber auch subtil als permanente Abwertung und Infragestellung des Gegenübers daherkommen. Rassismus richtet sich gegen jene Personen, denen aufgrund körperlicher oder sozialer Merkmale ein biologisches, kulturelles oder ethnisches Anderssein zugeschrieben wird. Erst in Verbindung mit der Macht, gesellschaftliche Ausgrenzung zu betreiben, führt Rassismus zu den fatalen Konsequenzen für die Betroffen. Wer über Macht verfügt, hat die Möglichkeit, die andere oder den anderen körperlich zu misshandeln, hat die Gelegenheit, dem oder der anderen Möglichkeiten zu verwehren, hat die Mittel, den oder die anderen zu definieren und auf Bilder festzulegen, ihm oder ihr die Chance zu nehmen sich selbst darzustellen. Wer über Definitionsmacht verfügt, hat darüber hinaus die Möglichkeit, Rassismus zu leugnen, zu verschleiern, die Betroffenen an ihrer Wahrnehmung zweifeln zu lassen, ihnen böswillige Unterstellung vorzuwerfen oder sie glauben zu lassen, gewalttätiges oder diskriminierendes Verhalten ihnen gegenüber hätte etwas mit ihren ganz persönlichen Defiziten zu tun.

Offene rassistische Übergriffe

Die sichtbarste Form von Rassismus bilden offene verbale oder körperliche Attacken. Diese Erscheinungsform des Rassismus ist besonders seit den Mord- und Brandanschlägen Anfang der Neunziger von der allgemeinen Öffentlichkeit bewusst wahrgenommen worden. Für viele Migrant(inn)en gehörten gewalttätige Übergriffe leider auch in den Jahren zuvor schon zu ihrem negativen Erfahrungsrepertoire:

„Besonders kann sie ein Erlebnis schildern, als im Unterricht das Thema ‚Ausländer' besprochen wurde. Sie sollte vor die Klasse treten und Fragen beantworten, wobei die MitschülerInnen sie mit gemeinen Fragen und Beschimpfungen so ‚fertiggemacht' haben, dass sie weinen und ‚mit zitternden Knien' die Klasse verlassen musste. Es kam auch zu körperlichen Attacken gegenüber Zehra, in deren Verlauf sie ein Bein brach. Obwohl sie schulische Erfolge hatte, resignierte sie angesichts des von Ausnahmen abgesehen feindlichen Verhaltens ihrer MitschülerInnen." (Riesner 1991, S. 76).

Leider werden derartige Erfahrungen der Betroffenen allzu häufig heruntergespielt. Die Autorin, die die im obigen Beispiel betroffene junge Frau selbst interviewt hat, fasst die massiven rassistischen Attacken, die sich neben permanenter psychischer Infragestellung und Destabilisierung, sogar in Form von körperlicher Gewaltanwendung äußern, in ihrem abschließenden Überblick lapidar zusammen:

„Bei den Frauen der ersten Gruppe war die schulische Situation im Vergleich eher so, dass sie innerhalb des Klassenverbandes stärker isoliert waren und *teilweise Ablehnung von MitschülerInnen und LehrerInnen verspürten* [Hervorhebung d.V.]. Das führte zu einer verstärkten Distanzierung von deutschen Gleichaltrigen (und somit auch von deren Einstellungen und Verhaltensweisen) und einer Stabilisierung des Zugehörigkeitsgefühls zur eigenen nationalen Gruppe" (Riesner 1991, S. 76).

Die erfahrene rassistische Gewalt als von den Frauen *verspürte*, d.h. vielleicht „nur" subjektiv wahrgenommene, *teilweise Ablehnung* zu umschreiben, ist zynisch und ignorant.

Verwehrung beruflicher Möglichkeiten

Rassismus gegenüber Migrant(inn)en zeigt sich neben den direkten Angriffen auch in der Verwehrung von Möglichkeiten bei dem Erwerb schulischen Bildung und beim Zugang zum Ausbildungs-, Arbeits- und Wohnungsmarkt. Diese Erfahrungen können junge Migrant(inn)en persönlich während ihrer Schulzeit oder bei der Suche von Ausbildungsplätzen machen oder als Erfahrung ihrer Familie oder anderer nahestehender Personen vermittelt bekommen:

„Die Erinnerungen an ihre Schulzeit sind bei dieser Gruppe von Frauen – besonders von Zehra und Hanife – negativ geprägt: Hanife fühlte sich schon von ihrer Grundschullehrerin benachteiligt. Obwohl sie selbst den Wunsch hatte, ein Gymnasium zu besuchen, verhinderte die Grundschullehrerin dies durch Einschüchtern der Eltern" (Riesner 1991, S. 75).

Auch diese Art von rassistischer Diskriminierung wird allzu oft kaschiert. Trotz Schilderungen wie obiger kommt die Autorin zu dem Schluss, dass der Besuch der Hauptschule „unabhängig von guter schulischer Leistung" größtenteils auf die Uninformiertheit der Eltern über das deutsche Schulsystem zu führen sei (ebd., S. 162).

Verwehrung von Staatsbürgerinnenrechten und politischer Partizipation

„Die politische Anerkennung des Subjekts ist das demokratische Mittel, mit dem versucht wird, Menschen die Möglichkeit zu geben, ihr Leben selbst zu gestalten. Forderungen nach Handlungsfähigkeit und gesellschaftlicher Partizipation sind die entscheidenden Punkte der demokratischen Anerkennungspolitik des Individuums als politisches Subjekt (...). Das Defizit an politischen Rechten der Partizipation, das sich dadurch für Migranten und nichtdeutsche Bürgerinnen ergibt, macht deutlich, dass Menschen mit einem nicht-deutschen Pass in der Bundesrepublik Deutschland über einen nur eingeschränkten Subjektstatus verfügen können. Ihre Handlungsfähigkeit, der durch Strukturen sozialer Anerkennung vorgegebene Rahmen, in dem Migrantinnen politischen Einfluss auf die Gestaltung ihrer eigenen Lebenswelt nehmen können, ist grundsätzlich eingeschränkt" (vgl. Mecheril, Miandashti & Kötter 1997, S. 563ff.).

Jungen Migrantinnen wird also die Anerkennung als politisches und gesellschaftliches Subjekt verweigert und Mündigkeit im Sinne des Gesetzes abgesprochen. Die Verweigerung dieser Anerkennung kann zum identitätsgefährdenden Risiko werden, denn das Selbstkonzept eines Menschen entwickelt sich im Wechselspiel zwischen den eigenen Bildern über sich selbst und den Bildern, die andere über eine/einen zurückspiegeln. Wird von außen der Subjektstatus nur bedingt zuerkannt, so können die Selbstbilder auch nur ein Individuum wiedergeben, welches nur bedingt anerkennenswert ist. Als ein weiterer Bedingungsfaktor psychischer Gesundheit wird die Möglichkeit angesehen, das eigene Lebensumfeld beeinflussen, verändern und kontrollieren zu können. Wem diese Möglichkeit verwehrt wird, der fühlt sich seiner Umwelt ausgeliefert und hilflos. Es gibt für Migrantinnen kaum Möglichkeiten aus dieser Situation der Hilflosigkeit herauszutreten, denn auch wenn sie in Deutschland geboren und aufgewachsen sind und sich allen Assimilierungsanforderungen unterworfen haben, wird ihnen die Erlangung der deutschen Staatsbürgerschaft und damit einhergehend das aktive und passive Wahlrecht nach wie vor erschwert bzw. verwehrt. So können sich junge Migrantinnen noch sehr von ihrer Herkunftsfamilie entfernen und sich selbst mit ihren deutschen Freund(inn)en identifizieren, deutsch sprechen, deutsch denken, deutsch träumen und sich als Deutsche fühlen.

„Aber selbst bei einer radikalen Lösung aus ihrem Elternhaus liessen die Verhältnisse eine solche Identifikation nicht zu. Das liegt hauptsächlich daran, dass ihr die politischen Mitwirkungsrechte vorenthalten werden" (Farideh Akaseh-Böhme 1997, S. 46).

Zuschreibung von Anderssein – Infragestellung des Normalseins

Eine subtile Form von Rassismus stellt die permanente Zuschreibung des „Anders-Seins" dar. Migrantinnen machen in der Regel die Erfahrung von den Mitgliedern der Mehrheit als „Andere" beschrieben zu werden. Den „Anderen" werden dabei verschiedene – meistens negative – Eigenschaften unterstellt. Dieser Zuschreibung liegt ein dialektischer Prozess zugrunde. Denn dem britischen Soziologen Miles zufolge „funktioniert der Rassismus als ein Spiegel, in dem die negativen Merkmale des Anderen als positive Merkmale des Selbst zurückgeworfen werden" (Miles 1989, S. 359).

Sowohl in alltäglichen Begegnungen als auch im Kontakt mit der für Kinder und Jugendliche relevantesten Institution gesellschaftlicher Norm-

und Normalitätsvermittlung, der Schule, erfahren junge Migrantinnen, dass sie anders, fremd, nicht dazugehörig sind. Sie werden in der Schule damit konfrontiert, dass die Herkunftskulturen und die Lebensrealität ihrer Familien implizit oder explizit als minderwertig oder normabweichend dargestellt oder schlichtweg ignoriert wird. Die Curricula gehen selten von der Realität einer pluralen Einwanderungsgesellschaft aus, sondern sind in Sprache wie Inhalt monokulturell ausgerichtet. Die Unterrichtsinhalte sind orientiert an deutscher „Normalität" und Unterrichtssprache ist Deutsch. Die Lehrer/innen stolpern über die Aussprache der Namen, selten können Migrant(inn)enkinder ihre Namen in Schulbüchern wiederfinden. Die Kinder in den Büchern sehen meistens anders aus als die jungen Migrantinnen – und ihre Mütter und Väter dieser Kinder müssen nicht zum Ausländeramt. Wird im Unterricht etwas über den Lebensalltag von Migrant(inn)en erzählt, dann in einer Art, die diese als erstaunliche Kuriosität darstellt. Mit den „Augen des Ethnologen" wird über religiöse Feiertage oder über Essgewohnheiten berichtet, um zu betonen wie unterschiedlich die Kulturen sind und dass man tolerant miteinander umgehen muss: „Folkloristische Aspekte werden überbetont, (...) (es) wird die ethnologische Brille aufgesetzt, eine gewisse Distanz geschaffen und das Trennende unterstrichen..." (Senocak 1992). Zielgruppe sind nicht deutsche Kinder und Migrant(inn)enkinder gemeinsam, sondern das deutsche Kind wird über seine andersartigen Klassenkamerad(inn)en aufgeklärt. Bei diesem Aufklärungsprozess wird Migrant(inn)enkindern nebenbei die Botschaft vermittelt, wie anders, abweichend und minderwertig ihre Lebensweise ist. Dies setzt sich dann in ihrer weiteren Schulkarriere fort. Kann ein Migrant(inn)enkind ein bestimmtes (Allgemein-)Wissen vorweisen, über welches die deutschen Klassenkamerad(inn)en nicht verfügen, dann wird dies besonders lobend hervorgehoben, ausgehend davon, dass das „Ausländerkind" dies eigentlich nicht wissen dürfte. Weiss es etwas nicht, dann wird es mit seinem Ausländerstatus in Verbindung gebracht. Dieses Beispiel macht deutlich, dass jegliches Verhalten, eines Migrant(inn)enkindes über dessen nationale, ethnische oder kulturelle Herkunft definiert und vor diesem Hintergrund interpretiert wird. Durch die permanente Zuordnung zu einer anderen Nationalkultur – inklusive dem entsprechenden Klischeebild – geraten die Kinder und Jugendlichen unter einen doppelten Rechtfertigungzwang. Bei Übereinstimmen mit dem Klischeebild müssen sie ihre Unterschiedlichkeit zu Deutschen bei Abweichung vom Klischee ihre Unterschiedlichkeit zu ihren „Landsleuten" begründen. Nationalen, ethnischen oder kulturellen Kategorien werden nicht nur stereotype Bilder zugeordnet, sie werden dabei auch rigide voneinander abgegrenzt. Damit geht auch die Festlegung der Individuen auf die eine oder andere Kategorie einher. Die Einordnung in simplifizierte Kategorien empfinden viele Migrantinnen als störende Fremdzuschreibung, die nicht dem Selbstbild und den eigenen Empfinden gerecht wird. Für die Festlegung auf Geschlechterrollen, die ähnlich unangenehm empfunden wird, formuliert Bilden: „Ich glaube, dass gerade der „Iden-

Aspekte interkultureller Mädchenarbeit

titätszwang" Menschen leiden macht: das heimliche Gebot in allen Situationen ‚weiblich' oder ‚männlich' zu sein, mit sich identisch in allem sozialen und biographischen Wandel, eindeutig trotz aller gesellschaftlichen Widersprüche." (1989, S. 44).

In ihrem Selbstbild weisen viele Jugendliche aus Migrationsfamilien die Entscheidbarkeit ihrer Einordnung als z.b. nur türkisch oder nur deutsch zurück. Nicht selten identifizieren sie sich gleichzeitig mit beidem, so dass Aufforderungen sich auf das eine oder das andere festzulegen, ihnen Probleme bereiten wie z.b. bei der zitierten jungen Frau: „(...) ich hab auf jeden Fall von beidem was. Ich kann das nie trennen, ob ich türkisch oder deutsch bin (...) also ich bin türkisch und deutsch" (Otyakmaz 1999 S. 87).

Jede Entscheidung wäre für sie mit der Verleugnung der anderen Seite verbunden. Wie dieser jungen Frau ergeht es in der Regel den meisten Migrantinnen, von denen eine Festlegung auf die eine oder andere Kategorie verlangt wird oder die merken, dass ihre Umwelt sie in die eine oder andere Kategorie einordnet. Sie brauchen neue durchlässige und variable Kategorien, die ihren Lebensrealitäten und ihren Selbstwahrnehmungen gerecht werden.

Konsequenzen für die interkulturelle Mädchenarbeit

Gerade aus der Erkenntnis heraus, dass die Lebenssituation von Migrantinnen vielschichtig ist, ist es erforderlich, auch Mädchenarbeit vielschichtig zu gestalten und an verschiedenen lebensweltrelevanten Punkten anzuknüpfen. So kann Mädchenarbeit alleine nicht zur Lösung aller Konflikte der jungen Frauen und Mädchen beitragen. Haben junge Migrantinnen wenig Raum für Freizeit, weil sie nachmittags auf ihre jüngeren Geschwister aufpassen müssen, so kann in vielen Fällen damit Abhilfe geschaffen werden, dass die Möglichkeiten zur Erlangung eines Kindergartenplatzes für Migrant(inn)enkinder verbessert werden. Werden z.B. Konflikte zwischen Eltern und Töchtern in Migrationsfamilien nicht generell als Kulturkonflikte angesehen und damit einhergehend auch implizit angenommen, dass Kulturen statisch und unveränderbar sind und die Herkunftskulturen der Migrationsfamilien patriarchal sind, bleibt als einzige Handlungsoption nicht allein übrig, die Mädchen aus diesen Familienzusammenhängen herausretten zu wollen. Werden Konflikte zwischen Eltern und Töchtern in Migrationsfamilien nicht in diesem herkömmlichen Sinne, sondern als Familienkonflikte angesehen, zeigt sich die Notwendigkeit von Erziehungs- oder Familienberatung. Daher ist die interkulturelle Öffnung der Regeleinrichtungen der sozialen Dienste unerlässlich. Dies bedeutet neben der Verankerung der Interkulturalität im Leitbild einer Einrichtung auch eine Veränderung auf Personalebene.

Personal

Neben der Einstellung von Mitarbeiterinnen mit Migrationshintergrund ist die interkulturelle Fortbildung deutscher Mitarbeiterinnen bzw. die insgesamt interkulturelle Ausrichtung der (psychosozial/pädagogischen) Ausbildungsgänge erforderlich.

Die Einstellung von Mitarbeiterinnen mit Migrationshintergrund wird oft mit deren Sprachkompetenzen begründet. Kenntnisse in den jeweiligen Muttersprachen der Herkunftsländer sind in der Tat notwendig. Den Sprachkompetenzen der Mitarbeiterinnen kommt an zwei Punkten eine besondere Bedeutung zu. „Es sind dies der Moment der Kontaktaufnahme und die Phase, in der [es um] spezifische, eher gefühlsmäßige als rational vom Klienten vorgetragene Themen geht" (Hinz-Rommel 1994, S. 84). Im ersteren Fall haben Kenntnisse der Muttersprache der Klientinnen eher symbolischen, vertrauensbildenden Charakter, denn Migrantinnen haben die Erfahrung machen müssen, dass alles, was mit ihrer oder der Herkunftskultur ihrer Eltern zu tun hat, abgewertet und abgelehnt wird. Mit guten Grundkenntnissen kann hier auch eine Mitarbeiterin, die nicht der entsprechenden Muttersprache mächtig ist, ihrem Gegenüber vermitteln, dass sie deren nicht-deutsche kulturelle Anteile auch wahrnimmt und respektiert. Dies ist natürlich ein diffiziles Unterfangen zwischen der Festlegung auf die Herkunftskultur und der Ignoranz derselben. Im zweiten Fall ist die Kenntnis der jeweiligen Muttersprache der Mädchen und jungen Frauen unabkömmlich, da besonders der Zugang zu emotionalen Inhalten und deren Artikulation in der Muttersprache am besten zu gewährleisten sind und daher unabhängig von deutschen Sprachkenntnissen ein Recht auf Beratung in der Muttersprache besteht.

Neben den Sprachkompetenzen ist hervorzuheben, dass Mitarbeiterinnen nicht-deutscher Herkunft in der Regel sowohl Migrations- als auch Diskriminierungserfahrungen haben. Das bedeutet, dass sie das Leben in der Migration besser einschätzen können. Es ist zu vermuten, dass sie eher als ihre deutschen Kolleginnen sowohl um ausländerrechtliche Regelungen wissen als auch nachvollziehen können, welche Auswirkungen (rassistische) Diskriminierungen haben. Darüber hinaus können Mitarbeiterinnen mit einem ähnlichen kulturellen Hintergrund in differenzierterer Weise um kulturelle Symbole, Konzepte und Praktiken wissen. Wobei dies nicht einfach nur eine verstehende, nachvollziehende Haltung impliziert, es bedeutet auch, bei prinzipieller Parteilichkeit aus einem ähnlichen Erfahrungshintergrund heraus dysfunktionale Denkmuster zu hinterfragen.

Die Aus- und Fortbildung von Professionellen muss auf die interkulturelle Realität der Gesellschaft eingehen. Unter der interkulturellen Fortbildung der deutschen Mitarbeiterinnen darf aber nicht verstanden werden, dass lediglich Wissen über die Herkunftskulturen von Migrant(inn)en vermittelt wird. Diese Art der Wissensvermittlung kann eher dazu führen, dass Kultur-

Aspekte interkultureller Mädchenarbeit

stereotype verstärkt werden. Ziel ist es jedoch Stereotype zu vermeiden, um einen differenzierteren Zugang zu den jungen Frauen zu erlangen. Daher ist es anstelle dessen wichtig, Informationen über die Migrationsgeschichte Deutschlands, den Lebensalltag von Migrantinnen in Deutschland, die gesetzlichen Rahmenbedingungen insbesondere den Aufenthaltsstatus etc. den Mitarbeiterinnen nahezubringen. Dabei kann es nicht um eine rein kognitive Vermittlung von Wissen gehen. Damit Diskriminierungserfahrungen von Migrantinnen nachvollziehbar werden, müssen Auswirkungen von Differenz und Macht in Übungssituationen sinnlich erfahrbar gemacht werden. Die eigene Position im gesellschaftlichen Macht- und Hierarchiegeflecht muss ebenso wie eigene Diskriminierungs- und Ausgrenzungserfahrungen reflektiert werden. Diese in Übungssituationen gemachten eigenen Erfahrungen und deren Reflektionen können als Ausgangspunkt der Entwicklung interkultureller Handlungskompetenz verstanden werden. Darüber hinaus soll interkulturelle Fortbildung – wie Auernheimer es für die interkulturelle Erziehung formuliert:

„(...) die Erfahrung vermitteln, dass die eigene Kultur und Lebensweise eine unter vielen ist. (...) Es gilt zu lernen, die Gründe oder Motive nachzuvollziehen, die das Verhalten oder die Handlungen von Menschen aus anderen Kulturen verständlich machen und sie – zumindest in bezug auf ihre Lebenssituation – rational erscheinen lassen. (...) Schrittweise müssen die Lernenden einen quasi ethnologischen Blick auf die eigene Kultur und Lebensweise einnehmen" (Auernheimer 1996², S. 180)

Dieser ethnologische Blick bedeutet aus einer gewissen Distanz das eigene Wertesystem von außen zu betrachten, zu reflektieren und zu relativieren.

Neben der interkulturellen Fortbildung benötigen nicht nur deutsche Mitarbeiterinnen, sondern auch ihre Kolleginnen mit Migrationshintergrund weitere regelmäßige fachliche Fortbildungen. Eine gute arbeitsbegleitende Supervision, die auch Konflikte wie Differenz und Macht im multiethnischen Team thematisiert und bearbeitet, sollte gewährleistet sein.

Da für die feministische Mädchenarbeit gilt, dass sich die Pädagogin „den Mädchen als Modell und/oder Identitätsfigur" anbietet (vgl. Klees, Marburger & Schumacher 1992², S. 14) und um sich mit dem Modell zu identifizieren eine gewisse Ähnlichkeit zwischen Lernender und dem Modell notwendig ist, ist es unumgänglich, dass auch aus diesem Grund in diesem Bereich Mitarbeiterinnen verschiedener Herkunft eingestellt werden. Auch im Sinne einer gleichstellungsorientierten Migrationspolitik, ist die Einstellung von Migrantinnen in alle Beschäftigungsbereiche und Ebenen der Jugendhilfe mindestens ihrem Bevölkerungsanteil entsprechend zu gewährleisten. Ohne ein solches Vorbild einer konsequenten Gleichstellungspolitik kann diese in der interkulturellen Arbeit mit Mädchen nicht überzeugend vermittelt werden.

Institutionelle Rahmenbedingungen

Die Einstellung von einzelnen Mitarbeiter/innen mit Migrationshintergrund oder die Fortbildung ausgesuchter deutscher Mitarbeiter/innen reicht als Maßnahme alleine nicht aus, da einzelne Mitarbeiter/innen oft mit ihren Ideen zur interkulturellen Vorgehensweise isoliert werden, als Alibi dienen müssen, ihre Arbeit von den institutionellen Rahmenbedingungen konterkariert oder begrenzt wird. Daher ist es wichtig, dass Interkulturalität als Leitbild einer Einrichtung fungiert und mit konkreten Zielformulierungen sowie Operationalisierungen in der gesamten Einrichtung implementiert wird. Eine ausführliche Darstellung der institutionellen Umsetzung interkultureller Zielsetzungen ist in den Beiträgen von Handschuck/Schröer und Gaitanides in diesem Band nachzulesen (vgl. dazu auch Hinz-Rommel 1994).

Ressourcenorientierung

Zwar setzt sich auf der theoretischen und der Ebene der Willensbekundung immer mehr durch, dass migrationsspezifische psychosoziale Arbeit nicht mehr defizitorientiert sein soll, aber die Ressourcen von Migrantinnen, die aus ihrer Lebenswelt hervorgehen, zu erkennen, fällt vielen Mitarbeiterinnen sozialer Einrichtungen schwer. Denn auch Ressourcen unterliegen mit gesellschaftlichen Normen und Werten sozialen Bewertungskriterien. Was in einem bestimmten sozialen Zusammenhang als Ressource bewertet wird, kann in einem anderen Zusammenhang bedeutungslos sein oder sogar als Devianz angesehen werden.

„Vieles kann Ressource sein, und definierbar ist sie letzendlich nur unter Berücksichtigung spezifischer subjektiver Wertschätzungen der betroffenen Individuen und/oder Gruppen bestimmten Geschlechts, Alters und Status in einer bestimmten Kultur und Gesellschaft zu einer bestimmten Zeit" (Nestmann 1998, S. 24).

Eine gesellschaftlich dominante Gruppe kann nicht nur für sich, sondern auch für andere definieren, was als Ressource anerkannt wird und was nicht als Ressource gilt. Auch hier werden Machtverhältnisse reproduziert, da Dominanzangehörige in der Benennung, Erschließung und Erlangung von Ressourcen von ihrer eigenen Lebenswelt, ihrer eigenen Normalität und ihren eigenen Möglichkeiten ausgehen, während Minderheitsangehörige, deren vorhandene Ressourcen – ob nun bewusst oder unbewusst, intendiert oder nicht – ignoriert, nicht anerkannt und entwertet werden, das Vertrauen in ihre Fähigkeiten verlieren, verunsichert und hilflos werden. Dabei wird Minderheitsangehörigen nicht selten zugeschrieben, ihre Schwäche selbst verantwortet zu haben.

Aspekte interkultureller Mädchenarbeit

Die Ressourcen und Kompetenzen, die aus der Migrationssituation erwachsen, werden ebenfalls häufig nicht realisiert. Es ist zwar durchaus anzunehmen, dass Kinder aus Migrationsfamilien mehr als deutsche Kinder mit widersprüchlichen Wertvorstellungen konfrontiert werden. Es besteht jedoch kein unmittelbarer Grund zur Annahme, dass diese Konfrontationen als plötzliche und in immer gleichbleibender Intensität erlebt werden und in Folge dessen unvermittelte und unlösbare Konfliktsituationen generiert würden. Betrachtet man die Lebensentwürfe junger Migrant(inn)en, so zeigen sich individuelle und kollektive Muster, wie sie ihr Selbst zu ihren Lebensbedingungen in Relation setzen bzw. setzen wollen. Es ist ihnen durchaus bewusst, dass sie verschiedene zum Teil widersprüchliche Anforderungen erfüllen müssen, die sie in der Regel auch deutlich voneinander abgrenzen und denen sie gerecht werden können (vgl. Otyakmaz 1995). Durch das Leben in und mit mehreren Lebenswelten mit unterschiedlichen Werten und Normen können daher Ressourcen und Kompetenzen erwachsen, die von außen betrachtet nicht wahrgenommen werden. Die Erlangung einer kritisch reflektierenden Distanz zu vorgegebenen gesellschaftlichen Regeln, die Erfahrung der Kontextgebundenheit von Normen und Werten, Sensibilität zur Erfassung kontextueller Bedingungen und Veränderungen, Flexibilität im Wechsel der Kontexte, Kreativität und Organisationstalent im Verbinden verschiedener Lebensentwürfe sind einige Entwicklungsmöglichkeiten, die diese Lebenserfahrung bietet. So wird das Leben in und mit verschiedenen Kulturen nicht zur unausweichlichen Konfrontation mit widersprüchlichen Werten, aus der sich unüberwindbare Konflikte generieren, sondern eröffnet Chancen für individuelle Entwürfe genauso wie für das Bilden neuer kollektiver Identitäten.

Netzwerkorientierung

Ressourcenorientierte interkulturelle Mädchenarbeit stellt neben dem Erkennen und Anerkennen lebensweltspezifischer Ressourcen von Migrantinnen, der Anerkennung ihrer Kompetenzen und Alltagsbewältigungsmuster sowie das Nutzen kultureller Werte und Vorstellungen als Regelwerke bei der Suche nach Lösungen, die Respektierung, Aktivierung und Nutzbarmachung ihrer unterstützenden Netzwerke dar. Ob es jedoch familiäre, nachbarschaftliche, Vereine oder andere Netzwerke von Migrant(inn)en sind, die überwiegend oder ausschließlich aus dem eigenen nationalen, ethnischen, kulturellen oder religiösen Kreis stammen, sie stoßen in der deutschen Mehrheitsbevölkerung häufig auf Skepsis und Ablehnung. Allgemein werden sie als Zusammenrottung und Bedrohung empfunden und von Professionellen wie Soziolog(inn)en, Pädagog(inn)en, Psycholog(inn)en, Politiker(inne)n, Journalist(inn)en werden Zusammenhänge von Migrant(inn)en mit hoher nachbarschaftlicher monoethnischer (-kultureller, -nationaler etc.) Netzwerkdichte als intergrationshemmende Ghettos, als Herde zukünftiger sozialer Unruhen bezeichnet. Ob es die Cliquen junger Migrant(inn)en sind, die schnell als die marodierenden Gangs gesehen werden, die den inneren Frieden Deutschlands gefährden (vgl. Heitmeyer 1997) oder die Familien für die immer wieder der Mangel an individuellen Freiräumen und Entwicklungsmöglichkeiten betont wird, die negativen Vorurteile werden meistens in den Vordergrund gestellt. Es erscheint notwendig mit wissenschaftlichen und öffentlichen Gegendiskursen die oben genannten Klischees durch differenziertere und realitätsadäquate Bilder ersetzen. Deshalb soll im folgenden als drei wichtige Netzwerke auf die ethnic community und die Familie sowie vor allen Dingen die Peer-group eingegangen werden.

Ethnic communities und familiäre Netzwerke

Bisher wurden ethnische Gemeinschaften (ethnic communities) von Migrant(inn)en besonders als soziale Kontrollinstanz angesehen, die das Verhalten ihrer Mitglieder streng reglementiert und Abweichungen von der Norm sanktioniert. Allerdings geraten dabei die positiven Funktionen der ethnic communities aus dem Blickfeld. US-amerikanische Studien betonen den hohen stressverarbeitenden und -ausgleichenden Stellenwert ethnischer Gemeinschaften. Neben dem stressverarbeitenden Potential wird registriert,

„wie sich die ethnischen Gemeinschaften zu Organen der Interessenvertretung der Minderheiten entwickeln und die kollektive Handlungskompetenz der ethnischen Minderheiten gegenüber der ‚modernen' Umwelt stärken. Wodurch sie langfristig politischen Druck zur Verbesserung ihrer Lebensverhältnisse und zum Abbau von Diskriminierung herstellen können" (Gaitanides 1992, S. 128).

Auch familiäre Netzwerke können einen wichtigen Stellenwert für jugendliche Migrant(inn)en haben, denn die Migration hat den Effekt, dass in vielen Migrationsfamilien der Zusammenhalt und die solidarische Bindung zwischen den Familienmitgliedern im Einwanderungsland stärker geworden ist als im Herkunftsland. Insbesondere deshalb, weil „die Familie als Gegenpol zu den widrigen Lebens- und Arbeitsbedingungen und zugleich als affektiver Hort gegen die erfahrene Feindlichkeit in der sozialen Umwelt" gilt (Goudiras 1997, S. 189).

Peer-groups

Besonders die eigenethnische Peer-group wird für Jugendliche mit Migrationshintergrund zu einem wichtigen Ort des Austausches über alltägliche Probleme und Konflikte mit den Eltern sowie mit Angehörigen der Mehrheitsgesellschaft. In diesem Kreis können sie gegenseitige Stärkung und Selbstvergewisserung erfahren. Von ihren deutschen Klassenkamerad(inn)en fühlen sich jugendliche Migrant(inn)en oft unverstanden und abgelehnt. Häufig wird ihnen im täglichen Kontakt mit Deutschen vermittelt, dass sie anders und nicht dazugehörig seien. Daher wird der Kontakt zu gleichaltrigen Deutschen auf eine formale Ebene – häufig auf den Schulkontext – reduziert.

Der eigenethnische Gleichaltrigenkontext wird nicht nur zwecks Erfahrungsaustausch und Problembewältigung aufgesucht, sondern dient auch der Erfahrung der Normalität und gilt als spannungsfreier Raum zur gemeinsamen Freizeitgestaltung. Darüber hinaus spielen eigenethnische bzw. gemischtethnischen Peer-groups eine besondere Rolle für die Entwicklung einer positiven eigenen Gruppenidentität und eines positiven Selbstbildes.

Denn es ist „keineswegs einfach, die eigene Gruppenzugehörigkeit zu akzeptieren und offensiv zu vertreten, wenn ich einer sozial diskriminierten Gruppe angehöre. So lernen Kinder im Laufe ihrer Sozialisation sich in der Regel mit denen zu identifizieren, die mächtig und angesehen sind. Untersuchungen aus den USA zeigen, dass schwarze Kinder sich zunächst mit weißen Kindern identifizieren und oft auch lieber mit weißen als mit schwarzen Puppen spielen. Sie lernen also nicht, sich selbst zu akzeptieren, sondern sich an anderen zu orientieren, und zwar mit denen, von denen sie selbst großenteils missachtet werden. Dem Dilemma von individueller Selbstentwertung einerseits, oder der Diskriminierung als Gruppenmitglied andererseits, ist am besten durch die Schaffung eigener Kulturen entgegenzuarbeiten. Denn eine positive Identität bedarf einer Gemeinschaft, die die einzelnen stützt." (Rommelspacher 1995, S. 181f.).

Weitgehend frei von rassistischen Diskriminierungen bzw. kulturellen, ethnischen oder nationalen Zuschreibungen oder Stereotypisierungen, können sie sich ihrem Alter entsprechend von der Elterngeneration abgrenzen, ohne dass diese Abgrenzung als Distanzierung von der gesamten Herkunftskultur gedeutet oder sogar erwartet wird.

Dass Jugendliche mit Migrationshintergrund sich verstärkt auf eigenethnische Gruppen zurückziehen, wird von Politiker(inne)n und Wissenschaftler(inne)n wie z.B. Heitmeyer (1997) mit wachsender Sorge beobachtet. Es wird befürchtet, dass Nationalismus und religiöser Fundamentalismus in diesen Gruppen gedeihen und zum sozialen Konfliktpotential werden können. Bei differenzierter Betrachtung bedeutet der Rückzug auf eigenethnische Gruppen für viele Jugendliche den Rückzug in einen vor permanenter Infragestellung geschützten Raum. Mit dem Aufsuchen ethnischer Gruppen muss daher nicht zwangsläufig eine steigende Selbstethnisierung einhergehen. Dass es sich nicht zwangläufig um nationale, kulturelle oder ethnische Hegemonisierungstendenzen handelt, zeigen die zahlreichen gemischtethnischen Gruppen. Ähnliche Diskriminierungserfahrungen mit Deutschen und das Gefühl, untereinander auf mehr Verständnis zu stoßen, führen oftmals zur Entstehung dieser Gruppen. Dieser Prozess sollte zugelassen werden, ohne daraus zwangsläufig auf die gesellschaftliche Desintegration der Jugendlichen zu schließen. Es sollte vielmehr nachdenklich machen, dass viele Jugendliche mit Migrationshintergrund Privatkontakte zu Deutschen für eher anstrengend und nicht sehr erstrebenswert halten.

Gleichheit und Differenz

Mit der Betonung des Stellenwerts der eigenethnischen Peer-group ist es keinesfalls mein Ansinnen, für das Prinzip einer ethnisch segregierten Gesellschaft zu plädieren. Wichtig war es mir, die Erfahrungswelt jugendlicher Migrantinnen darzustellen und nachvollziehbar zu machen, um daraus Schlüsse für die pädagogische Arbeit ziehen zu können. Leider ist es Realität, dass viele Angebote der Mädchenarbeit – ähnlich wie in der allgemeinen Jugendarbeit – ethnisch getrennt wahrgenommen werden, d.h. Angebote, die den Namen interkulturell tragen, werden kaum von deutschen Mädchen genutzt, während die allgemeinen Angebote von Migrantinnen weniger besucht sind. Gerade nach der längeren Ausführung zu eigenethnischen Peer-groups, erscheint es an dieser Stelle notwendig zu betonen, dass an der Trennung deutsche Jugendliche in einem erheblichen Masse beteiligt sind. Selten wird thematisiert, dass junge Deutsche, die in einem multikulturellen Land aufwachsen, sich nur unter Deutschen aufhalten und dies eine Gefährdung der inneren Sicherheit darstellen könnte. Auf keinen Fall sollte die Trennung einfach als gegeben hingenommen werden.

Im Sinne der Interkulturalität soll eine gemeinsame Mädchenarbeit für Angehörige der Majorität und der Minoritäten das gleichberechtigte Miteinander aller fördern. Dabei geht es nicht darum, Unterschiede in den Lebenswelten auszublenden, sondern das Recht auf Differenz zu betonen und einen konstruktiven Umgang mit diesen anzustreben. Gleichzeitig darf das Gemeinsame nicht aus den Augen verloren werden. Die bestehenden Ansätze zur Arbeit mit Migrantinnen laufen oft Gefahr, entweder zu partikularistisch oder zu universalistisch zu sein, d.h. den kulturellen Faktor entweder über- oder unterzubetonen.

Wird die Lebenswelt der jungen Frauen und Mädchen betrachtet, zeigen sich viele ähnliche Interessen und Problemstellungen im Alltag der deutschen und nicht-deutschen Jugendlichen. Daher sollte weniger versucht werden, der einen Gruppe die kulturellen Eigenarten der anderen nahezubringen, sondern an gleiche Interessen anknüpfende gemeinsame Aktivitäten sollten angeregt werden. Jedoch sind nicht nur ähnliche Interessen sondern auch ähnliche Probleme verbindend. Wird die pädagogische Arbeit an der Erlebniswelt der jungen Frauen angesetzt, können Solidarisierungsprozesse initiiert werden. Schwerpunktaufgabe der Pädagoginnen wäre in solch einem Zusammenhang, Mädchen anzuregen, in ihrer Biographie nach Erfahrungen, die mit denen der jeweils anderen vergleichbar sind, zu suchen und nicht im ersten Schritt die Differenzen zu fokussieren. Wenn die Mädchen beispielsweise voneinander erfahren, dass Vorschriften und Verbote der Eltern vergleichbare negative Gefühle bei ihnen erzeugen, kann der möglicherweise unterschiedliche Inhalt der Ge- und Verbote eher in den Hintergrund treten. Selbstverständlich dürfen die Unterschiede nicht ignoriert werden, denn mit Annedore Prengel gesagt, führt Gleichheit ohne Differenzen zur Gleichschaltung und Differenz ohne Gleichheit zu Hierarchie (vgl. Prengel 1993). Die Unterschiede können in einem zweiten Schritt betrachtet werden unter der prinzipiellen Voraussetzung, dass es ein Recht auf differente Lebenspraktiken gibt. Eine wichtige Differenz zwischen Mädchen mit Migrationshintergrund und deutschen Mädchen ist, dass die einen Rassismus- und Diskriminierungserfahrungen haben und die anderen nicht nur davon profitieren – wie beispielsweise bei der Ausbildungsplatzvergabe, bei der deutsche Mädchen häufig Migrantinnen vorgezogen werden, sondern im Umgang mit Migrantinnen selbst diskriminierende Praktiken an den Tag legen. Mit diesen unterschiedlichen Positionen muss sensibel umgegangen werden. In dem Wunsch Solidarisierungprozesse zwischen den Mädchen zu initiieren, können sie nicht verschwiegen werden. Bevor sie aber mit Mehrheits- und Minderheitsangehörigen gemeinsam thematisiert werden, sollte die Möglichkeit der ethnisch homogenen Gruppen oder die Aufteilung von Migrantinnen und Deutschen zwecks Besprechung von Diskriminierungs- und Rassismuserfahrungen auf der einen Seite – parallel zu einer antirassistischen Mädchenarbeit auf der anderen Seite gewährleistet sein. Das bedeutet, dass sowohl gemeinsame wie auch getrennte Angebote für Mädchen mit Migrationshintergrund und deutschen Mädchen existieren sollten, die die Konfliktpunkte auf- und bearbeiten. Nur mit einem offenen Umgang mit dem gesellschaftlich produzierten Differenz- und Hierarchiegeflecht, können Perspektiven für eine gemeinsame und gleichberechtigte Zukunft aller Mitglieder dieser Gesellschaft geschaffen werden.

Literatur

Auernheimer, Georg (1988): Der sogenannte Kulturkonflikt. Frankfurt/Main.
Auernheimer, Georg (1996²): Einführung in die interkulturelle Erziehung. Darmstadt.
Castelnuovo, Delia Frigessi (1990): Das Konzept Kulturkonflikt – Vom biologischen Denken zum Kulturdeterminismus, in: Dittrich, E.J. und Radtke, F.-O.(Hrsg): Ethnizität -Wissenschaft und Minderheiten. Opladen, S. 299ff.
Dittrich, E.J.; Radtke, F.-O. (1990): Der Beitrag der Wissenschaft zur Konstruktion ethnischer Minderheiten, in: Dittrich, E.J. Radtke, F.-O.(Hrsg.): Ethnizität – Wissenschaft und Minderheiten. Opladen, S. 11ff.
Gaitanides, Stefan (1996): Stolpersteine auf dem Weg zur interkulturellen Öffnung der Sozialen Dienste. In: IZA Zeitschrift für Migration und Soziale Arbeit, Heft 3/4 , S. 42-46.
Goudiras, Dimitrios (1997): Wertorientierung und Verhaltensnormen griechischer Jugendlicher in der erzieherischen Lebenswelt. Frankfurt.
Hamburger, Franz: Der Kulturkonflikt und seine pädagogische Kompensation. In: Dittrich, E.J.; Radtke, F.-O.(Hrsg)(1990): Ethnizität -Wissenschaft und Minderheiten. Opladen, S. 311ff.
Hinz-Rommel, Wolfgang (1994): Interkulturelle Kompetenz. Ein neues Anforderungsprofil für die soziale Arbeit, Münster/New York.

Keupp, Heiner (1989): Auf der Suche nach der verlorenen Identität. In: Keupp, Heiner; Bilden, Helga: Verunsicherungen – Das Subjekt im gesellschaftlichen Wandel. Göttingen, S. 47ff.

Klees, Renate; Marburger, Helga & Schumacher, Michaela (1992²): Mädchenarbeit. Praxishandbuch für die Jugendarbeit. Weinheim/München.

König, Karin (1989): Lebensbedingungen und Entwicklungsmöglichkeiten junger türkischer Frauen und Mädchen durch die Emigration und ihre soziokulturellen Folgen. Frankfurt.

Mecheril, Paul (1995): Rassismuserfahrungen von Anderen Deutschen – einige Überlegungen (auch) im Hinblick auf Möglichkeiten der psychotherapeutischen Auseinandersetzung. In: Attia, Iman et. al. (Hrsg.): Multikulturelle Gesellschaft – monokulturelle Psychologie? Antisemitismus und Rassismus in der   psychosozialen   Arbeit. Tübingen.

Mecheril, Paul; Miandiashti, Siavash & Kötter, Hubert (1997): „Anerkennung als Subjekt" – eine konzeptuelle Orientierung für die psychosoziale Arbeit mit Migrantinnen und Migranten. In: Deutsche Gesellschaft für Verhaltenstherapie (Hrsg.): Verhaltenstherapie & psychosoziale Praxis, Heft 4/97, S. 559-575.

Otyakmaz, Berrin Özlem (1995): Auf allen Stühlen. Das Selbstverständnis junger türkischer Migrantinnen in Deutschland. Köln.

Otyakmaz, Berrin Özlem: Jenseits des Kulturkonflikts. Lebenswelten junger türkischer Migrantinnen in der Bundesrepublik, in: Frauen in der einen Welt. Zeitschrift für interkulturelle Frauenalltagsforschung, Heft 1/96, Nürnberg 1996

Otyakmaz, Berrin Özlem (1999): „Und die denken dann von vornherein, das läuft irgndwie ganz anders ab" – Selbst- und Fremdbilder junger Migrantinnen türkischer Herkunft, in: beiträge zur feministischen theorie und praxis, Jg. 22, H. 51, S. 79-92.

Prengel, Annedore (1995²): Pädagogik der Vielfalt. Opladen

Riesner, Silke: Junge türkische Frauen der zweiten Generation in der BRD. Eine Analyse von Sozialisationsbedingungen und Lebensentwürfen anhand lebensgeschichtlich orientierter Interviews; Frankfurt am Main 1991

Rommelspacher, Birgit (1995): Dominanzkultur. Texte zu Fremdheit und Macht. Berlin

Senocak, Zafer: Ein Türke geht nicht in die Oper. taz vom 20.1.1992.

4 Soziale Dienste

Sabine Handschuck/Hubertus Schröer

Interkulturelle Orientierung als Qualitätsstandard sozialer Arbeit

Vorbemerkung

Wenn man die Diskurse um Migration und ihre Folgen über die Jahre verfolgt, dann kann man einander abwechselnde Phasen der Theoriebildung und entsprechender Paradigmenwechsel – etwa die polit-ökonomische Perspektive der 60er Jahre, die pädagogische und kompensatorische Perspektive der 70er Jahre, die soziokulturelle Perspektive der 80er Jahre und schließlich die interkulturelle Perspektive der 90er Jahre – verfolgen. Als Konstante über lange Jahre fällt auf, dass die öffentliche Verwaltung – wenn man einmal von der Ausländerbehörde absieht – davon seltsam unberührt bleibt. Die Verwaltung hat ihre Verantwortung auf freie Träger delegiert und hat diese für ihre Migrationsarbeit entsprechend finanziert. Ansprechpartner für Träger waren wenige Spezialistinnen und Spezialisten, die sich an Konzeptdiskussionen beteiligten, Aufträge für Grundlagenuntersuchungen erteilten und Konsequenzen bei der Infrastrukturausstattung versuchten.

Die Verwaltung selbst öffnete sich weder der Diskussion um Deutschland als Einwanderungsland noch gar der neuen Bevölkerung. Ebenso blieb aber auch die "Ausländerszene" unter sich. Fachdiskussionen oder politisch-strategische Diskurse führte man miteinander, manchmal noch mit Teilen von Migrantenorganisationen, nicht aber mit der Verwaltung – schon gar nicht mit dem Ziel, Verwaltung zu verändern und ihre Wirkmechanismen für die eigenen Interessen zu nutzen.

Das änderte sich selbst dann kaum, als im öffentlichen Auftrag die Sozialdienste für Ausländer untersucht und eine Öffnung der Regeldienste empfohlen wurde (vgl. Nestmann/Tiedt 1988). Erst mit der Auseinandersetzung um die Multikulturelle Gesellschaft und der faktischen Anerkennung von Minderheitenkulturen als einem dauerhaften Phänomen auf der einen Seite und andererseits mit der Diskussion um eine Neubestimmung des Subsidiaritätsprinzips und damit des Verhältnisses von öffentlichen und freien Trägern sozialer Arbeit kam das Thema Öffnung der sozialen Regelversorgung für ethnische und kulturelle Minderheiten auf die Tagesordnung.

Noch immer bleibt die Diskussion aber eine vorwiegend fachpolitische, die sich nicht verbindet mit Steuerungs- und Führungsfragen. Es ist bisher kaum ersichtlich, dass auch nur versucht würde, die interkulturelle Orientierung und die Öffnung der Verwaltung zu verknüpfen mit der bundesweit heftig geführten Reformdiskussion um neue Steuerungsmodelle, Sozialplanung und Qualitätsmanagement (vgl. als Ausnahmen Hinz-Rommel 1996 und Rütz-Lewerenz 1996). Eine solche Zusammenführung soll im Folgenden versucht werden.

Verwaltungsreformdiskussion

Es geht hier nicht darum, die – kontroverse – Diskussion um Verwaltungsmodernisierung im Einzelnen nachzuzeichnen. Nach dem Stand der Implementation von Neuer Steuerung in deutschen Kommunalverwaltungen (vgl. für die Kinder- und Jugendhilfe van Santen 1998) ist davon auszugehen, dass Instrumente der Neuen Steuerung flächendeckenden Einzug in die (kommunale) öffentliche Verwaltung halten werden. Es sollen deshalb hier jene Elemente überprüft werden, die geeignet erscheinen, interkulturellen Zielsetzungen zum Durchbruch zu verhelfen.

Bei der Diskussion um eine Verwaltungsmodernisierung und bei deren Konkretisierung durch das Neue Steuerungsmodell, wie es von der Kommunalen Gemeinschaftsstelle (vgl. insbesondere KGSt 1993, 1994, 1995, 1998) formuliert worden ist, geht es im Wesentlichen um zwei große Ziele: Einmal soll eine Verbesserung der Beziehungen zwischen Bürgerinnen/Bürgern und Verwaltung im Sinne einer stärkeren *Kundenorientierung* erreicht werden, zum anderen geht es um eine höhere *Wirtschaftlichkeit* von Verwaltungshandeln. Wirtschaftlichkeit meint dabei eine Erhöhung von *Effektivität* (im Sinne von zielgerichtetem und qualitätsgesichertem Handeln) und *Effizienz* (verstanden als wirtschaftlicher Ressourceneinsatz). Voraussetzung für die Effektivität und Effizienz von Verwaltungshandeln ist die Kenntnis der jeweiligen Leistungen und ihrer Kosten sowie eine neue Steuerungslogik. Es kann nicht mehr angehen, dass über eine Inputsteuerung, d.h. durch die Verfügungstellung von Sach-, Finanz- und Personalmitteln Verwaltungshandeln gelenkt wird, ohne dass Kenntnis darüber besteht, was mit diesen Mitteln geschieht und welche Leistungen zu erbringen sind. Künftig soll durch eine *Outputorientierung* die Leistungserbringung an der beabsichtigten Wirkungsweise ausgerichtet werden. Dabei ist sowohl auf die Ergebnisse (Output) wie auch auf die Wirkungen dieser Ergebnisse (Outcome) zu achten.

Ausgangspunkt dieses neuen Verwaltungshandelns sollen *Produkte* sein, aus deren Beschreibung sich im Wesentlichen die Definition des Produktes, die zu erreichenden Zielgruppen, die zu verfolgenden Ziele und die dafür notwendigen Kosten ergeben sollen. Das Produkt wird damit zum zentralen Bezugspunkt der Verwaltungstätigkeit. Die Umsetzung der Neuen Steuerung soll im Wesentlichen durch *Kontraktmanagement* erfolgen, wobei über *Ziel-*

vereinbarungen gesteuert wird und deren Einhaltung bzw. Erfolgskontrolle auf der Basis eines vereinbarten *Berichtswesens* mit Hilfe neuer *Controllingverfahren* bewertet werden.

Die Angehörigen von Minderheitenkulturen in unserer Gesellschaft sind Kundinnen und Kunden sozialer Dienstleistungen. Wenn wir die Ziele verstärkter Kundenorientierung und größerer Kundennähe ernst nehmen, müssen Angehörige von Minderheiten bei Produktbeschreibungen ebenso Berücksichtigung finden wie sie Teil konkreter Zielvereinbarungen und entsprechender Controllingverfahren zu sein haben. Wir werden darauf im Verlauf unserer weiteren Ausführungen zurückkommen.

Sozial-, Kinder- und Jugendplanung

Der Verwaltungsmodernisierung nach der Philosophie des Neuen Steuerungsmodells wird vielfach mit großem Misstrauen begegnet. Das betriebswirtschaftliche Vokabular wird für die soziale Arbeit als unangemessen empfunden, befürchtet wird eine Strategie zur Kostenreduzierung und zur Absenkung von Standards, bedroht sei letztlich die ethische Fundierung sozialer Arbeit. Diese Kritik ist ernst zu nehmen und diese Bedenken tragen dann, wenn es nicht gelingt, die Reformbestrebungen mit einer eindeutigen sozialpolitischen Zielorientierung zu verbinden. Das Neue Steuerungsmodell in Reinkultur ist in der Tat als technokratisches Modernisierungsinstrument missbrauchbar. Es lässt sich aber als Innovationskonzept verstehen, wenn es fachlich entsprechend unterfüttert und mit den bewährten Steuerungsmöglichkeiten beispielsweise des Kinder- und Jugendhilferechts verbunden wird.

Die neuen Instrumente und Verfahrensweisen zur Steuerung reichen allein nicht aus. Sie können nur Sinn machen auf der Basis von fachlichen Zielen, deren inhaltliche Entscheidungsgrundlage durch anerkannte Planungsprozesse gefunden wird. Deshalb ist eine *beteiligungsorientierte Sozial-, Kinder- und Jugendplanung* unverzichtbare zweite Säule für Steuerung. Denn Planung bereitet den Weg, auf dem die Ziele ausgehandelt werden. Im Fokus von beispielsweise Jugendhilfeplanung vollzieht sich der jugendpolitische Diskurs zwischen Trägern, Politik, Jugendamt und Betroffenen, der zur Zielfindung beiträgt und der in einer überwiegend quantitativen Steuerungslogik keinen Platz findet. Jugendhilfeplanung sichert so, dass über Produktpläne und Controllingverfahren nicht nur ökonomische Rationalität praktiziert wird. Steuerung kann auf Planung nicht verzichten.

Diese Feststellung soll am Beispiel der Jugendhilfeplanung näher erläutert werden, weil diese – im Gegensatz zur Sozialplanung, für die aber das Gleiche gilt – ausdrücklich in § 80 SGB VIII normiert ist. Die einzelnen Elemente sozialer Planung machen deutlich, dass sie durch Instrumente der Neuen Steuerung wirkungsvoll ergänzt werden könnten. Der im Gesetz vorgesehene Dreischritt von Bestandserhebung, Bedarfsfeststellung und Bedarfsbefriedigung durch Maßnahmeplanung verweist auf die Notwendigkeit, die Leistungen der Jugendhilfe transparent zu machen, die dafür notwendigen Informationen zu beschaffen und zu pflegen, die Bedürfnisse der Bürgerinnen und Bürger zu ermitteln und zu berücksichtigen, die zur Bedarfsbefriedigung notwendigen Vorhaben zu planen und finanziell zu quantifizieren und kontinuierlich zu überprüfen, ob die beabsichtigten Wirkungen real auch eintreten (vgl. Merchel 1996, S. 248).

Soziale Planung ist nach diesem Verständnis Basis für jegliche Form von Verwaltungshandeln. Ihre Ergebnisse bilden die inhaltliche Grundlage für die (sozialpolitischen) Ziele, die verfolgt werden sollen. Sie geben Auskunft über die Zielgruppen, die erreicht werden sollen, sie beschreiben Umfang und Qualität der Leistungen bzw. Produkte, die zu erbringen sind, sie bilden letztlich die Folie, auf der ein Controlling und eine Evaluation der Wirksamkeit von sozialer Arbeit stattzufinden hat.

Auch hier sollte schon deutlich werden, dass eine partizipative Sozialplanung die Bedürfnisse der Angehörigen von Minderheitskulturen aufnehmen und Wege finden muss, Betroffene und Vertreterinnen und Vertreter ihrer Organisationen in den Planungsprozess einzubinden.

Qualitätsmanagement

Neben den eher technokratisch-instrumentellen Managementinstrumenten der Neuen Steuerung und deren Ergänzung um qualitativ-inhaltliche Elemente partizipativer Planung scheint uns ein dritter, ergänzender Steuerungsbaustein sehr wichtig: Die Einführung von Qualitätsmanagement in der sozialen Arbeit. Qualitätsmanagement ist nach unserem Verständnis mehr als die Festlegung von Qualitätsstandards in Verbindung mit der Einführung von Instrumenten, die deren Einhaltung kontrollieren sollen.

Qualität kann nicht in Dienste und Einrichtungen hineinkontrolliert werden. Sie entscheidet sich vor allem in den alltäglichen Arbeitsabläufen und Bedingungen der betreffenden Einrichtung. Qualitätsmanagement ist deshalb Sache der Einrichtung und unterstützt diese dabei, ihre Leistungen und Angebote effektiv, effizient und entsprechend dem Bedarf ihrer Nutzerinnen und Nutzer auszurichten. Qualitätsmanagement nimmt Einfluss insbesondere auf den Prozess der Leistungserbringung, es verbessert die Prozessqualität, verankert die Sichtweise der Nutzerinnen und Nutzer in der Organisation und verschafft einen Orientierungsrahmen für die Mitarbeiterinnen und Mitarbeiter und steigert damit deren Zufriedenheit.

Die Einführung qualitätssichernder Maßnahmen bedarf entsprechender Instrumente und muss gegenüber dem Kostenträger nachgewiesen werden können. Eckpunkte für die Umsetzung von Qualitätsmanagement in einer Organisation sind nach der von uns vertretenen Qualitätspolitik insbesondere die Folgenden:

Leitbild entwerfen
Das Leitbild einer Einrichtung formuliert die Vision dessen, was die Einrichtung in Zukunft einmal sein und erreichen will. Es beschreibt einerseits, was die Einrichtung für ihre Kundinnen und Kunden bewirken will, welchen Nutzen sie für die Allgemeinheit schafft und in welcher Atmosphäre die Mitarbeiterinnen und Mitarbeiter ihre Arbeit kompetent leisten können. Mit einem Leitbild bekennt sich die Einrichtung zu ihrem Selbstverständnis, es ist ein wesentlicher Bestandteil der Organisationskultur.

Ziele entwickeln
Aus der Vision eines Leitbildes sind die konkreten Ziele der Einrichtung zu entwickeln. Leitziel unter dem Aspekt von Qualitätsmanagement ist die Kundenorientierung. Die Ziele sind als lang-, mittel- und kurzfristige Ziele zu formulieren. Sie müssen so konkret sein, dass die Zielerreichung überprüft werden kann.

Schlüsselprozesse benennen
Schlüsselprozesse sind jene Tätigkeiten, ohne die wesentliche Einrichtungsziele nicht erreicht werden können. Sie werden als entscheidend für das Wesen einer Einrichtung erlebt, ihre Vernachlässigung stellt die Qualität professionellen Handelns in Frage. Schlüsselprozesse lassen sich in einem Ist- und in einem Sollzustand beschreiben. Erst nach einer konkreten Beschreibung besteht die Möglichkeit, den Prozess zielführend zu verbessern.

Aufbau- und Ablauforganisation anpassen
Insbesondere aus der Analyse der Schlüsselprozesse ergeben sich Hinweise auf Schnittstellen und problematische Entscheidungsstrukturen der Organisation. In der weiteren Organisationsentwicklung sind Schnittstellen zu beseitigen bzw. durch Kooperationen zu verbessern, muss der Informationsfluss sichergestellt werden, sind Entscheidungsstrukturen eindeutig zu regeln oder Ablaufprozesse zu optimieren.

Qualitätshandbuch erstellen
Leitbild, Ziele, Aufbau- und Ablauforganisation, relevante Schlüsselprozesse, Evaluation und Methoden der kontinuierlichen Verbesserung sind in einem Handbuch zu dokumentieren. Es dient der Einrichtung nach innen als Übersicht über Struktur und Verantwortungen. Nach außen dokumentiert es beispielsweise gegenüber dem Geldgeber, dass und wie Qualität gewährleistet ist.

Auswertungsverfahren entwickeln
Die Erreichung der vereinbarten Ziele muss regelmäßig überprüft werden. Die Beurteilungskriterien dafür sind festzulegen. Geeignete Auswertungsverfahren der Selbst- und Fremdevaluation sind festzulegen. Die Modifika-

tion und Fortschreibung der Ziele als Ergebnis der Überprüfung ist sicherzustellen.

Zwischenergebnis

Schon diese nur grobskizzierte Darstellung jener drei Säulen, auf denen modernes Verwaltungsmanagement zu beruhen hat, macht deutlich, dass darin eine Fülle von Ansatzpunkten angelegt ist, die interkulturelle Orientierung von öffentlicher Sozialverwaltung und der von ihr geförderten Sozialeinrichtungen freier Träger maßgeblich zu verstärken. Interkulturelle Arbeit hat Querschnittsfunktion. Sie wird bis in die Gegenwart hinein in der Regel auf Ausländerarbeit oder Migrationssozialarbeit verkürzt und Sonderdisziplinen zugeordnet. In der Planung erscheint ihre Aufgabe häufig noch als Konzeptionierung von Arbeit mit ausländischen Kindern und Jugendlichen oder Arbeit mit ausländischen Familien usw.. Bis heute findet daher die rechtliche und öffentliche Marginalisierung und Stigmatisierung von Minderheiten ihre Fortsetzung in der Organisationslogik von öffentlicher Verwaltung und privaten Verbänden. Selbst dann aber, wenn interkulturelle Arbeit als Querschnittsfunktion gesehen wird, reduzieren sich die Aussagen dazu auf unverbindliche Allgemeinplätze und die personelle Zuordnung von Verantwortung korrespondiert in der Regel nicht mit der entsprechenden Kompetenz, Vorschläge auch durchsetzen zu können.

Im Folgenden soll deshalb der Versuch gemacht werden, die Ziele einer interkulturellen Orientierung und Öffnung von Sozialverwaltung und sozialen Diensten in die Strategie einer Verwaltungsreform einzubetten und die in diesem Zusammenhang entwickelten Instrumente auf ihre Brauchbarkeit für die Durchsetzung interkultureller Ziele zu überprüfen. Die Überlegungen basieren auf Erfahrungen, die das Sozialreferat der Landeshauptstadt München und dessen Stadtjugendamt im Zusammenhang mit einem tiefgreifenden Reformprozess und mit dem Ausprobieren entsprechender Instrumente bei gleichzeitiger klarer interkultureller Zielorientierung und durchsetzungsorientierter Maßnahmen gemacht haben. Die thesenhaft formulierten Überlegungen basieren nicht im vollem Umfang auf konkreten Erfahrungen. Sie sind eine Mischung aus Praxiserfahrung und konzeptionellen Überlegungen, stellen insoweit also einen Werkstattbericht dar und sind noch mitten in der Entwicklung.

Interkulturelle Orientierung und Öffnung von Einrichtungen

Wir haben an anderer Stelle versucht, eine Strategie zur Verankerung von interkultureller Kompetenz in Einrichtungen der Jugendhilfe vorzustellen.

Interkulturelle Orientierung als Qualitätsstandard sozialer Arbeit

Wir sind resümierend davon ausgegangen, dass „interkulturelle bzw. Fremdheitskompetenz ... Handlungsbedarf auf der Ebene der Individuen, der Ebene der Teams, der Ebene der Organisation und auf der gesellschaftspolitischen Ebene erfordert" (Handschuck/Schröer 1997, S. 86) und dass es dafür notwendig ist, Innovations- bzw. „Veränderungsagenturen" in den sozialen Organisationen

„mit dem Ziel zu installieren, dass diese Organisationen sich selbstständig um die Weiterentwicklung im Sinne der Veränderung der Bedürfnisse und Probleme der Klientel kümmern" (Jakubeit/Schröer 1994, S. 275).

Diese Perspektive, die sehr stark auf Personal- und Organisationsentwicklung in ihrer klassischen Ausformung baut, soll im Folgenden erweitert werden um Elemente der Neuen Steuerung und um die Chancen von Qualitätsmanagement. Das konnten wir seinerzeit nur andeuten, aber noch nicht ausformulieren (Handschuck/Schröer 1997, S. 83f.). Inzwischen lassen sich erste Erfahrungen mit der Verwaltungsreform und Erfahrungen aus einem Modellprojekt zur Einführung von Qualitätsmanagement für die interkulturelle Orientierung fruchtbar machen. Das Sozialreferat der Landeshauptstadt München befindet sich seit einigen Jahren im Prozess der Veränderung, wobei vor dem Hintergrund der Grundphilosophie von Neuer Steuerung eigenständige Wege für die soziale Arbeit begangen werden. Ziel ist es, die Dienstleistungen des Sozialreferates ämter- und berufsgruppenübergreifend zu entwickeln und zu vermitteln sowie die Dienstleistungen soweit wie möglich zu regionalisieren und damit kundenorientiert anzubieten.

Ein wesentliches Ergebnis war ein *Produktplan* des Münchner Sozialreferates, in dem erstmals die Produkte der *gesamten* sozialen Verwaltung einer Großstadt definiert werden. Auch hier wird also ein ämter- und dienststellenübergreifender Ansatz konsequent verfolgt. Die Produkte werden aufgaben- bzw. problemlagenorientiert definiert und nicht zielgruppenorientiert. Ein weiteres wesentliches Ergebnis war die neue Organisationseinheit *Sozialbürgerhaus*. Das Gebiet der Landeshauptstadt München wird in 13 *Sozialregionen* als Planungs- und Versorgungsbereiche aufgeteilt, in denen jeweils ein Sozialbürgerhaus die sozialen Dienstleistungen anbieten soll. Mit dem Sozialbürgerhaus wird die *Dezentralisierung und Regionalisierung* der wesentlichen sozialen Dienstleistungen vorgenommen. Die Organisation des Sozialbürgerhauses ist ämter-, aufgaben-, problem- und professionsübergreifend (KGSt 1999).

Parallel dazu und ergänzend wird in München das Projekt „Regionalisierung sozialer Arbeit" durchgeführt. Wesentliches Ziel dieses Projektes ist die Schaffung eines qualitativ und quantitativ ausreichenden Netzes sozialer Angebote für alle Problemlagen einer Region durch Stärkung der regionalen Verantwortung und Kompetenz. Das soll im Wesentlichen erleichtert werden durch eine verstärkte partnerschaftliche Zusammenarbeit aller Einrichtungen, durch Verlagerung von Kompetenzen in die Region, durch die vertikale und horizontale Vernetzung der Angebote sowie durch eine Abstimmung mit anderen städtischen Hierarchieebenen. Die Regionalisierung und Dezentralisierung sozialer Dienste dient somit flächendeckend der kontinuierlichen, qualitativen und quantitativen Leistungsverbesserung der sozialen Versorgung der Bevölkerung bei allen Leistungsträgern durch Kooperation, Nutzung von Synergieeffekten, den fantasievollen Umgang mit fachlichen Ressourcen und den Ausbau der Versorgung (vgl. Sozialreferat/Sozialplanung 1997).

Sozialreferat und Stadtjugendamt der Landeshauptstadt München haben ferner schon frühzeitig die Bedeutung von Qualitätsmanagement in der sozialen Arbeit erkannt und gehen davon aus, dass der Nachweis über das Vorhandensein eines Qualitätssicherungssystems unabdingbare Voraussetzung für die Förderung einer Einrichtung sein wird. Das Stadtjugendamt verfolgt deshalb das Ziel, Qualitätsmanagement mittelfristig zu einem festen Standard der Münchner Jugendhilfe werden zu lassen. Geförderte Einrichtungen freier Träger wie auch die eigenen Dienste sollen, wo dies möglich ist, Qualitätsmanagement einführen.

Das fordert die Verantwortung des öffentlichen Trägers, mit freien Trägern gemeinsam sich dieser künftigen Aufgabe zu stellen und gemeinsam Modellmaßnahmen durchzuführen, um Voraussetzungen für die Implementation von Qualitätsmanagement in der sozialen Arbeit zu schaffen. Das Stadtjugendamt hat deshalb mit den freien Trägern der Familienbildung und der Erziehungsberatung in München auf der Grundlage eines vorhandenen Konzepts (Bobzien u.a. 1996) ein gemeinsames Pilotprojekt zur „Einführung von Qualitätsmanagement in den Einrichtungen der Jugendhilfe" durchgeführt. In einem zweijährigen Modellversuch wurde Qualitätsmanagement mit den Maximen Nutzerorientierung, Zielorientierung, Prozessorientierung, Orientierung an Effektivität und Effizienz sowie Mitarbeiter/innen – und Kompetenzorientierung erprobt. Mit diesem „Münchner Modell" liegt einer der wenigen evaluierten Ansätze in Deutschland vor, mit dem Methoden des Qualitätsmanagements für die soziale Arbeit entwickelt und erprobt wurden (vgl. Schröer u. a. 2000). Die Lernprozesse, Ergebnisse und Erfahrungen dieses Projektes mit seinen Schnittstellen zum Neuen Steuerungsmodell sollen im Folgenden für eine interkulturelle Öffnung und Orientierung von Einrichtungen der sozialen Arbeit, insbesondere der Jugendhilfe fruchtbar gemacht werden.

Wir machen dafür die fünf inhaltlichen Schritte zur Implementation von Qualitätsmanagement zur Grundlage, die wir jeweils mit einer These einleiten.

Interkulturelle Orientierung des Organisationsleitbildes

Das Organisationsleitbild stellt die Erklärung der allgemeinen Grundsätze der Organisation nach innen und außen dar. Es muss interkulturelle Orientierung und Kompetenz als strategische Ziele und zentrale Handlungsanwei-

Interkulturelle Orientierung als Qualitätsstandard sozialer Arbeit 155

sungen enthalten. Diese Orientierung muss öffentlich sichtbar gemacht und als klares politisches Bekenntnis zur multikulturellen Stadtgesellschaft gelebt werden.

Komprimierter Ausdruck der eigenen Organisationskultur ist ein Leitbild, das in knapper, thesenhafter Form die zentralen Grundsätze, Ziele und Strukturprinzipien formuliert. Die Kultur einer Organisation sind jene Regeln, Werte und Strukturen, die (bewusst oder unbewusst) deren Geist, Erscheinungsbild und Wirksamkeit nachhaltig beeinflussen. Werte, Normen, Handlungsprinzipien oder Strukturen sind somit Steuerungsgrößen, die es zu entwickeln, zu pflegen und zu verändern gilt (Schröer 1997, S. 208). Das Leitbild gibt die Basis für die gemeinsame Zielorientierung, aus der sich die konkreten Zielvereinbarungen auf allen Ebenen ableiten. Insoweit ist es wesentliche Voraussetzung für die Qualitätspolitik der Organisation (Schröer 1997, S. 212). Es wendet sich identitätsstiftend nach innen an die Mitarbeiterinnen und Mitarbeiter, nach außen gibt es den Nutzerinnen und Nutzern Auskunft, welche Ziele die Organisation verfolgt und welchen Nutzen die Öffentlichkeit davon hat.

Wichtig ist es deshalb, die Entwicklung des Leitbildes als einen gemeinsamen Prozess von Führung und Mitarbeiterschaft zu verstehen, um sich gemeinsam der verbindenden Kultur bewusst zu werden, die grundlegenden Werthaltungen zu reflektieren und die vereinbarten Zielvorstellungen zu tragen. Das Münchner Sozialreferat hat in seinem Leitbild an verschiedenen Stellen ein Bekenntnis zur interkulturellen Öffnung und Orientierung der Organisation abgelegt. Neben anderen *Werten* werden als grundlegend formuliert: die gleichberechtigte Teilhabe aller am gesellschaftlichen Leben, Solidarität miteinander und Vielfalt untereinander, Respektierung der individuellen Lebensentwürfe. Als ausdrückliche *Ziele* werden unter anderen festgelegt: soziale, ethnische Benachteiligungen abbauen, Ausgrenzungen verhindern helfen, Integration ermöglichen (Sozialreferat 1996, S. 2).

Diese eher globalen Festlegungen sind in einem eigenständigen Katalog *Interkulturelle Ziele des Sozialreferates für eine bessere Ausrichtung der Regeldienste auf die ausländische Wohnbevölkerung* konkretisiert worden (Sozialreferat/Sozialplanung 1995). Mit diesem Konzept, das nach einer ausführlichen und durchaus kontroversen Diskussion in Abstimmung mit allen Ämtern des Sozialreferates verabschiedet worden ist, wird die interkulturelle Orientierung der gesamten Sozialverwaltung einer deutschen Großstadt ausdrücklich festgeschrieben. Diese eher allgemeinen Zielsetzungen werden in den jeweiligen Jahreszielen konkretisiert und fortgeschrieben und für die einzelnen Organisationseinheiten des Sozialreferates verbindlich gemacht.

Motor und Anreger dieser Entwicklung im Sozialreferat ist das Stadtjugendamt gewesen, die größte Organisationseinheit innerhalb der Sozialverwaltung. Schon sehr früh sind Weichen gestellt worden weg von einer Sicht auf Minderheitenkulturen als Sonderproblem und hin zu einem Verständnis von interkultureller Arbeit als Querschnittsfunktion. Ausgehend von der Einheit der Jugendhilfe und deren präventiver Orientierung wird in der Kommunalen Kinder- und Jugendplanung „eine Differenzierung zwischen Kindern, Jugendlichen, Heranwachsenden und Familien je nach besonderer Belastung mit der Folge der Integration in oder der Aussonderung aus den Angeboten der Jugendhilfe" eine Absage erteilt. Für all die sonst als Sonder- oder gar Problemgruppen bezeichneten Bevölkerungsschichten wird ein Ansatz festgelegt, „der das Leben auch belasteter Zielgruppen als ein Ganzes ansieht" und Hilfen prinzipiell als integrierten Teil des allgemeinen Hilfesystems betrachtet (Sozialreferat/Stadtjugendamt 1993, S. 37). Die Kommunale Kinder- und Jugendplanung in München hat deshalb *Leitlinien für eine interkulturell orientierte Kinder- und Jugendhilfe* formuliert wie in anderen Querschnittsbereichen auch (Sozialreferat/Stadtjugendamt 2000).

In diesen Leitlinien wird ausgehend von der derzeitigen demographischen und sozioökonomischen Situation in München und unter Berufung auf die einschlägigen gesetzlichen Grundlagen als Handlungsanforderungen zunächst formuliert:

„Fachspezifisches Wissen über die unterschiedlichen Lebenszusammenhänge ist zu vermitteln, kulturelle und soziale Übersetzungsarbeit ist zu leisten, Prozesse der dauerhaften Reflexion interkultureller Kinder- und Jugendarbeit sind anzustoßen und zu institutionalisieren. Erkenntnisse über spezifische Benachteiligungen von Bevölkerungsgruppen der multikulturellen Stadtgesellschaft sollen in konkrete Leistungsangebote münden. Hierunter sind präventive Maßnahmen zu verstehen, die zur Verbesserung der Lebensqualität auch ausländischer Kinder und Jugendlicher sowie ethnischer Minderheiten beitragen. Das gilt aber auch für einzelfallbezogene Hilfen, die Benachteiligungen nichtdeutscher Familien kompensieren und individuelle Entwicklungschancen ihrer Kinder und Jugendlichen fördern helfen. Es bedarf dafür der Entwicklung und Förderung eines interkulturellen Verständnisses. Interkulturelle Verständigung in der Stadtgesellschaft fordert eine interkulturelle Sozialarbeit in den sozialen Diensten und Einrichtungen der Stadtverwaltung, die auf die kulturell stark differenzierte Stadtgesellschaft angemessen reagiert, indem sie sozialpädagogische Qualitätsstandards herausbildet, die interkulturelle Konzeptionen und Methoden zum Inhalt haben."

Im Weiteren werden Ziele, Zielgruppen und Umsetzungsstrategien entwickelt, die handlungsleitend für die gesamte Kinder- und Jugendhilfe in München sind. Als Ziele werden formuliert:

„Interkulturelle Sozialarbeit findet in allen kulturellen Überschneidungssituationen statt. Sie zielt auf eine Synthese zwischen den unterschiedlichen Orientierungssystemen und damit auf Handlungsfähigkeit, indem sie...

- wechselseitige Integration und die Gleichberechtigung unterschiedlicher ethnischer und kultureller Gruppen durch kulturelle Übersetzungsarbeit ermöglicht,
- Partizipationsmöglichkeiten in allen gesellschaftlichen Teilbereichen erschließt,
- strukturelle Benachteiligungen im sozialen Bereich wahrnimmt und durch kompensatorische Angebote ausgleicht,
- die Ängste von vermeintlichen und realen Benachteiligungen aller Bevölkerungsgruppen zum Ausgangspunkt von Handlungsstrategien nimmt,
- unterschiedliche kulturelle Orientierungen und Lebensweisen von Individuen und Gruppen anerkennt und ihnen Geltung verschafft,

Interkulturelle Orientierung als Qualitätsstandard sozialer Arbeit

- den Erwerb von Fähigkeiten ermöglicht, mit kultureller Vielfalt und den damit verbundenen unterschiedlichen Bedürfnissen und Interessenlagen kompetent umzugehen,
- Fremdenfeindlichkeit, Rassismus, wechselseitige Stereotypisierung und Fremdheitserfahrungen thematisiert und durch Demokratieerziehung und antirassistische Erziehung gegensteuert,
- Eigeninitiative und Selbsthilfe fördert und die Netzwerke verschiedener kultureller Gruppen stützt und damit ressourcenorientiert an den Stärken der Zielgruppen ansetzt."

Diese generellen Ziele interkultureller Arbeit gelten danach für alle Zielgruppen jeweils unter Berücksichtigung geschlechtsspezifischer Aspekte und behinderungsbedingter Benachteiligungen. Im Weiteren werden die Zielgruppen sehr differenziert dargestellt. Hervorgehoben werden auch deutsche Kinder, Jugendliche und ihre Familien, die in besonderer Weise Adressat interkultureller Arbeit sind. Dabei geht es um die Sensibilisierung für Minderheitenkulturen und die Anerkennung ihrer Rechte, z.B. durch Demokratieerziehung und die Förderung interkultureller Kompetenz. Die Leitlinien sollen gewährleisten, dass die Nutzung der bereits vorhandenen und der zu schaffenden Ressourcen der Kinder- und Jugendhilfe in München den beschriebenen Zielen für die beschriebenen Zielgruppen gerecht werden. Zur Umsetzung werden deshalb entsprechende Empfehlungen abgegeben.

Der öffentliche Träger muss im Rahmen seiner Planungsverantwortung sicher stellen, dass die gleichberechtigte Teilhabe aller Minderheiten an den Angeboten der Jugendhilfe angestrebt wird. Dabei ist darauf zu achten, dass ihnen ein Podium zur Bedürfnisartikulation geschaffen wird. Für die Bedarfserhebung müssen interkulturelle Zugangsweisen gefunden werden. Ferner müssen Mittel bereitgestellt werden für die Förderung anerkannter freier Träger wie für die Unterstützung der eigenständigen ethnischen Gruppierungen. Besonders ist darauf zu achten, Mitarbeiterinnen und Mitarbeitern Zeit, Instrumente und Methoden zur interkulturellen Qualifizierung zur Verfügung zu stellen. Schließlich sind die Träger selbst aufgerufen sicher zu stellen, dass sie und ihre Einrichtungen eine interkulturelle Orientierung deutlich machen und in ihrer Arbeit den formulierten Zielen folgen. Damit ist ein verbindlicher Rahmen für die interkulturelle Orientierung und Öffnung in München gegeben, die Umsetzung muss durch Zielvereinbarungen auf der Kontraktebene und auf der Ebene der Mitarbeiterinnen und Mitarbeiter sichergestellt werden.

Auch im Teilplan *Fortbildung und Personalentwicklung* der Kommunalen Kinder- und Jugendplanung wird das Thema aufgegriffen. Neben den sonstigen, wesentlichen Grundqualifikationen für Mitarbeiterinnen und Mitarbeiter sozialer Dienste wird ausdrücklich auch *Fremdheitskompetenz* als eine unabdingbare Grundqualifikation herausgegeben (vgl. dazu Jakubeit/ Schattenhofer 1996). In der knappen Beschreibung wird definiert: „Fremdheitskompetenz beinhaltet eine aktive Auseinandersetzung mit einer Vielfalt an Sprachen, Kulturen und Werten. Sie bedeutet, Unterschiede verschiedenster Art wahrzunehmen und auszuhalten und zunächst nicht die Unterschiede zu verringern. Fremdheitskompetenz heißt, die eigene Sichtweise als eine Perspektive unter anderen möglichen anzusehen, die eigenen Deutungsmuster des Fremden zu erweitern, um handlungsfähiger zu werden. Sie beinhaltet die Chance, die eigene Identität zu festigen, um sich unbefangener dem Neuen öffnen zu können" (Sozialreferat/Stadtjugendamt 1995, S. 13; vgl. dazu Jakubeit/Schröer 1998).

Alle diese Leitbilder, Leitlinien und Grundsätze sind vom Stadtrat der Landeshauptstadt München verabschiedet worden. Es wäre illusionär zu glauben, damit wäre interkulturelle Orientierung und Öffnung durchgängige Maxime des politischen Verständnisses und des täglichen Verwaltungshandelns in München. Dies gilt nicht einmal für die Dienste der Sozialverwaltung, die sehr viel näher an den Herausforderungen und sehr viel länger an den damit verbundenen Fragen arbeiten. Gleichwohl bleibt festzuhalten, dass es wenige kommunale Verwaltungen geben dürfte, die schon soweit sind. Die kontinuierliche und langfristig angelegte Arbeit an dem Thema hat dazu geführt, dass derzeit stadtweit eine verbindliche Definition interkultureller Kompetenz erarbeitet wird, die zur Grundlage für die Beschäftigung von Mitarbeiterinnen und Mitarbeitern der gesamten Stadtverwaltung gemacht werden soll.

Ergänzend dazu hat das Thema *interkulturelle Verständigung* permanente Bedeutung: Das Münchner Stadtjugendamt etwa gibt sich jährlich einen Jahresschwerpunkt, unter den es seine Arbeit stellt. So war dieses Thema ausdrücklich festgelegt für das Jahr 1995, in den anderen Jahren hat interkulturelle Arbeit eine besondere Bedeutung im Rahmen der jeweiligen Schwerpunkte gehabt. In Veranstaltungen, Aktionen oder Fachtagungen wird das Thema stadtweit diskutiert und vertieft und von den Delegationsträgern der Kinder- und Jugendarbeit häufig aufgenommen. Die jährliche Fachtagung nimmt den Jahresschwerpunkt unter interkultureller Orientierung auf.

Konkretisierung in Zielen und für Zielgruppen

Aus dem Leitbild sind einrichtungsbezogen die jeweiligen Ziele kurz- und mittelfristig zu konkretisieren, als Jahresziele festzulegen und in Zielvereinbarungen mit den Mitarbeiterinnen und Mitarbeitern auszuhandeln. Die Sicherstellung von Qualität und damit auch von Interkulturalität als Qualitätsstandard ist Führungsaufgabe.

Verwaltungshandeln, vielfach aber auch die Arbeit freier Träger war in der Vergangenheit geprägt von Gesetzesvollzug und Aufgabenerledigung. Zielorientiertes Handeln und eine Ausrichtung auf den Nutzen für Klientinnen und Klienten standen nicht dezidiert im Vordergrund. Es ist deshalb ein

Interkulturelle Orientierung als Qualitätsstandard sozialer Arbeit

wesentliches Verdienst der Verwaltungsreformdiskussion, dass die Ziele des eigenen Handelns in den Vordergrund gerückt und dafür entsprechende Instrumente entwickelt worden sind. Idealtypisch ist die Vorstellung, dass die politische Führungsebene strategische Ziele vorgibt, die auf der Steuerungsebene der jeweiligen größeren Verwaltungseinheit (Dezernate/Referate) für den eigenen Bereich konkretisiert und dann für die Vollzugseinheiten (Ämter/Abteilungen) operationalisiert werden. Dies lässt sich prinzipiell auch auf das Verhältnis zu den freien Trägern übertragen, wobei nach innen wie nach außen über Kontrakte gesteuert werden kann. Hier ist ein wesentlicher Ansatz für die Umsetzung der interkulturellen Orientierung einer Organisation in praktisches Handeln.

Auch dafür soll das Sozialreferat in München als Beispiel dienen. Seitdem es eine klare Zielformulierung gibt, die jährlich vom Stadtrat verabschiedet wird, findet sich als ein Schwerpunktziel die *Förderung von Verständnis zwischen unterschiedlichen Kulturen*. Darunter wird als Rahmenziel formuliert:

„Die sozialen Angebote in München werden immer stärker von der ausländischen Bevölkerung nachgefragt. Deshalb ist es weiterhin notwendig, die Kompetenz der Mitarbeiterinnen und Mitarbeiter im interkulturellen Umgang zu erhöhen um die Angebote auch für die ausländische Bevölkerung abzustimmen. Grundlage hierfür bilden die interkulturellen Ziele des Sozialreferates."

In einem Bündel zielgerichteter Maßnahmen werden dann Einzelziele formuliert, beispielsweise die interkulturelle Kompetenz des Personals im Sozialreferat und seiner Kooperationspartner durch Fachtagungen und Fortbildungen und durch die Gewinnung ausländischer Kolleginnen und Kollegen zu verbessern. Dafür wird konkret festgelegt, wie viel Trainings an wie viel Tagen für wie viele Mitarbeiterinnen und Mitarbeiter angeboten werden, welche Fachtagungen und Fachgespräche mit welchen Schwerpunkten und Zielgruppen durchgeführt werden, welche Maßnahmen ergriffen werden sollen, um das Leistungsangebot des Sozialreferates bei Minderheitenkulturen besser zu vermitteln oder welche Einzelprojekte für welche Zielgruppen durchgeführt werden. Ergänzend wurden 1999 zwei Untersuchungen durchgeführt, um gezielte Lösungen für den Umgang mit nichtdeutschen Kundinnen und Kunden vorzubereiten.

Diese Zielsetzungen sind in einer Form operationalisiert, dass am Jahresende tatsächlich evaluiert werden kann, ob und in welchem Umfang Ziele erreicht worden sind. Auch über die Zielerreichung wird – zumindest quantitativ – jährlich dem Stadtrat Bericht erstattet. Ergänzt werden diese Einzelziele für die Gesamtverwaltung oder einzelne Verwaltungsbereiche noch durch individuelle Zielvereinbarungen, die beispielsweise der Jugendamtsleiter mit seinen Mitarbeiterinnen und Mitarbeitern trifft. Hier wurde etwa ausgehandelt, wer Ansprechpartner in den einzelnen Abteilungen für interkulturelle Fragestellungen ist, dass sich diese Ansprechpartner interkulturell fortbilden, welche Informationsmaterialien in welche Sprachen übersetzt werden oder wie verstärkt Mitarbeiterinnen und Mitarbeiter mit interkultureller Kompetenz für die Arbeit im Stadtjugendamt gewonnen und dann auch begleitet werden können.

Ein weiteres und noch wirkungsvolleres Instrument zur Umsetzung interkultureller Ziele im sozialen Handeln dürften *Produktpläne und Produktbeschreibungen* sein. Das Produkt als Ergebnis des Handelns einer Organisationseinheit bei der Erfüllung der ihr zugewiesenen Aufgaben ist der Ausgangspunkt des neuen Denkens und Handelns. Der Produktplan gibt eine Übersicht darüber, welche Leistungen von einer Organisationseinheit erbracht werden. Die Produktbeschreibungen enthalten eine zusammenfassende Darstellung der wesentlichen kundenbezogenen Leistungen und der wesentlichen Auftragsgrundlagen und geben die verantwortliche Organisationseinheit an. Von besonderem Interesse hier ist die Bestimmung der Zielgruppen und die Angabe von Zielen, differenziert nach Grundsatzzielen und konkreten Handlungszielen. Interessant sind Angaben zur Qualität, auch wenn nur Mindestaussagen zur Struktur-, Prozess- und Ergebnisqualität getroffen werden können.

Wenn es gelingt, im Rahmen von Produktbeschreibungen *Ziele, Zielgruppen und Qualitätsstandards* interkultureller Arbeit zu verankern, wäre ein wesentlicher Schritt getan. So ist in München in dem Leitfaden, der die Struktur der Produktbeschreibungen und Erläuterungen zu deren Merkmalen vorgibt, ausdrücklich die interkulturelle Orientierung verankert. Danach muss die Bestimmung der Zielgruppen möglichst genau durch Bezug auf soziokulturelle Merkmale wie Alter, Geschlecht, Familienstand oder Nationalität erfolgen. Die Grundsatzziele müssen die Querschnittsaufgaben wie interkulturelle, geschlechtsspezifische oder behindertenbezogene Leitlinien berücksichtigen. Bei den qualitativen Aussagen soll eine Operationalisierung beispielsweise dahingehend erfolgen, dass der Qualifizierungsgrad des Personals deutlich beschrieben wird. Das setzt für viele Handlungsfelder interkulturelle Kompetenz voraus. Nach der Münchner Praxis durchläuft eine Produktbeschreibung mehrere Stufen, bevor sie abschließend vom Stadtrat verabschiedet wird. Danach dürfte es in Zukunft nicht mehr möglich sein, dass eine Produktbeschreibung ohne konkrete Ziele für Minderheitenkulturen vorgelegt wird. Nachdem Produktbeschreibungen nicht nur nach innen wirken sollen, sondern auch für die freien Träger Vorgaben enthalten und in Form von Leistungsbeschreibungen im Rahmen des Kontraktmanagements aufgegriffen werden, ist zumindest von den Rahmenbedingungen her sichergestellt, dass die interkulturelle Orientierung und Öffnung sozialer Dienste und Dienstleistungen festgeschrieben ist.

Ergänzend ist anzustreben, dass – wie aus Großbritannien bekannt – auch die ethnische Gleichberechtigung als Qualitätsfrage kommunaler Arbeit und Antidiskriminierungspolitik für die Kommunalverwaltung als Standard festgeschrieben werden. „Was kann die Kommunalverwaltung tun, damit „equa-

Interkulturelle Orientierung als Qualitätsstandard sozialer Arbeit

litiy" (Gleichberechtigung) ein Synonym für „quality" (Qualität) wird?" fragt Barnett (1997, S. 269) und berichtet über die Entwicklung von Zielvorgaben, von Standards und deren Messung durch Indikatoren für fünf entscheidende Tätigkeitsbereiche: Politik und Planung, Dienstleistung und Kundendienst, Gemeindeentwicklung, Beschäftigung und Marketing (S. 270).

Entscheidend ist natürlich, dass die Zielerreichung evaluiert und Konsequenzen aus deren Ergebnissen gezogen werden.

Qualitätsmanagement ist Führungsaufgabe. Es ist deshalb wichtig, interkulturelle Orientierung in den Köpfen von Führungspersonal zu verankern. Für den Münchner Sozialbereich war die Ausgangssituation deshalb vergleichsweise positiv, weil Referatsleitung wie Jugendamtsleitung sich mit interkulturellen Zielen identifizieren und ihre Umsetzung aktiv betreiben. Führungskräfteentwicklung und Personalentwicklung sind deshalb wichtige Bausteine in einem Konzept interkultureller Orientierung und Öffnung.

Festlegung von Schlüsselprozessen

Im Mittelpunkt sozialen Handelns steht der Prozess der Leistungserbringung. Jede Einrichtung sozialer Arbeit muss die wichtigsten Schlüssel- und Arbeitsprozesse benennen und den Entscheidungsprozess so absichern, dass eine der interkulturellen Komplexität gerecht werdende Entscheidung herauskommt.

Schlüsselprozesse sind jene Tätigkeiten, die für Kundenorientierung, Zielerreichung und Qualitätssicherung besonders wichtig sind. Zur Identifizierung von Schlüsselprozessen wird ein Ist-/Sollvergleich zwischen den angestrebten Zielen und dem tatsächlichen Handeln durchgeführt. Erst wenn ein Prozess ausreichend beschrieben ist, besteht die Möglichkeit, ihn zielführend zu verbessern. Dazu ist es häufig notwendig, Schlüsselprozesse in Teilprozesse zu zerlegen, um ihre Komplexität zu verringern und den entscheidenden Weichenstellungen, an denen ein Prozess in die falsche Richtung gelenkt werden kann, auf die Spur zu kommen. Transparenz über einen Prozessablauf kann durch Visualisierung, etwa in Form eines Flussdiagramms erfolgen. Schon durch die grafische Beschreibung werden häufig Lücken im bisherigen Prozessverlauf deutlich, problematische Schnittstellen stellen sich dar und kreative Verbesserungsvorschläge zeichnen sich ab. Häufig können Prozesse dadurch verbessert werden, dass an den Schnittstellen Kooperationen vereinbart, dass Entscheidungsstrukturen eindeutig geregelt werden und der Informationsfluss sichergestellt wird. Im Ergebnis lässt sich die Zufriedenheit der Mitarbeiterinnen und Mitarbeiter ebenso wie die der Nutzerinnen und Nutzer verbessern.

Schlüsselprozesse in kulturellen Überschneidungssituationen haben noch einmal eine ganz besondere Bedeutung und lassen sich für *synergetische Effekte* nutzen. Schlüsselprozesse können dabei eine ganz unterschiedliche – individuelle, gruppenbezogene, gemeinwesenorientierte – Dimension haben:

- Die Terminierung eines Beratungsgespräches mit einer Migrantenfamilie kann entscheidend sein für das Gelingen des Beratungsprozesses insgesamt. Fragen der jeweiligen Zeitvorstellung, des Gebrauchs direkter oder indirekter Kommunikation, der Verbindlichkeit von Absprachen müssen beispielsweise analysiert werden, um nicht schon vor dem Beginn eines Beratungsprozesses Missverständnisse, Distanz oder gar Ablehnung aufkommen zu lassen.
- Die Jahresplanung von Familienbildungsstätten hat sich im Münchner Modellprojekt als entscheidender Schlüsselprozess herausgestellt. Der Wechsel von einer Jahresplanung zu zwei Halbjahresplanungen hatte nicht nur Auswirkungen auf die Effizienz (in weniger Zeit mehr Ergebnis) sondern auch auf die Effektivität: Flexibilität, Bedürfnisgerechtigkeit, Nutzungsfreundlichkeit oder Zielgruppenorientierung wurden deutlich verbessert.
- Die Akzeptanz und Vernetzung einer neu eröffneten Einrichtung im Stadtteil durch verschiedene kulturelle Gruppen wird maßgeblich durch die Beachtung verschiedenster Schlüsselprozesse bestimmt. Die Gestaltung und Mehrsprachigkeit von Informationsmaterial, Strategien der Öffentlichkeitsarbeit, die Analyse des subkulturellen Netzwerkes, die Ansprache von wichtigen Institutionen und Schlüsselpersonen etwa der Migrantenorganisationen oder die Raum- und vor allem Eingangsbereichgestaltung entscheiden über Erfolg oder Misserfolg der Einrichtung.

Jeder Schlüsselprozess muss aus unterschiedlichen kulturellen Perspektiven analysiert werden, um in kulturelle Synergie zu münden. Synergie wird verstanden als die Verbindung verschiedener Elemente kultureller Orientierungssysteme, die in ihrer Wechselwirkung eine neue Qualität ergeben. Das wird im Folgenden an einem Gesprächseinstieg beispielhaft dargestellt, wobei wir ein Modell kultureller Synergie von Adler (1980) adaptieren und in sieben Schritte übersetzen (nach Thomas 1993, S. 412).

Wer kennt diese Situation nicht? Sie besuchen eine Behörde, ziehen eine Nummer, die ihren Platz in der Warteschlange festlegt und treten an den Schalter, wenn Ihre Nummer aufleuchtet. Oder Sie sitzen auf dem Gang, warten bis Sie an der Reihe sind, um dann das Büro eines Sachbearbeiters oder einer Sachbearbeiterin zu betreten. Sie werden kurz begrüßt, vielleicht mit den Worten: „Was kann ich für Sie tun?". In der Regel schließt sich die Frage an: „Name, Vorname?" Die Kommunikation zwischen Ihnen und einer Vertreterin oder einem Vertreter einer Behörde hat ihren Anfang gefunden. Der Gesprächseinstieg wird darüber mit entscheiden, ob Sie die Behörde als kundenorientiert wahrnehmen oder nicht.

Es handelt sich um einen Schlüsselprozess, der die weitere Kommunikation in ihrem Gelingen maßgeblich beeinflusst. In einer interkulturellen Begegnungssituation ist die Frage nach dem Namen und seine Verwendung wesentlicher Bestandteil interkultureller Kommunikation, die von den Beteiligten interkulturelle Kompetenz erfordert. Als interkulturelle Kompetenz wird

Interkulturelle Orientierung als Qualitätsstandard sozialer Arbeit

die Fähigkeit zur Reflexion der eigenkulturellen Orientierungssysteme verstanden, verbunden mit der Bereitschaft, das eigene Regelsystem als *eine* Perspektive unter anderen möglichen anzusehen. Auf der Basis der Anerkennung von Vielfalt können so in kulturellen Überschneidungssituationen synergetische Lösungen gefunden und Handlungskompetenz erworben werden.

Was heißt das bezogen auf das angeführte Beispiel aus der Sicht der Behördenvertreterin und/oder der Kundin?

Schritt 1: Situationsanalyse
Zwei Personen unterschiedlicher kultureller Herkunft begegnen sich in den Rollen der Kundin und der Behördenvertreterin. Das Ziel der Kundin ist es, eine Dienstleistung in Anspruch zu nehmen. Das Ziel der Behördenvertreterin ist es, im kundenorientierten Umgang den Anspruch auf die Dienstleistung zu prüfen und sie entweder zu erbringen oder abzulehnen. Das Gespräch wird in deutscher Sprache geführt. Es besteht ein Machtgefälle zu Lasten der Kundin, da sie über weniger Informationen verfügt. Die Sprachbeherrschung, die Kultursouveränität, die Kenntnis der Situation und der Status in der gegebenen Situation sind nicht ausgewogen. Beide Personen haben den Willen zu einer gelungenen Kommunikation. Die Kundin verfügt über gute Kenntnisse der deutschen Sprache. Die Behördenvertreterin eröffnet die Kommunikation durch die Abfrage des Namens der Kundin.

Worin besteht die eigenkulturelle Sichtweise der Behördenvertreterin?

Ein alltäglicher Arbeitsvorgang beginnt durch die Abfrage des Namens der Kundin, um die nach Anfangsbuchstaben des Nachnamen geregelte Zuständigkeit zu prüfen.

Worin *könnte* die eigenkulturelle Sichtweise der Kundin bestehen?

Eine Kommunikation wird durch gegenseitige persönliche Vorstellung eröffnet.

Schritt 2: Reflexion der kulturellen Orientierungssysteme
Welche eigenkulturellen Orientierungssysteme der Behördenvertreterin sind maßgeblich?

- Die Abfrage des Namens ist sachbezogen, wichtig ist die korrekte Schreibweise zur Registrierung und Ablage des Vorgangs.
- Verständigungsschwierigkeiten werden durch die Aufforderung, den Namen zu buchstabieren, gelöst.
- Die eigene namentliche Vorstellung ist für den Arbeitsvorgang unerheblich.
- Die Anrede mit dem Namen reguliert Nähe und Distanz, „Sie" und die Verwendung von „Frau" in Verbindung mit dem Nachnamen sind angemessen.
- Die Ansprache mit dem Namen kann Respekt oder fehlenden Respekt ausdrücken. Schwierig auszusprechende Namen werden vermieden, da eine Falschaussprache unhöflich wäre.

Welche eigenkulturellen Orientierungssysteme der Kundin können maßgeblich sein?
- Die Vorstellung mit dem Eigennamen wird durch einen Beziehungsaspekt bestimmt. Die Herstellung einer guten Beziehung ist für die erfolgreiche Begegnung Voraussetzung.
- Verständigungsschwierigkeiten werden durch Wiederholung behoben.
- Die gegenseitige namentliche Vorstellung verbessert die Beziehung und entspricht den Regeln der Höflichkeit.
- Die Ansprache mit dem Namen und das Bemühen um eine korrekte Aussprache drücken Respekt und Achtung aus und ermöglichen Vertrauen.

Schritt 3: Beschreibung der kulturellen Überschneidung
Worin bestehen die kulturellen Ähnlichkeiten und Unterschiede?

In Gesprächen zwischen Behördenvertreterinnen und -vertretern und Kundinnen bzw. Kunden ist ein Ungleichgewicht in der Kommunikation angelegt. Die Größe des Unterschiedes ist in verschiedenen Kulturen und ihrer Organisation in Verwaltungsstrukturen unterschiedlich.

In jeder Kultur gibt es Eigennamen. Die Regeln des Namensgebrauchs und der Namensgebung variieren. Die nationale Namensgebung ist durch das Namenrecht (soweit vorhanden) geregelt. Es trägt gesellschaftlichen Veränderungen Rechnung, wie beispielsweise die Einführung von Familiennamen in Staaten des Nahen und Mittleren Osten bis in die fünfziger Jahre oder die Veränderung des Namenrechts bei Eheschließungen in Deutschland Ende der neunziger Jahre. Das gilt auch für die mit der Namensgebung verbundenen Kulturstandards wie beispielsweise der Registrierung des Namens.

Auch die Bedeutung von Eigennamen in der Kommunikation unterscheiden sich. Ob der ganze Name mit Vor- und Zunamen, der Vor- oder Zuname, der Nachname mit einer bestimmten Anredeform, Teile des Eigennamens oder ein Titel statt des Namens verwendet werden, ist kontextabhängig.

In allen Kulturen erfüllt die Verwendung, Umschreibung oder Auslassung von Namen kommunikative Funktionen wie die Vermittlung von Respekt oder Missachtung, Spott oder Anerkennung, die Vermittlung von Nähe und Distanz, die Vermittlung von Rollen und die Vermittlung von Beziehungsaspekten. Eine „falsche" Anrede kann soziokulturell unangemessen sein. Unangemessene Referenzformen wie „Du" statt „Sie" können bewusste wie unbewusste Missachtung, aber auch einfach Unkenntnis gesellschaftlicher Normen oder mangelnde Sprachkompetenz zum Auslöser haben. Einen Namen zu buchstabieren setzt eine hohe Sprachkompetenz voraus, besonders wenn erwartet wird, dass nicht „m, i, a" sondern „Martha, Ida, Anton" formuliert werden.

Ziel der Kundenorientierung impliziert in der deutschen Kultur das Bestreben, das vorhandene Ungleichgewicht in der Kommunikation mit Behörden möglichst klein zu halten. Durch interkulturelle Kommunikation kann sich das Ungleichgewicht jedoch verstärken, da auf der einen Seite Sprachkompetenz ebenso wie Handlungskompetenz durch Kenntnis der strukturellen Bedingungen gegeben sind, während auf der anderen Seite die Sprachkompetenz in der eingeforderten Verkehrssprache (Beamtendeutsch) eingeschränkt sein kann und die Unkenntnis der strukturellen Bedingungen Handlungsmöglichkeiten verringert. Kundenorientierung heißt in diesem Kontext, ausreichend Zeit in eine (gelungene) Kommunikation zu investieren und kulturelle Kreativität zu entwickeln.

Schritt 4: Kulturelle Kreativität
Was kann die eigene Organisation dazu beitragen, dass die Dienstleistung kundenorientierter für Menschen mit unterschiedlichen kulturellen Orientierungssystemen erbracht wird?

Was können andere kulturelle Orientierungssysteme dazu beitragen, dass die eigene Organisationskultur effektiver und zufriedenstellender wird?

Auf das Beispiel bezogen stellt sich die Frage, was die Behördenvertreterin zu einer gelungenen Kommunikation beitragen könnte. Beispiele von Verhaltensalternativen der Behördenvertreterin in der Gesprächsituation:

- Akzeptanz des Beziehungsaspektes durch eigene namentliche Vorstellung
- Erläuterung des Sachbezuges durch Information über die Bedeutung des Zunamens für die Zuständigkeit nach Anfangsbuchstaben
- Inanspruchnahme der Kompetenz der Kundin durch die Bitte nach Hilfestellung bei der Aussprache und Niederschrift des Namens der Kundin
- Vergewisserung, dass die gewählte Anredeform als angemessen empfunden wird

Beispiele von Verhaltensalternativen der Behördenvertreterin nach der Gesprächssituation:

- Gedächtnisstütze durch Lautschriftvermerk für sich selbst und Kollegen und Kolleginnen
- Korrektur der Maschinenschrift durch Einfügen von Zeichen, die auf unserer Tastatur nicht vorhanden sind
- Sich über den Umgang mit Eigennamen in unterschiedlichen Kulturen informieren
- Kolleginnen und Kollegen diese Informationen zur Verfügung stellen
- Anregen, dass eine Spalte für Lautschrift in Formulare aufgenommen wird
- Informationsbroschüre anregen

Beispiele von Verhaltensalternativen der Kundin in und nach der Gesprächssituation:

- Akzeptanz des Sachbezuges und damit der Zuständigkeit
- Erläuterung des eigenen Namens, Information über Orthographie und Phonetik

- Inanspruchnahme der Kompetenz der Behördenvertreterin durch Orientierung an ihrer Vorstellung, Übernahme der Anredeform und die Annahme von Aussprachehilfen
- Kreative Vermittlungshilfe (z.B. stellte sich eine japanische Studentin als „Motoka, wie das englische Wort motorcar" vor und wies die Anrede „Frau Motoka" zurück, da es sich um ihren Vornamen handelte. Eine türkische Kollegin sprach ihren Namen sehr langsam aus, wobei sie ihre Lippenmodulation beobachten ließ. In beiden Fällen erleichterte uns das die Konversation sehr.)
- Akzeptanz fehlerhafter Aussprache zugunsten des Beziehungsaspektes
- „Öffentlichkeitsarbeit" durch die Weitergabe der Erfahrung einer gelungenen, achtungsvollen Begegnung, Abbau von negativen Erwartungshaltungen

Schritt 5: Auswahl geeigneter Verhaltensalternativen
Unter der Fragestellung, ob die Beispiele der Verhaltensalternativen zum eigenen Orientierungssystem, hier der Kundenorientierung, und in das „fremde" Orientierungssystem, hier der Anspruch auf eine Dienstleistung passen, wird eine als angemessen bewertete Alternative gewählt und dem sich gegenseitig bedingenden Dialog angepasst.

Schritt 6: Implementierung
Für den Schlüsselprozess wird ein synergetisches Konzept eingeführt. Bei dem hier gewählten Beispiel könnte dies ein Beitrag bei der Einführung neuer Mitarbeiterinnen und Mitarbeiter zum Thema Namengebung und Namensgebrauch in unterschiedlichen Kulturen sein. Oder ein Trainingselement wird konzipiert, durch das die Zielgruppe Handlungskompetenz in interkulturellen Gesprächseinstiegssituationen erwirbt. Es wäre auch möglich, eine Broschüre zu erstellen, wie sie das Department of Social Security für australische Beamtinnen und Beamte erarbeitet hat. In ihr wird Wissen über den Umgang mit Namen zur Unterstützung interkultureller Kommunikation vermittelt. Der besondere Wert dieser Broschüre ist unseres Erachtens die Akzeptanz soziokultureller Verschiedenheit durch ihre Benennung und die Forderung an Staatsbedienstete, Vielfalt anzuerkennen und dies durch die korrekte Ansprache von Migrantinnen und Migranten zum Ausdruck zu bringen. So installierte die australische Regierung einen Qualitätsstandard in der interkulturellen Behördenkommunikation, der sowohl der Situation wie der Zielgruppe gegenüber als angemessen erscheint (vgl. Luchtenberg 1999, S. 67).

Schritt 7: Überprüfung der Implementierung
Die Entwicklung von Synergiekonzepten und interkulturellen Qualitätsstandards und ihre Implementierung bedürfen der Überprüfung von verschiedenen kulturellen Standpunkten aus. Auf der Grundlage multikultureller Rückmeldung wie beispielsweise einer Kundenbefragung werden Qualitätsstan-

Interkulturelle Orientierung als Qualitätsstandard sozialer Arbeit

dards, hier unter dem Blickwinkel der Kundenorientierung, eingeführt, indem Schlüsselprozesse analysiert, interpretiert, Verhaltensalternativen erschlossen, ausgewählt und operationalisiert werden.

An dieser Stelle sei uns ein zum Beispiel passender literarischer Exkurs erlaubt:

Voll väterlicher Liebenswürdigkeit beugt sich der tschechische Gelehrte über die Liste und findet seinen Namen: er setzt den Finger darauf: CECHORIPSKY.
„Aha, Monsieur Seschoripi?" sagt sie.
„Man sollte es Tsche-cho-rschip-ski aussprechen."
„Oh, das ist aber gar nicht einfach!"
„Übrigens ist er auch nicht korrekt geschrieben", sagt der Gelehrte. Er nimmt den auf dem Tisch liegenden Kugelschreiber und malt über das C und das R kleine Zeichen, die aussehen wie ein umgekehrter Zirkumflex.
Die Sekretärin schaut sich die Zeichen an, sie schaut den Gelehrten an und seufzt: „Das ist ziemlich kompliziert!"
„Im Gegenteil es ist sehr einfach."
„Einfach?"
„Kennen Sie Jan Hus?"
Die Sekretärin wirft einen raschen Blick auf die Liste der Geladenen, und der tschechische Gelehrte beeilt sich zu erklären: „Wie Sie wissen, war er ein großer Reformator der Kirche. Ein Vorläufer von Luther. Professor an der Karlsuniversität, die die erste Universität im Heiligen Römischen Reich war, wie Sie wissen. Was Sie aber nicht wissen: Jan Hus war zugleich ein großer Reformator der Orthographie. Es ist ihm gelungen, sie wunderbar zu vereinfachen. Um das zu schreiben, was wie tsch aussprechen, brauchen Sie drei Buchstaben: t,c,h. Die Deutschen brauchen sogar vier: t,s,c,h. Während uns, dank Jan Hus, ein einziger Buchstabe genügt. Ein c mit diesem kleinen Zeichen darauf.
Der Gelehrte beugt sich noch einmal über den Tisch der Sekretärin und zeichnet auf der Liste ein C sehr groß, mit einem umgekehrten Zirkumflex: č; dann schaut er ihr in die Augen und sagt mit klarer deutlicher Stimme: „Tsch!"
Die Sekretärin schaut ihm ebenfalls in die Augen und wiederholt: „Tsch!"
„Ja. Perfekt!"
(Aus: Milan Kundera: Die Langsamkeit, München 1995)

Veränderung der Aufbau- und Ablauforganisation

Aus veränderten Arbeitsprozessen muss sich eine Anpassung der Aufbau- und Ablauforganisation der Einrichtung ergeben. Dazu gehört, dass sich die abweisende Struktur öffentlicher Verwaltung gegenüber nichtdeutschen Nutzerinnen und Nutzern und die Abwehr nichtdeutschem Personal gegenüber verändert. Konsequente Kundenorientierung als Merkmal von Qualitätsmanagement muss als interkulturelle Umorientierung und Offenheit sichtbar werden.

Die Analyse von Schlüsselprozessen wird ganz wesentlich dazu beitragen, Zugangsbarrieren für Minderheitenkulturen zu identifizieren.

„Denn der Zugang zu den Regeldiensten ist nicht nur durch die kultur- und schichtspezifischen Zugangshemmungen der Migrantenklientel erschwert, sondern auch durch die ausgrenzenden Einstellungen und Verhaltensweisen der Mitarbeiter" (Gaitanides 1996, S. 44).

Strukturelle Ausgrenzungsmechanismen abbauen

Bisher ist es noch zu wenig gelungen, Mitarbeiterinnen und Mitarbeiter mit interkultureller Kompetenz, insbesondere auch Angehörige von Minderheitenkulturen in den Einrichtungen des Öffentlichen Dienstes zu beschäftigen. Das gilt auch für Sozialreferat und Stadtjugendamt München. Im Stadtjugendamt stellt sich derzeit die Situation so dar: Zwar gibt es 112 Mitarbeiterinnen und Mitarbeiter beim hauswirtschaftlichen Personal, die nicht die deutsche Staatsangehörigkeit haben. Für den Erziehungsdienst in Kinderkrippen und Heimen sind es aber lediglich 22 Fachkräfte, Sozialpädagoginnen und Sozialpädagogen konnten sogar erst zehn zur Mitarbeit in der Sozialverwaltung gewonnen werden. Vor diesem Hintergrund ist die Zielvereinbarung, dass jede Dienststelle des Sozialreferates im Jahr zusätzlich eine qualifizierte Mitarbeiterin/einen qualifizierten Mitarbeiter mit Erfahrungen im Bereich der Migration (aus dem Ausland zugewandert, eingebürgert oder mit besonderen Kenntnissen fremder Kulturen) gewinnen soll, als eher anspruchsvoll zu verstehen. Im Kontakt mit den Münchner Fachhochschulen wird deshalb seit langem durch verschiedene Aktivitäten versucht, mögliche Mitarbeiterinnen und Mitarbeiter frühzeitig für eine Arbeit in der Sozialverwaltung zu interessieren.

Neben subjektiven Zugangshemmungen, die für nichtdeutsche Studierende gegenüber der sozialen Verwaltung bestehen mögen, ist es notwendig, auch strukturelle Ausgrenzungsmechanismen zu überprüfen. So ist es in München bisher nicht gelungen, bei Stellenausschreibungen besonders darauf hinzuweisen, dass nichtdeutsche Bewerberinnen und Bewerber besonders gern gesehen oder gar bevorzugt werden. Ebensowenig konnten bisher Bewerbungen ohne formale Qualifikation mit dem Ziel eingestellt werden, ihnen eine berufsbegleitende Nachqualifizierung zu vermitteln. Dabei wird auch eine machtvolle Konstellation deutlich, deutsche Mitarbeiterinnen und Mitarbeiter ebenso wie ihre Personalvertretung und das für Personalfragen zuständige Referat stehen solchen Überlegungen geschlossen ablehnend gegenüber.

Darüber hinaus wirkt die abweisende Struktur der öffentlichen Verwaltung insgesamt: Nichtdeutsche haben vielfach negative Erfahrungen mit Stellen der Kommunalverwaltung wie Ausländerbehörde oder Sozialamt. Die Formalisierung und Regelgeleitetheit deutscher Bürokratie wirken wenig attraktiv auf jene Menschen, die einen anderen sozialen und politischen Hintergrund kennen. Die deutschen Mitarbeiterinnen und Mitarbeiter strahlen häufig Ablehnung aus, weil die Einstellung nichtdeutscher Kolleginnen und Kollegen Kompetenzverlustängste verstärkt und Konkurrenzangst schürt. Vorurteile und Ressentiments sind gleichfalls nicht zu leugnen, die sich auf der Verhaltensebene in einem arroganten und abweisenden Kommunikationsstil äußern können (Gaitanides 1996, S. 44ff.; Handschuck/Schröer 1997, S. 78f.).

Ein wesentlicher Schritt zur Veränderung dieser strukturellen Ausgrenzungsmechanismen dürfte in München damit gelungen sein, dass interkulturelle Kompetenz als Schlüsselqualifikation von Mitarbeiterinnen und Mitarbeitern nicht mehr nur in Einzelbereichen bzw. für Sonderfunktionen als notwendig erachtet wird. Der beharrlichen Arbeit nicht zuletzt des Sozialreferates gemeinsam mit der Stelle für interkulturelle Arbeit ist es gelungen, die Förderung interkultureller Kompetenz stadtweit zum Thema zu machen. Inzwischen arbeitet dazu ein referatsübergreifender Arbeitskreis, an dem insbesondere das für Personaleinstellungen zuständige Querschnittsreferat für Personal- und Organisationswesen beteiligt ist. Mit der Erarbeitung einer einheitlichen Definition interkultureller Kompetenz wird das Ziel verfolgt, diese Schlüsselqualifikation operationalisierbar und damit ausschreibungsfähig zu machen. Es besteht berechtigte Hoffnung, dass in absehbarer Zeit zumindest für die Felder, die in besonderem Maße mit Angehörigen von Minderheitenkulturen zu tun haben, interkulturelle Kompetenz als Voraussetzung für Bewerbungen bzw. als Verpflichtung zu berufsbereitender Weiterqualifizierung festgeschrieben wird.

Zugänglichkeit für fremdethnische Zielgruppen erleichtern

Die Mechanismen, die potentielle Bewerbungen von Nichtdeutschen verhindern, erschweren selbstverständlich auch den Zugang für ethnische und kulturelle Minderheiten zur Verwaltung. Eine wesentliche Zugangsschwelle ist zweifellos, dass es zu wenig interkulturell kompetente bzw. aus den wichtigsten Minderheiten einer Stadtgesellschaft stammende Mitarbeiterinnen und Mitarbeiter gibt. Die Erfahrung fehlender „Verständigungsorientierung" (Hinz-Rommel 1996, S. 23) bestärkt Misstrauen und Skepsis gegenüber den Angeboten von Regeleinrichtungen und bestätigt immer wieder das fehlende Vertrauen in die Empathiefähigkeit deutscher Mitarbeiterinnen und Mitarbeiter von Verwaltung. Verstärkt werden solche Entfremdungserscheinungen auch dadurch, dass die Herkunft vieler Mitarbeiterinnen und Mitarbeiter aus der Mittelschicht mit einer entsprechenden Gesprächsführung, Problemorientierung und Zielgerichtetheit Angehörigen von Minderheitenkulturen ebensolche Probleme bereiten, wie wir sie aus der Arbeit mit deutschen Unterschichtsangehörigen kennen.

Neben diesen eher subjektiv vermittelten Zugangshemmnissen spielen auch strukturelle Probleme eine Rolle. Öffnungszeiten, Zugangswege, Raumgestaltungen, Umgangsstile, Abstraktionsfähigkeiten – alles Hinweise auf entscheidende Schlüsselprozesse – machen schon deutschen Nutzerinnen und Nutzern trotz entsprechender Sozialisation manchmal schier unüberwindbare Probleme. Dies gilt in noch viel stärkerem Maß für Menschen, die über eine ganz andere Kommunikationserfahrung, Kenntnis von Verwaltungsstrukturen oder Bewältigung von Notlagen verfügen. Ein weiteres Problem, das die

Wirksamkeit von sozialer Arbeit zunehmend in Frage stellt, ist die arbeitsteilige und spezialisierte Problemlösungsstrategie in unserem Sozialsystem. Die Bearbeitung von Teilfragen, die Verweisung auf andere Zuständigkeiten, das undurchsichtige Zusammenspiel vielfältiger Strukturen wird im Zweifel als Inkompetenz und Zurückweisung erlebt.

Nachdem damit Fragen der generellen Funktionsfähigkeit unserer Sozialverwaltung angesprochen sind, werden diese Probleme im Rahmen von Verwaltungsmodernisierung bearbeitet. So wird etwa in München in der neuen Organisation eines Sozialbürgerhauses eine *professions- und dienststellenübergreifende Organisation* erprobt, bei der Rat- und Hilfesuchende von einem *Prozessverantwortlichen* durch den gesamten Prozess der Hilfeleistung verantwortlich geführt werden. Damit sollten wesentliche strukturelle Defizite der Vergangenheit angehören. Für die Beseitigung der eher subjektiv begründeten Zugangsschwellen dürften Maßnahmen der Personalentwicklung von entscheidender Bedeutung sein.

Interkulturelle Kompetenz des Personals erweitern

Verwaltung ist also dabei, ihr verstaubtes Image abzulegen und sich zu einem modernen Dienstleistungsunternehmen zu entwickeln.

Behörden sind Bindeglied zwischen Staat und Gesellschaft, ihre Mitarbeiterinnen und Mitarbeiter repräsentieren Politik und Verwaltung, sie leisten damit quasi Öffentlichkeitsarbeit für die Kommunen. In allen Lebensbereichen, so auch in städtischen Dienststellen, Ämtern und sozialen Einrichtungen begegnen sich Menschen mit unterschiedlichen kulturellen Hintergründen. Um in dieser Begegnungssituation bürgernah zu interagieren, Reibungsverluste gering zu halten und Arbeitsabläufe angemessen und effektiv zu gestalten, bedarf es interkultureller Kompetenz.

Soll die interkulturelle Kompetenz erweitert werden, stellt sich als erstes die Frage, welche Fähigkeiten sich hinter diesem Begriff verbergen und wie diese zu fördern sind, um Fortbildungsangebote zu konzeptionieren. Zur Verdeutlichung wollen wir im Folgenden unser Verständnis zentraler Begriffe grob definieren:

Kultur
Kultur ist ein System von Konzepten, Überzeugungen, Einstellungen und Werteorientierungen, mit dem gesellschaftliche Gruppen auf strukturell bedingte Anforderungen reagieren. Dieses gemeinsame Repertoire an Symbolbedeutungen, Kommunikations- und Repräsentationsmitteln ist dynamisch in seiner Anpassung an gesellschaftliche Veränderungsprozesse. Es ist damit ein dem Wandel unterliegendes Orientierungssystem, das die Wahrnehmung, die Werte, das Denken und Handeln von Menschen in sozialen, politischen und ökonomischen Kontexten definiert (vgl. Thomas 1993, S 379ff.).

Interkulturelle Orientierung als Qualitätsstandard sozialer Arbeit 171

Kulturelle Kompetenz

Kulturelle Kompetenz bedeutet die Kenntnis eines gemeinsamen Systems von Symbolen, Bedeutungen, Normen und Regeln, die das Verhalten bestimmen. Dieses Wissen muss nicht reflektiert vorhanden sein, sondern gibt sich durch Verhalten und Interpretation zu erkennen.

Man weiß sozusagen, wie man sich in verschiedenen Situationen „angemessen" verhält und bewertet größtenteils unbewusst auch das Verhalten von anderen. Kulturelle Kompetenz ist nicht ein für allemal gegeben sondern sie ist ein bewegliches System. Kulturelle Identitäten, sowohl personale wie kollektive, haben einen relativ stabilen Kern, variieren aber in Abhängigkeit von Kontexten. Was für übereinstimmend gehalten wird, muss in den Kontexten erst ausgehandelt werden (vgl. Vester 1998, S. 99ff.).

Multikulturalität

Der Begriff der Multikulturalität wird hier deskriptiv verstanden und ist eine Zustandsbeschreibung unserer Gesellschaft. Es gibt keine homogenen Gesellschaften. Die Orientierungssysteme unterschiedlicher gesellschaftlicher Gruppen differieren mehr oder weniger stark. Unter anderen bedingen Faktoren wie Geschlecht, sozialer, ökonomischer und rechtlicher Status, Bildung, Generationszugehörigkeit, Ethnie, politische, sexuelle und religiöse Orientierung und Berufsgruppe der Menschen permanenten Wechsel, Nebeneinander und Gleichzeitigkeit von Gruppenzugehörigkeiten. Die Zuordnung zu einer kulturellen Gruppe durch Selbstdefinition oder Fremdzuschreibung ist in soziale, politische und ökonomische Kontexte eingebunden und abhängig von kultureller Identifikation und Definitionsmacht (vgl. Staub-Bernasconi 1992, S. 290ff.).

Interkulturalität

Der Begriff Interkulturalität beschreibt den interaktiven Prozess kultureller Überschneidungssituationen. Ein Individuum oder eine Gruppe stößt auf ein Gegenüber mit einem Orientierungssystem, das sich vom eigenen unterscheidet. Bewältigungsstrategien müssen entwickelt werden. Interkulturelle Begegnungssituationen sind Alltagsnormalität. Kulturelle Überschneidungssituationen können zu Problemen im interkulturellen Verstehen führen, die Kommunikation und Aushandlungsprozesse erschweren. Interkulturalität bedingt interkulturelles Lernen.

Interkulturelle Kompetenz

Interkulturelle Kompetenz beinhaltet die Fähigkeit zur Reflexion der eigenen wie kollektiven kulturellen Kompetenz. Das vorhandene System von Regeln und Normen, die Fähigkeit, Symbole zu entschlüsseln, wird bewusst und damit analysierbar. Die eigene Sichtweise, das eigene Regelsystem kann so als *eine* Perspektive unter anderen möglichen angesehen werden. Damit werden Unterschiede in verschiedenen Orientierungssystemen wahrnehmbar und die eigenen Deutungsmuster des Fremden können erweitert werden. Durch Reflexion der eigenen kulturellen Identität kann diese gefestigt werden. Identitätsbewusstsein und Selbstwertgefühl ermöglichen, ohne „Ich-Verlustängste" Unterschiede wahrzunehmen und auszuhalten, ohne diese zunächst zu verringern. Das Fremde bleibt als solches erfahrbar, ohne es vereinnahmen zu müssen oder ihm die Anerkennung vorzuenthalten (vgl. Jakubeit/Schattenhofer 1996, S. 401ff.). Auf der Basis von Anerkennung können Unterschiede benannt werden, interkulturelle Übersetzungsarbeit findet statt. So werden interkulturelle Missverständnisse verringert, Interessengegensätze können als solche erkannt und formuliert und damit bearbeitbar werden. Konfliktbewältigungsstrategien können entwickelt werden. Durch die Analyse von Stärken und Schwächen, Vor- und Nachteilen kulturbedingter Verhaltensstrategien werden nicht nur Unterschiede erkannt, durch das Respektieren dieser Unterschiede ist der Weg zu synergetischen Lösungen geöffnet. Interkulturelle Kompetenz beschreibt damit Handlungskompetenz in kulturellen Überschneidungssituationen auf der Basis der Anerkennung von Vielfalt als Normalität.

Daraus ergeben sich für die Fortbildungen und Trainings im Sozialreferat die folgenden Inhalte und Methoden:

– An den Fähigkeiten anknüpfen
 Die Reflexion der eigenen, personalen wie kollektiven Prägung ermöglicht die häufig als selbstverständlich hingenommene Fähigkeit, sich im eigenen Regelsystemen bewegen zu können, als vorhandene Kompetenz wahrzunehmen. Dieser Zugang erleichtert, an den Fähigkeiten und Stärken der Fortzubildenden anzuknüpfen, diese anzuerkennen, das „Ich" zu stärken. Aus der eigenen Erfahrung werden so Mehrfachzugehörigkeiten zu sozialen Gruppen erschlossen (Geschlecht, Schicht, Generation usw.) und damit die Gefahr, interkulturelle Begegnungssituationen in ihrer Wahrnehmung auf Faktoren wie Religion, Nationalität, ethnische Zugehörigkeit zu reduzieren, bewusst gemacht.
– Rollen definieren
 Interessengegensätze können als solche nur erkannt werden, wenn die eigene Rolle in der Begegnungssituation bewusst ist und ein Machtgefälle als solches wahrgenommen wird. Demokratische Entscheidungsfindungen sind zu unterstützen mit dem Ziel, Dominanz zu reflektieren und unterschiedliche Partizipationschancen auszugleichen. Wissen über unterschiedliche Kulturstandards allein reicht nicht aus, um interkulturelle Kommunikation positiv zu beeinflussen. Demokratische Strukturen sind maßgeblich, um den notwendigen Prozess der Aushandlung zu ermöglichen.
– Interaktionistische Ansätze zugunsten kontrastiver Ansätze
 Kulturelle Unterschiede zu benennen, um interkulturelle Übersetzungsarbeit zu leisten, birgt in sich die Gefahr der Generalisierung. Kulturstandards können personifiziert werden und die Eigenverantwortung der agierenden Menschen bei Missverständnissen und Konflikten kann so in den Hintergrund gedrängt werden. Kulturvergleichende Ansätze können somit zwar als Verdeutlichungsbeispiele sinnvoll sein, interaktionistische Ansätze sollten immer im Vordergrund stehen, um der Prozesshaftigkeit interkulturellen Lernens, der Bedeutung von Macht- und Sozialstrukturen und der Komplexität und Differenziertheit kultureller Orientierungssysteme gerecht werden zu können. Dabei dürfen Wir-Identitäten nicht geleugnet werden. Die Notwendigkeit der Balance zwischen Wir-Identität und der Identität als Individuum, die Realisierung ihrer Gleichzeitigkeit, wird durch folgendes Zitat von Elias deutlich:

„Man findet oft, dass Menschen den Widerspruch zwischen ihrem Selbstverständnis als wirloses Ich, als völlig vereinzeltes Individuum, und ihrem emotionalen Engagement für die Wir- Gruppe der Nation durch eine Strategie der Abkapselung zu bewältigen suchen. Ihr Selbsterlebnis als Individuum und ihr Selbsterlebnis als Repräsentant einer Wir-Gruppe ... werden gleichsam verschiedenen Abteilen ihres Wissens zugeordnet, und diese Abteile stehen in keiner oder allenfalls nur in höchst loser Verbindung miteinander" (Elias, 1987, S. 280).

Aufbauend auf diesen Überlegungen bietet das Sozialreferat München verschiedene Fortbildungsmaßnahmen für unterschiedliche Zielgruppen an. Ein in die Thematik einführendes interkulturelles Training ist folgendermaßen aufgebaut (in Anlehnung an Zaninelli 1994):

- Sensibilisieren
 Durch Übungen aus verschiedenen Programmen, wie dem israelischen Demokratieerziehungsprogramm Betzavta, werden die Teilnehmerinnen und Teilnehmer für das Lerngebiet sensibilisiert. Anknüpfend an den eigenen Kompetenzen werden das Thema kulturelle Zugehörigkeiten diskutiert und eigene Orientierungssysteme reflektiert.
- Kognitiv begreifen
 Kulturkategorien werden beschrieben und analysiert. Unterschiede kultureller Orientierungssysteme werden kognitiv begriffen und in Beziehung zu sozialen Strukturen in Deutschland gesetzt. Die Gefahr der Generalisierung wird ausführlich behandelt, die Differenziertheit der in Deutschland lebenden Gruppen thematisiert, die Möglichkeit der Ableitung von Verhaltensweisen durch die Herkunftskultur kritisch beleuchtet. Informationen über Untersuchungsergebnisse z.B. über „Interkulturelle Kommunikation in multiethnischen Pädagogenteams" (vgl. Marburger, H. u. a. 1998) und die Ergebnisse der Untersuchungen im Münchner Sozialreferat zur interkulturellen Kommunikation fließen ein.
- Affektiv umbewerten
 Durch Empathieübungen werden unbewusste Attribuierungen bewusst. Die eigene Sichtweise, das eigene Regelsystem und die damit verbundenen emotionalen Bewertungen werden als *eine* Perspektive unter anderen erfahrbar, Deutungsmuster werden erweitert.
- Verhalten modifizieren
 Verhalten und Handeln werden analysiert, synergetische Lösungsansätze gesucht. Ausgewählte Verhaltensalternativen werden eingeübt.

Dieses Grundlagentraining wird durch zielgruppenspezifische Fortbildungsangebote ergänzt wie beispielsweise „Jugend vor Gericht", ein Seminar für Jugendgerichtshilfe und Jugendrichterinnen und -richter, das Recht- und Unrechtbewusstsein in verschiedenen kulturellen Kontexten zum Inhalt hat, oder „Interkulturelle Mediation", eine Einführung für Fachkräfte der geschlechtsdifferenzierten Jugendarbeit. Die Fortbildungen werden evaluiert, der fortlaufend ermittelte Fortbildungsbedarf führt zur Konzeptionierung entsprechender Angebote für unterschiedliche Zielgruppen. In Zusammenarbeit mit den Fachhochschulen für Sozialpädagogik finden jährliche Fachtagungen zur interkulturellen Arbeit statt, deren Inhalte sich an den Jahresschwerpunkten des Stadtjugendamtes orientieren. 1997: Kriminalität- und Gewaltprävention, 1998: Frauenbilder – Arbeitswelten, 1999: Interkulturelle Jungenarbeit. Die Fortbildungsinhalte werden weitgehend durch multikulturelle Teams vermittelt. Ein Referentinnen- und Referentenpool von Fachkräften mit Migrationserfahrung befindet sich im Aufbau.

Wichtig erscheint uns nicht nur das Fortbildungsangebot selbst, sondern auch seine Vorbereitung und Einführung im Stadtjugendamt und im Sozialreferat.

Es wurde eine kleine Arbeitsgruppe von Mitarbeiterinnen und Mitarbeitern aus verschiedenen Hierarchiegruppen und Abteilungen gebildet, die diverse Fortbildungsansätze sichtete, überprüfte und in die Organisation rückkoppelte. Als sich herausstellte, dass ein eigenständiges Fortbildungsangebot für das Stadtjugendamt sinnvoll wäre, ließen sich eine Mitarbeiterin und ein Mitarbeiter zu Trainern ausbilden und entwickelten ein auf die spezifischen Bedürfnisse des Sozialreferates zugeschnittenes Fortbildungskonzept. Nach einigen Testveranstaltungen stand dann ein adäquates und akzeptiertes Programm zur Verfügung.

Um Verständnis und Unterstützung auch beim obersten Management des Sozialreferates zu wecken, wurden dem Sozialreferenten und allen Amtsleitungen ein eintägiges Seminar angeboten, in dem Ausschnitte der Trainings zur interkulturellen Verständigung vermittelt wurden. Dadurch wurde eine Basis dafür gelegt, dass die Fortbildungen auch von Mitarbeiterinnen und Mitarbeitern anderer Ämter, von sozialpädagogischen Fachkräften und Verwaltungsfachkräften besucht wurden und so die jeweiligen Amtsstrukturen eingebracht und reflektiert werden konnten (vgl. Handschuck/Schröer 1997, S. 80).

Überprüfung der Zielerreichung

Um die Erreichung der vereinbarten Ziele zu überprüfen, sind geeignete Verfahren der Berichterstattung, eines Controllings sowie der Selbst- und Fremdevaluation zu entwickeln. Die Ergebnisse müssen in einem Prozess (Regelkreis) der kontinuierlichen Verbesserung einmünden: Zielvereinbarung – Entwicklung, Entscheidung, Umsetzung von Maßnahmen – Überprüfung und Bewertung der Zielerreichung – Modifikation und Fortschreibung der Ziele. Ziele, Leistungserbringung und Qualitätsstandards müssen jeweils auf die Angemessenheit gegenüber der Zielgruppe hinterfragt werden. Das setzt die Reflexion der eigenen Kulturstandards voraus und die Fähigkeit, sie in Bezug zu fremdkulturellen Standards zu setzen.

Sofern bei der Erbringung sozialer Dienstleistungen überhaupt zielorientiert gesteuert wurde, konzentrierten sich Zielvereinbarungen und Zielüberprüfungen bislang allenfalls auf die Binnenlogik der jeweiligen Leistungserbringer. Die Vorschläge der Kommunalen Gemeinschaftsstelle zur Einführung des Neuen Steuerungsmodells mit seiner outputorientierten Zielrichtung war zunächst fast ausschließlich auf verwaltungsinterne Umsetzungsstrategien gerichtet. Die freien Träger, die im Sozialbereich eine bedeutende Rolle spielen, blieben außen vor. Es blieb ihnen überlassen, ob und welche neuen Steuerungsinstrumente sie einführen wollten und ob und wie sie Zielvereinbarungen und Zielkontrolle praktizierten. Mit der Vorlage von Produktplänen und dem Beginn von Produktbeschreibungen in den Kommunen wurde aber deutlich, dass eine Steuerung des Sozialbereiches über Produkte ausschließlich aus der Sicht und Verantwortung des öffentlichen Trägers nicht durchführbar war. Deshalb wurde vielerorts, so auch in München, begonnen, die freien Träger bei der Formulierung der Produktbeschreibungen einzubeziehen und so das gesamte Feld sozialer Leistungen in den Blick zu nehmen. Ferner geht der öffentliche Träger schon seit einiger Zeit dazu über, das Verhältnis zu den freien Trägern nicht mehr über Verwaltungsakte zu gestalten, sondern in Förderverträgen und Leistungsverträgen dem partnerschaftlichen Verhältnis von beispielsweise öffentlicher und freier Jugendhilfe auch einen rechtlichen Ausdruck zu geben. Jetzt hat auch die KGSt dieses Defizit gefüllt und dem *Kontraktmanagement* zwischen öffentlichen und freien Trägern einen eigenen Bericht gewidmet (vgl. KGSt 1998).

Der Bericht geht zurecht davon aus, dass die Qualität der Zusammenarbeit von öffentlichen und freien Trägern von erheblicher Bedeutung für die Qualität der sozialen Arbeit insgesamt ist. Ihr Zusammenwirken muss von mehr Transparenz und Verbindlichkeit sowohl bezogen auf Leistungen und Qualität wie auch auf Wirtschaftlichkeit und Wirkungen geprägt sein. Als Grundlage dazu werden Leistungsverträge vorgeschlagen, die eine verbindliche Vereinbarung zwischen dem öffentlichen Träger als Gewährleister und den freien Trägern als Leistungserbringern darstellen. Sie beinhalten Aussagen darüber,

„welche Ziele mit den Aktivitäten des freien Trägers verfolgt, welche Standards eingehalten und welche Indikatoren dazu herangezogen werden sowie welche Leistungen/Produkte dazu zu erbringen sind. Gleichzeitig wird die Höhe sowie Modalitäten der Finanzierung und Absprachen über Verfahrensweisen fixiert" (KGSt 1998, S. 11).

Wenn man sich die dort formulierten Ziele von Leistungsverträgen (S. 11) und die Ziele der Kommunikation im Rahmen des Kontraktmanagements wie Verständigung über Gestaltungsziele, Spezifizierung dieser Ziele auf einzelne Leistungen, Entwicklung von Indikatoren zur Messung der Zielerreichung, Verständigung auf ein Budget und Vereinbarung über ein regelmäßig stattfindendes Controllingverfahren anschaut (S. 18), dann wird deutlich, dass für den öffentlichen Träger eine erhöhte Transparenz und damit auch eine verstärkte *Kontrolle* bezüglich der Leistungserbringung, ihrer Ergebnisse und ihrer Wirkungen im Mittelpunkt steht. Unter der Voraussetzung, dass öffentliche wie freie Träger operationalisierte Ziele entwickeln, diese in Produkt- und Leistungsbeschreibungen festlegen und im Wege von Kontrakten verbindlich machen, dürften gute Grundlagen dafür geschaffen sein, auch interkulturelle Zielsetzungen festzulegen, umzusetzen und diese Ergebnisse zu überprüfen. Fachlich muss dieser *Regelkreis* durch ein der Arbeit angemessenes, einrichtungsbezogenes System des Qualitätsmanagements unterfüttert werden und durch Verfahren der Fremd- bzw. Selbstevaluation ergänzt werden, um die Ergebnisse auch in ihrer Wirkung beurteilen zu können.

Diese Verfahrensebene ist *eine* für die Umsetzung unabdingbare Seite. Der Einsatz der Steuerungs- und Bewertungsinstrumente greift aber dann zu kurz, wenn in kulturellen Überschneidungssituationen herkömmliche Kulturstandards ethnozentristisch benutzt werden, ohne sie auf die *Angemessenheit* gegenüber den Zielgruppen zu hinterfragen. Es geht also darum, die *eigenen Kulturstandards zu reflektieren und sie in Bezug zu fremdkulturellen Standards zu setzen.* Dazu liegen nach unserer Kenntnis noch keine veröffentlichten Erfahrungen oder gar evaluierten Ergebnisse vor, so dass wir abschließend nur auf der Grundlage eigener Erfahrungen erste Überlegungen und Anstöße geben und vor Gefahren warnen können.

Kontextverschiebung durch differierende Begriffsdefinitionen

Es ist zu berücksichtigen, dass eine Situation von den Beteiligten aus ihrem jeweiligen kulturellen Kontext heraus verstanden wird. Unterschiedliche Erwartungen und daraus folgende Enttäuschungen können die Ziele sozialer Arbeit gefährden. Das gilt vor allem dann, wenn schon über die Grundlagen differierende Vorstellungen bestehen, wie sie Staub-Bernasconi am Beispiel des Hilfebegriffes darstellt:

„Es gilt also, die verschiedensten subkulturellen Filter für die Rezeption und Verarbeitung der eigenen Kulturgeschichte, des Wissens der Mitglieder einer Gesellschaft über sich selbst zu erfassen, so dass man jedes Mal zurückfragen müßte, worauf sich das „uns" bezieht. Und doch hat man bei unterschiedlichen ethnischen Gruppen beispielsweise große Bedeutungsunterschiede in Bezug auf einen relativ einfachen Sachverhalt feststellen können, nämlich denjenigen der „Hilfe" oder „Sorge": VietnamesInnen in Amerika verstehen darunter familiäres Teilen von materiellen oder immateriellen Gütern, AppalachInnen direkte Hilfe an statusmäßig tiefere Verwandte, südliche Afro-AmerikanerInnen Sorge um Brüder und Schwestern oder direktes, tätiges Engagement, MexikanerInnen die Aufmerksamkeit gegenüber kleinen Dingen des Alltags, die zählen, oder: Zuhören und Zeit haben mit KlientInnen. PhilippinInnen verstehen darunter harmonische Beziehungen, insbesondere Respekt für Betagte und Autoritätspersonen und KaukasierInnen Erleichterung von Stress, Missbehagen und Angst, aber auch die Vermittlung von Informationen und Handlungsanweisungen. – Man versuche sich einmal im gleichen Sinne die unterschiedlichen Bedeutungen von Geld oder Sexualität vorzustellen, indem man an den eigenen Verwandten-, Freundes-, Bekannten- und KollegInnenkreis denkt!"(Staub-Bernasconi 1991, S. 306f.)

Die vermeintliche Sicherheit, mit einem Begriff dasselbe zu meinen, stellt also eine große Gefahr dar.

Verleugnung ethnisch-nationaler Zugehörigkeit

Haumersen und Liebe (1998, S. 171ff.) schildern am Beispiel einer Fortbildungsveranstaltung im Rahmen des Deutsch-Französischen Jugendwerks, wie schon in einem relativ harmlosen Kontext interkulturelle Konflikte geleugnet werden. Bemerkenswert ist die Erfahrung gerade mit fortschrittlichen Pädagoginnen und Pädagogen, dass nationale Aspekte tabuisiert werden.

„Die Angst vor dem Selbst beinhaltet in einem interkulturellen Kontext die Beunruhigung über die eigene Reaktion, die in der bangen Frage gipfelt, ob ich mich als ‚Nationalist' entlarve" (S. 193). „In einem interkulturellen Kontext erfahre ich, was sonst unbemerkt bleiben kann: Dass ich Teil eines nationalen Kollektivs bin, dessen Einfluss mir erst durch die Reaktionen der anderen bewusst gemacht wird" (S. 194).

Das Leugnen führt dazu, dass aufkommende Konflikte nicht behandelt und interkulturelles Lernen nicht ermöglicht wird. Ziele werden uminterpretiert und als erreicht evaluiert, obwohl statt eines konfliktreichen Miteinander ein harmonistisches Nebeneinander das Ergebnis war.

Kulturalistische Umformulierung von strukturellen Defiziten

Der soziale Hilfeprozess birgt in Diagnose und Zielformulierung die Gefahr, dass von deutschen Fachkräften Differenzen analysiert und zur Grundlage der sozialen Intervention gemacht werden, die gar nicht vorhanden sind. Anita Kalpaka schildert ein besonders prägnantes Beispiel aus der Praxis einer Kindertagesstätte (Kalpaka 1995). Die Kinder einer nichtdeutschen Familie fallen durch wenig saubere und selten gewechselte Kleidung auf. Das interkulturell sensible Team spekuliert lange über die kulturellen Hintergründe und Hygienevorstellungen der Familie. Ein Hausbesuch soll schließlich zur interkulturellen Verständigung führen – und offenbart, dass die völlig überforderte allein erziehende Mutter dringend eine Waschmaschine benötigt. Die angenommene kulturelle Hygienedifferenz entpuppt sich als Versorgungsmangel. – Diese Beispiele ließen sich fortsetzen und verweisen auf die große Gefahr, durch kulturelle Zuschreibungen falsche Erklärungen für Problemkonstellationen zu bekommen und damit Ziele, Hilfeleistung oder Wirksamkeitskontrolle völlig falsch zu bestimmen.

Missachtung ethnospezifischer Kulturstandards

Umgekehrt ist die Gefahr zu sehen, durch eine falsche Vorstellung von Gleichheit kulturelle Besonderheiten zu leugnen und Hilfeleistungen zu gefährden. In Kindergärten war über lange Jahre zu hören, dass man doch alle Kinder gleich behandle und deshalb die Frage nach kultureller Unterschiedlichkeit nicht verstehe. Es brauchte Zeit, bis die Mittagsversorgung der Kinder auch muslimischen Ernährungsvorstellungen entsprach. Weniger krass, in ihrer Wirkung aber nicht weniger verheerend ist die Missachtung kultureller Differenz beispielsweise im Hilfeplanverfahren zur Vermittlung erzieherischer Hilfen. Wenn aus der emanzipatorischen Sicht deutscher Sozialarbeit in die Struktur etwa einer traditionellen vietnamesischen Familie eingegriffen und der Mann zu Formen der Haus- und Familienarbeit verpflichtet wird, die er ohne Gesichtsverlust nicht leisten kann, wird er zwar den Hilfeplan aus Höflichkeitsgründen unterschreiben, aber die Ziele nicht mittragen, weil sie für ihn nicht umsetzbar sind. Eine kuluradäquate Zielsetzung hätte dagegen zu einem erfolgreichen Hilfeprozess und damit zur Zielerreichung führen können.

Resümee

Soziale Arbeit verfügt inzwischen nicht nur über ein Repertoire an Konzepten und Methoden, um soziale Probleme erfolgreich bearbeiten zu können. Mit den Instrumenten der Neuen Steuerung, einer beteiligungsorientierten Sozial-, Kinder- und Jugendplanung und einem einrichtungsbezogenen System von Qualitätsmanagement sind auch Zielorientierung sowie die Möglichkeiten der Überprüfung von Zielerreichung und Wirksamkeit sozialer Arbeit und die Chancen kontinuierlicher Verbesserungsprozesse gegeben. Für kulturelle Überschneidungssituationen, heute der Alltag sozialen Handelns, muß eine interkulturelle Reflexion des eigenen und institutionellen Handelns, der Instrumente, Methoden und Standards zur Regel werden.

Literatur

Barnett, P. (1997): Ethnische Gleichberechtigung. Eine Qualitätsfrage. In: Brech, J./van Hué, L. (Hrsg.): Migration – Stadt im Wandel. Darmstadt, S. 267-270.
Bobzien, M./Stark W./Straus, F. (1996): Qualitätsmanagement. Alling.
Elias, N. (1987): Wandlungen der Wir-Ich-Balance. In: ders.: Die Gesellschaft der Individuen. Frankfurt, S. 279.
Gaitanides, S. (1996): Stolpersteine auf dem Weg zur interkulturellen Öffnung sozialer Dienste. In: iza (Zeitschrift für Migration und soziale Arbeit), Heft 3 + 4, S. 42-46.

Handschuck, S./Schröer, H. (1997): Interkulturelle Kompetenz und Jugendhilfe. In: iza, Heft 3/4, S. 77-86.
Haumersen, P./Liebe, F. (1998): Vom schwierigen Umgang mit interkulturellen Konflikten der harmlosen Art. In: Fischer, M. (Hrsg.): Fluchtpunkt Europa. Migration und Multikultur. Frankfurt, S. 171-198.
Hinz-Rommel, W. (1996): Interkulturelle Kompetenz und Qualität – zwei Dimensionen von Professionalität in der sozialen Arbeit. In: iza, Heft 3/4, S. 20-24.
Jakubeit, G./Schröer, H. (1994): Ein Rückblick auf 15 Jahre. In: Lüking, H. (Hrsg.): Deutsche und Ausländer im Stadtteil. Neue Wege der Kooperation in der sozialen Arbeit. Berlin, S. 263-275.
Jakubeit, G./Schröer, H. (1998): Fortbildung und Personalentwicklung als Jugendhilfeplanung. In: neue praxis, Heft 6, S. 591-603.
Jakubeit, G./Schattenhofer, K. (1996): Fremdheitskompetenz – Ein Weg zum aktiven Neben- und Miteinander von Deutschen und Fremden. In: neue praxis, Heft 5, S. 389-408.
Kalpaka, A. (1995): Antidiskriminierung als Dimension sozialpädagogischen Handelns. Vortrag auf der Fachtagung des Stadtjugendamtes zur interkulturellen Verständigung München 09.09.95.
Kommunale Gemeinschaftsstelle (KGSt) (1993): Das Neue Steuerungsmodell. Bericht Nr. 5/93. Köln.
Dies.(1994): Outputorientierte Steuerung der Jugendhilfe. Bericht Nr. 9/94. Köln.
Dies. (1995): Integrierte Fach- und Ressourcenverantwortung in der Jugendhilfe. Bericht Nr. 10/95. Köln.
Dies. (1998): Kontraktmanagement zwischen öffentlichen und freien Trägern der Jugendhilfe. Bericht Nr. 12/98. Köln.
Dies. (1999): Das Sozialbürgerhaus in München – Eine neue Dienstleistungsorganisation. Materialien Nr. 5. Köln.
Landeshauptstadt München, Sozialreferat/Stadtjugendamt (1993): Kommunale Kinder- und Jugendplanung. Allgemeiner Teil. München.
Dies., Sozialreferat/Stadtjugendamt (1995): Kommunale Kinder- und Jugendplanung. Fortbildung und Personalentwicklung. München.
Dies., Sozialreferat/Sozialplanung (1995): Interkulturelle Ziele des Sozialreferates für eine bessere Ausrichtung der Regeldienste auf die ausländische Wohnbevölkerung. München, (vervielfältigtes Manusskript).
Dies., Sozialreferat (1996): Das Sozialreferat. Unser Selbstverständnis, Bausteine zur Kultur des Sozialreferates. München, (vervielfältigtes Manusskript).
Dies., Sozialreferat/Sozialplanung (1997): REGSAM (Modellprojekt Regionalisierung sozialer Arbeit in München) – Schlussbericht. Beiträge zur Sozialplanung 139. München.
Dies., Sozialreferat/Stadtjugendamt (1999): Kommunale Kinder- und Jugendplanung . Leitlinien für eine interkulturell orientierte Kinder- und Jugendhilfe. München, (2000).
Luchtenberg, S. (1999): Interkulturelle kommunikative Kompetenz. Kommunikationsfelder in Schule und Gesellschaft. Opladen/Wiesbaden.
Marburger, H./Rösch, H./Dreezens-Fuhrke, J./Hoch, A./Riesner, S. (1998): Interkulturelle Kommunikation in multiethnischen PädagogInnenteams. Frankfurt.
Merchel, J.(1996): Neue Handlungsfelder der Jugendhilfe. In: NDV, Heft 7/96, S. 213-220 und Heft 8/96, S. 248-257.
Nestmann, F./Tiedt, F. (1988): Quantitative und qualitative Analyse des Nachfrage-, Leistungs- und Kooperationsprofils sozialer Dienste für Ausländer. Gutachten im Auftrag des Bundesministeriums für Arbeit und Sozialordnung und der Minister und Senatoren für Arbeit und Soziales der Länder. Bonn.

Rütz-Leverenz, G. (1996): Interkulturelle Orientierung in der Jugendsozialarbeit – Ein Qualitätsstandard. In: Bundesministerium für Familie, Senioren, Frauen und Jugend (Hrsg.): Qualitätsstandards in der Jugendsozialarbeit. Qs 16. Bonn, S. 53-62.
van Santen, E. (1998): „Output" und „Outcome" der Implementierung Neuer Steuerung, neue praxis, Heft 1/98, S. 36-49.
Schröer, H. (1997): Unternehmensleitbild. In: Hauser/Neubarth/Obermair (Hrsg.): Managementpraxis – Handbuch soziale Dienstleistungen. Neuwied/Kriftel/Berlin, S. 208-225.
Schröer, H./Schwarzmann, B./Stark, W./Straus, F. (Hrsg.) (2000): Qualitätsmanagement in der Praxis. Freiburg.
Staub-Bernasconi, S. (1995): Multikulturalität, Ethnizität und Sozialarbeit. In: dies.: Systemtheorie, soziale Probleme und Soziale Arbeit. Lokal, national, international. Bern/Stuttgart/Wien , S. 289-302.
Dies. (1991): Ethnospezifische interkulturelle und transkulturelle Arbeit – mehr als ein Verwirrspiel? a.a.O., S. 303-317.
Thomas, A. (1993): Psychologie interkulturellen Lernens und Handelns. In: ders.: Kulturvergleichende Psychologie. Göttingen, S. 377-427.
Ulrich, S. /Henschel, T./Oswald, E. (Hrsg.)(1997): Miteinander. Erfahrungen mit Betzavta. Gütersloh.
Vester, H.G. (1996): Kollektive Identitäten und Mentalitäten. Frankfurt.
Zaninelli, S. (1994): Vier Schritte eines integrierten Trainingsansatzes am Beispiel des interkulturellen Trainings Bundesrepublik Deutschland – Vereinigte Staaten. In: Institut für Auslandsbeziehungen (Hrsg.): Interkulturelle Kommunikation und interkulturelles Training. Stuttgart, S. 94-102.

Stefan Gaitanides

Zugangsbarrieren von Migrant(inn)en zu den sozialen und psychosozialen Diensten und Strategien interkultureller Öffnung

Der Bedarf an sozialstaatlichen materiellen Hilfen und sozialen Dienstleistungen wächst mit der krisenhaften Entwicklung des Beschäftigungssystems allgemein. Der Hilfebedarf wächst aber bei den Migranten als einer exponierten sozialen Risikogruppe in einem überproportionalen Maße.

Gleichwohl bei einem Teil der Immigranten der Integrationsprozess erfolgreich verlaufen ist, hat ein – im Vergleich zur Durchschnittsbevölkerung – immer größer werdender Prozentsatz mit den Folgen der Krise der Arbeitsgesellschaft zu kämpfen. Die Arbeitslosenquote ist annähernd doppelt so hoch. Überproportional ist auch die Zahl der Sozialhilfeempfänger. Und wie nicht anders zu erwarten, reagiert ein Teil der zum sozialen Außenseitertum verurteilten Jugendlichen mit abweichendem Verhalten. Viele Familien brechen unter dem Druck sich verschlechternder Existenzbedingungen auseinander und viele alte Menschen sind nach einem überdurchschnittlich belasteten Arbeitsleben als Frühinvalide vorzeitig aus dem Erwerbsleben ausgeschieden. Zu den sozialen Belastungen kommen die sozialpsychologischen: die seit der Wiedervereinigung zunehmend ablehnende Einstellung großer Teile der Mehrheitsgesellschaft, die Belastung der Familiendynamik durch Generationskonflikte und die Langzeitfolgen verdrängter Migrationsprobleme.

Die Summe dieser Belastungsfaktoren ließe eigentlich erwarten, dass Migranten unter der Klientel der sozialen und psychosozialen Dienste in öffentlicher und freier Trägerschaft überproportional vertreten sind. Dem ist aber nicht so. Die Auswertung der Forschung auf dem Gebiet der Zugangsprobleme von Migranten zu den sozialen Diensten und eigene Recherchen stützen folgende Aussagen (Gaitanides 1992,1998b).

Migranten sind lediglich bei *den* Diensten und Einrichtungen überproportional vertreten, die die britische Expertin Dominelli als den „exclusive channel" der Sozialarbeit bezeichnet. Ich habe sie „Endstationen" der sozialen Dienste genannt – Jugendgerichtshilfe, Streetwork, Zufluchtsstätten für Frauen usw. – im Unterschied zu den präventiven Einrichtungen („inclusive channel") (Dominelli 1992; vgl. auch Fathi 1998). Die Überrepräsentanz in diesen Arbeitsfeldern der Krisenintervention spricht eher dafür, dass sie durch das Netz vor allem der vorsorgenden Angebote fallen bzw. von diesen überhaupt nicht erreicht werden. So sind die Klientenanteile beispielsweise bei den Erziehungs- und Familienberatungsstellen – insbesondere wenn man die bikulturellen Familien herausrechnet und ganz besonders bei den Familienbildungsstätten – vergleichsweise gering, jedenfalls bei denjenigen, die bisher noch keine Anstrengung zum Abbau der Zugangsbarrieren gemacht haben, und das ist die Mehrzahl (Gaitanides 1998b). Es finden sich auch zahlreiche Hinweise dafür, dass angemessene Klientenzahlen noch kein Beleg sind für eine durchschnittlich erfolgreiche Dienstleistung. Genauere Nachfragen ergeben eine überdurchschnittliche Abbrecherquote. Der Beratungs- und Hilfsprozess scheint sehr viel schwieriger als bei der deutschen Klientel zu verlaufen (vgl. u.a. Schilling 1999).

Gestützt auf die Auswertung der bisherigen – zugestandenermaßen sehr lückenhaften – Forschungen auf lokaler Ebene und auf die Ergebnisse eigener Recherchen komme ich zu folgenden wichtigen Zugangshindernissen bzw. Stolpersteinen beim Beratungs- und Hilfsprozess (Gaitanides 1992; 1995, Hinz-Rommel 1994; Akgün 1996 und Sammelbände von Lajios 1993; Nestmann/Niepel 1993; Barwig/ Hinz-Rommel 1995):

– Eine wesentliche Barriere ist das Fehlen muttersprachlicher Kräfte. Dies lässt sich vor allem ex negativo belegen. Wo immer Migranten eingestellt werden, wächst der Anteil der Migranten an der Klientel – manchmal sogar sprunghaft. Dabei verdanken die muttersprachlichen Kräfte den erleichterten Zugang zu ihren Landsleuten nicht nur ihren sprachlichen und kulturellen Hintergrundkenntnissen bzw. dem Umstand, dass sie mit dem Kommunikationsstil der Klienten besser vertraut sind. Es erfolgt auch eine positive Zuschreibung auf Grund des geteilten Migrationsschicksals und des gemeinsamen Minderheitenstatus. Von ihnen nimmt man eher an, dass sie sich in die spezifische gesellschaftliche Lage versetzen können, weniger Vorurteile haben und eher Partei für sie ergreifen, während den deutschen Mitarbeitern häufig Vorurteile und Parteilichkeit für die Positionen der Mehrheitsgesellschaft unterstellt werden. Dieser Zuschreibungsprozess erklärt auch, warum die Einstellung einer Migrantin oder eines Migranten auch einen Türöffnereffekt für Migranten anderer ethnischer Herkunft haben kann.
– Es sind aber nicht nur die interkulturellen Kommunikationsprobleme, die den Zugang zu den Regeldiensten erschweren. Auch die kulturellen Verhaltensmuster selbst setzten eine Hemmschwelle bei der Nutzung psychosozialer Hilfsangebote z.B. im Bereich der Familienhilfe und -beratung. Es ist ein traditionelles Tabu, über die inneren Schwierigkeiten der Familie mit Außenstehenden zu sprechen, „die schmutzige Familienwäsche in der Öffentlichkeit zu waschen".
– Viele traditionell eingestellte Eltern misstrauen obendrein den kulturellen Kolonialisierungsabsichten der deutschen Sozialdienste – insbesondere

derjenigen, die sich in ihren Augen illegitim in die inneren Angelegenheiten der Familie einmischen.
- Ähnlich wie bei deutschen Unterschichten verbietet außerdem die soziokulturell vermittelte Leidensbereitschaft und der Stolz, Hilfsangebote in einem Stadium in Anspruch zu nehmen, in dem die Probleme noch kein spektakuläres Ausmaß angenommen haben.
- Darüber hinaus herrscht grundsätzlich eine Zurückhaltung und Skepsis gegenüber isolierter psychologischer Beratung und mittelschichtenorientierter Gesprächsführung, die auf die Lerneffekte von Selbstreflexionsprozessen setzt. Sie wird u.U. als folgenlose „Labertherapie" abgetan, und der vom psychologischen Berater ausgehende Appell an das eigene Nachdenken über Ursachen und Lösungsansätze wird eventuel als Desinteresse am ausländischen Klienten oder als professionelles Defizit aufgefasst. Solche non-direktiven, rein psychologischen Verfahren enttäuschen die Erwartung der nicht-deutschen Klienten – wie übrigens auch der deutschen Unterschichtenklienten – in direktive lebenspraktische Ratschläge und Hilfestellungen, die kurzfristige Ergebnisse zeitigen.
- Eine Barriere sind auch die Ängste vor aufenthaltsrechtlichen Konsequenzen. Die potenziellen nicht-deutschen Klienten befürchten die Weitergabe von Informationen, die zur Ausweisung führen könnten, wenn sie sich den Beratungsstellen offenbaren. Nach den Paragraphen §§ 75 und 76 des Ausländergesetzes sind die Beratungsstellen in bestimmten Fällen auch dazu verpflichtet, der Ausländerbehörde aufenthaltsrechtlich relevante Tatbestände mitzuteilen. Wenngleich dies in der Praxis selten vorzukommen scheint, werden solche Ängste doch geschürt durch Beispiele wie der spektakuläre Fall „Mehmet" in München, wo sogar die Eltern wegen ihres verhaltensgestörten Sohnes ausgewiesen werden sollten.
- Zugangsprobleme gibt es auch aufgrund des mangelhaften Verfügens über Informationen und der räumlichen Immobilität der Zielgruppe. Aus dem Herkunftsland sind vergleichbare Dienste nicht bekannt und es ist auch für deutsche Unterschichten aus bildungsfernen Milieus schwierig, sich Informationen über das komplexe sozialstaatliche Beratungs- und Hilfssystem zu besorgen. Hinzu kommt die schichtbedingte Immobilität. Wird Rat und Hilfe in einem zentral gelegenen, wohnortfernen Büro angeboten, ist die Zugangsschwelle entsprechend hoch. Hoch ist sie auch, wenn die Öffnungszeiten und Veranstaltungsangebote keine Rücksicht auf die zeitlichen Zwänge des Alltags der Migrantenfamilien nehmen.

Bisher habe ich nur die Zugangsprobleme der Migranten zu den sozialen Diensten analysiert. Es gibt aber auch eine Reihe von Zugangsproblemen, die die deutschen Mitarbeiterinnen und Mitarbeiter zu der Migrantenklientel haben (vgl. Gaitanides 1996):
- Bei kommunalen Ausländerbeiräten beschweren sich immer wieder Migranten, die sich von den Mitarbeitern des öffentlichen Dienstes – auch

von der Sozialverwaltung – schlecht behandelt fühlen. Warum sollte es bei den Mitarbeiter/innen des öffentlichen Dienstes anders sein als beim Querschnitt der Bevölkerung? Es gibt wohl auch Mitarbeiter/innen, mit deren politischem Weltbild es sich nicht verträgt, dass Migranten in den vollen Genuss sozialstaatlicher Leistungen kommen und die sich daher arrogant und abweisend – manchmal sogar beleidigend – verhalten.

- Viel häufiger dürfte es aber zum Scheitern des Beratungs- und Hilfsprozesses durch die Wirkung unbewusster Vorurteile kommen. Um die Unsicherheit im Umgang mit den Fremden zu überwinden, greifen viele auf grobe kollektiv vermittelte Klischeevorstellungen zurück, deren negativ wertende Bedeutung ihnen oft gar nicht klar sind. Dem Klienten stoßen sie dagegen negativ auf. Er fühlt sich in seiner kollektiven Identität gekränkt und in seiner individuellen Eigenart verkannt.
- Die Applizierung ethnischer Stereotype auf die Klientel hat darüber hinaus weitreichende Folgen für das „Assessment" des Falles, vor allem für die Einschätzung der eigenen Interventionsmöglichkeiten. Die weitverbreiteten Vorstellungen z.B. von einem geschlossenen traditionellen Weltbild der ersten Einwanderergeneration und den extremen, dysfunktionalen Modernisierungsdefiziten der Familien verstellen *zum einen* den Blick auf die Entwicklungen, die im Gang sind, und ignorieren *zum anderen* die kulturspezifischen Problemlösungsstrategien und die Bewältigungsstrategien, die im Kontext der Migration erlernt wurden. Die stereotype Defizitperspektive lässt die Berater auf ihre Defizite an Kulturkompetenz starren. Sie meinen mit den erlernten Grundlagen und Methoden bei diesen Menschen aus einer „ganz anderen Kultur" nicht arbeiten zu können und bekommen professionelle Kompetenzverlustängste. Sie fühlen sich von vornherein überfordert, ohne ernsthafte Versuche unternommen zu haben, mit diesen Klienten zu arbeiten. Dies berichten jedenfalls die Mitarbeiter der migrantenspezifischen Dienste, die sich darüber beschweren, dass die Regeldienste häufig Klienten überweisen, mit denen sie durchaus hätten arbeiten können, und sogar besser, da die Regeldienste für Spezialprobleme besser qualifiziert sind.
- Die fremdkulturellen Migranten sind Projektionsfläche für die im „Prozess der Zivilisation" abgespaltenen und ins Unterbewusste abgedrängten spontanen Wünsche und Aggressionen, die wir durch unsere kulturell vermittelte „Selbstzwangapparatur" unter Kontrolle gebracht haben (Elias 1976). Die Begegnung mit Menschen anderer Kulturen, die ihre spontanen Regungen auf bestimmten Teilgebieten weniger zu disziplinieren scheinen, führt zu Irritationen, die durch negative Wertungen und Aggressionen abgewehrt werden müssen. Das Toleranz vorschreibende Berufsethos der sozialen Berufe gebietet aber andererseits, diese Impulse zu unterdrücken. Es ist vorauszusehen, dass sich die Beziehungsarbeit unter solchen Bedingungen sehr belastend und kräfteraubend gestaltet (vgl. auch Rommelspacher 1995, S. 133ff.).

- Die Beziehung zu den Klienten aus den ethnischen Einwandererminoritäten ist noch durch andere Verdrängungskomplexe – kollektiven bzw. geschichtlichen Ursprungs – gehandikapt. Die marginale soziale Lage dieser Gruppen, Diskriminierungsphänomene und Fremdenfeindlichkeit rufen auf der Ebene des kollektiven Unbewussten die Erinnerung wach an die Verbrechen der Nazizeit und aktivieren Schuldgefühle. Auch die Enkel der Täter tragen dieses unbewusste Erbe noch in sich, solange zumindest nicht hinreichend – auf der kollektiven wie der familiengeschichtlichen Ebene – „erinnert", „durchgearbeitet" und „getrauert" wird (Mitscherlich 1967). Kollektive Schuldgefühle werden vor allem dann mobilisiert, wenn Migranten die „Ausländerfeind"-Karte zeigen, was nicht selten geschieht, wenn aus professionellen Gründen Abgrenzungen vorgenommen werden müssen.
- Viele ratsuchende Migranten sind sozial „ganz unten" (Wallraf). Oft sind sie in einer so verzweifelten Lage, dass man als psychosozialer Helfer ohnmächtig daneben steht und gar nicht weiß, wo man anfangen soll. Lebenspraktische Hilfen sind – wegen der Restriktionen des Ausländergesetzes und diskriminierender Einstellungen mancher Amtspersonen – oft nur mit einem wesentlich größerem Aufwand an Korrespondenz und „Behördenkrieg" zu vermitteln. Die Belastung des schlechten Helfergewissens und die Befürchtung von Mehrarbeit, die noch durch die erschwerte Kommunikation verstärkt wird, führt dazu, dass man diese Klientel nicht gerade umwirbt. Die interkulturellen Kommunikationsprobleme können dann zum Vorwand werden, um sich einer sehr „schwierigen" Klientel zu entledigen bzw. sie den migrantenspezifischen Diensten zuzuschieben.

Widerstände und Abwehr bei der deutschen Mitarbeiterschaft gibt es auch gegenüber den Versuchen, die Dienste interkulturell zu öffnen. Einschlägige Fortbildung werden nur schwach nachgefragt oder erreichen nur durch einen überdurchschnittlichen Werbeaufwand und den Nachdruck der Arbeitgeber ihre Adressaten (Gaitanides 1999).

- Viele bestreiten die Notwendigkeit des Erwerbs interkultureller und antirassistischer Kompetenz. Sie geben vor, dass ihre Methoden allgemein gültig seien bzw. dass sie das Anforderungsprofil interkulturellen Arbeitens immer schon erfüllten und in ihrer Arbeit gewohnt seien, sich in fremde Lebenswelten zu versetzen und Menschen unterschiedlichster Normalitätsvorstellungen gleich zu behandeln und ihnen mit Respekt zu begegnen. Diese Indifferenz gegenüber der Differenz wird in Großbritannien als „colorblindness" bezeichnet (Dominelli 1992). Während die vorhin Erwähnten die kulturelle Differenz überbetonen, wird sie von diesem Typus bagatellisiert.
- Ängste und Ressentiments verbinden sich auch mit der Forderung, mehr Migranten einzustellen. Viele Kolleginnen und Kollegen – vor allem in

Bereichen mit hohen Migrantenanteilen fürchten die Konkurrenz der muttersprachlich qualifizierten Mitarbeiter/innen und dass sie in ihrer Arbeit in eine Minderheitenposition geraten könnten. Verbreitet sind auch Ressentiments bezüglich deren professionellen Kompetenz und häufig wird eine unkritische Einstellung zu traditionellen patriarchalen Mustern unterstellt – eine Befürchtung, die insbesondere die deutschen Frauen im Berufsfeld teilen. Außerdem wird befürchtet, dass durch die Besetzung frei werdender Stellen mit nicht-deutschen Mitarbeitern Mehrarbeit auf das Team zukommt, da einerseits die Klientel erweitert wird und andererseits die Arbeit mit der deutschen Klientel auf weniger Mitarbeiter aufgeteilt werden muss. Man kann sich schlecht vorstellen, dass Migranten auch von deutschen Klienten akzeptiert werden.

Ausgehend von dieser Problemdiagnose leiten sich Lösungsansätze ab, die hier nur kurz skizziert werden können:

Als wichtigste strategische Variable für die Aufschließung der bisher faktisch unzugänglichen sozialen und psychosozialen Regeldienste ist der Einsatz von muttersprachlichem Personal zu nennen. Ihre „Türöffner-Funktion" lässt sich – wie schon erwähnt – empirisch gut belegen.

Zugleich fungieren die Migrantenexperten als „Vertrauens-Brücke" und „Kulturübersetzer" für die deutschen Kolleg(inn)en, so dass auch diese besser mit der Migrantenklientel zurecht kommen.

Damit die Migrantenfachkräfte nicht in die „Exotenecke" gerückt und mit ihrer Klientel alleingelassen werden – was häufig zu beobachten ist –, müssen sich die deutschen Kolleg(inn)en auch um den Erwerb interkultureller Kompetenz bemühen.

Interkulturelle Kompetenz setzt sich aus zentralen – im interkulturellen Kontext besonders geforderten – Handlungskompetenzen zusammen (Empathie, Rollendistanz, Ambiguitätstoleranz, kommunikative Kompetenz) sowie aus kognitiver Deutungskompetenz zur Erfassung des spezifischen lebensweltlichen Hintergrundes (Gaitanides 1998a).

Der Erwerb dieser Kompetenzen sollte schon in der Ausbildungsphase beginnen, was wiederum die interkulturelle Öffnung der Ausbildungsinstitutionen zur Voraussetzung hat. Interkulturelles Lernen ist ein lebenslanger Prozess, weil der Lerngegenstand dynamischen Veränderungen ausgesetzt ist und die oben genannten Lernziele den Charakter einer regulativen Idee haben, deren ansatzweise Annäherung eine lange Reifungszeit erfordern. Einschlägige Fortbildungen, Auslandsaufenthalte und vor allem der tägliche interkulturelle Austausch im multikulturell besetzten Team fördern diesen Lernprozess.

Recherchen des Autors im Aus- und Fortbildungsbereich haben ergeben, dass Schulungsangebote zur Qualifizierung der interkulturellen Arbeit häufig mit Zurückhaltung aufgenommen werden. Die Recherchen haben aber auch gezeigt, dass die Nachfrage merklich steigt, wenn die Leitungsebene dem Erwerb von interkultureller Kompetenz hohe Priorität einräumt. Will man nicht nur die bereits Konvertierten überzeugen („teaching to the converted") sondern gerade auch die weniger „Offenen" erreichen, empfiehlt es sich, den Fokus der Fortbildung auf die Praxisreflexion zu legen bzw. das Ziel der zielgruppenspezifischen Verbesserung der Dienstleistung herauszustellen – ohne freilich die kritische Selbstreflexion zu vernachlässigen – anstatt Vorurteile und Diskriminierung direkt und plakativ zu thematisieren und dadurch die Abwehr der Mitarbeiter/innen zu provozieren (Gaitanides 1998a, 1999).

Der Einsatz muttersprachlicher Kräfte ist nur dann erfolgversprechend, wenn diese auch entsprechend beruflich qualifiziert sind. Man sollte bei der interkulturellen Öffnung der Regeldienste nicht die Fehler wiederholen, die bei der Besetzung der Sozialberaterstellen der „Sozialdienste für Ausländer" gemacht wurden, und unqualifiziertes Personal einstellen – in der Hoffnung die Betroffenenkompetenz würde die beruflichen Qualifikationsdefizite kompensieren. Diese Mitarbeiter/innen erleichtern zwar die Zugänge zu den Einrichtungen, garantieren aber noch lange nicht den erfolgreichen Verlauf des Beratungs- und Hilfsprozesses. Außerdem entstehen im Team große Konflikte auf Grund des Qualifikations- und Statusgefälles. Die muttersprachlichen Mitarbeiter/innen haben interkulturelle Handlungskompetenz auch nicht automatisch mit ihrer Migrationsbiographie oder ihrer bikulturellen Sozialisation erworben. Obgleich die Lernvoraussetzungen günstiger sind, ist der interkulturelle Lernprozess für sie keineswegs abgeschlossen. Auch sie müssen sich selbstreflexiv, im Team und im gruppenpädagogischen Setting den interkulturellen Herausforderungen immer wieder neu stellen.

Träger wie Ausbildungsstätten sollten sich für eine Qualifizierungsoffensive stark machen. Um den dringend benötigten nicht-deutschen Berufsnachwuchs in den sozialen Berufen heranzubilden, sollte für die sozialen Berufe bei der Zielgruppe geworben werden. Auch müssten die Zugänge zu den Ausbildungsstätten erleichtert werden – durch berufsbegleitende Studiengänge, Brückenkurse, Bonus aufgrund bikultureller Qualifikation in Numerus-Clausus-Studienfächern, Stipendien, Stützkurse in Deutsch und wissenschaftlichem Arbeiten usw. (Gaitanides 1998a, 1999). Solche Maßnahmen zur Verbesserung der Wettbewerbschancen firmieren in Großbritannien im Rahmen der Antidiskriminierungspolitik unter dem Begriff der „positive action" (vgl. Braham 1992).

Abgesehen von den beschriebenen Maßnahmen der Personalentwicklung impliziert interkulturelle Öffnung auch eine Veränderung der Organisationsstruktur und -kultur (managing diversity): die Formulierung entsprechender Leitlinien (antidiscriminatory statement), fremdsprachliche Hinweise, multikulturelles Ambiente, Vernetzung mit Multiplikatoren und Selbsthilfeorganisationen usw. Sie impliziert die konsequente Anwendung der Prinzipien des Qualitätsmanagements und der Qualitätssicherung zur Verbesserung der sozialen und psychosozialen Dienstleistungen für Migranten – Maßnahmen, die auch in Termini der angelsächsischen Antidiskriminierungsstrategie ausgedrückt werden können: Umsetzung von Globalzielen in überprüfbare Teilziele, Überprüfung der Angemessenheit des Methodenrepertoires, Führung von differenzierenden Statistiken über die Entwicklung der nicht-deutschen Klientenstruktur, über Verlauf und Ergebnis der Intervention, jährliche Selbstevaluation und in größeren Abständen Fremdevaluation durch externe Experten und „Kunden"-Befragungen (monitoring), Senkung der Zugangsschwellen durch Veränderung der Angebotsstrukturen (good practices) (Entwicklung kultursensibler, lebensortnaher, alltagsorientierter, aufsuchender, ganzheitlich vernetzter Angebote) (vgl. beispielhafte Programmatik der Jugendämter München (Handschuck/Schröer 1997) und Stuttgart (Pavcovic/ Kahraman-Schmid 1998)).

Am meisten scheint – nach jüngsten Recherchen des Verfassers im Berufsfeld – die interkulturelle Öffnung in *den* Regeldiensten vorangeschritten, die den nicht-deutschen Fachkräften auch die Gelegenheit gegeben haben, Leitungsfunktionen auszuüben (Gaitanides 1998b). Ein weiteres Ergebnis dieser Recherchen war: Die Reform kommt am besten voran, wo Träger und die Zuschussgeber sie auf ihre Fahnen schreiben, wo diese Innovation als Führungsaufgabe betrachtet und ihr hohe Priorität eingeräumt wird (Gaitanides 1999; Handschuck/Schröer 1997). Begünstigt wird sie auch durch die Einrichtung von „Veränderungsagenturen" bzw. von der Beauftragung externer Experten mit dieser Querschnittsaufgabe, die allerdings langfristig angelegt sein muss, damit nachhaltige Wirkungen erzielt werden können (vgl. Jakubeit/Schröer 1994).

Steuerungsmöglichkeiten ergeben sich auch aus der Bevorzugung von Trägern bzw. Betriebsabteilungen, die sich konsequent um die interkulturelle Öffnung bemühen, bei der Zuteilung von sachlichen und personellen Ressourcen („affirmative action").

Aufgrund des bisher Gesagten könnte der falsche Eindruck aufkommen, als würde der Verfasser ausschließlich für eine top-down-Strategie plädieren – für Mehrung des Druckes und der Anreize „von oben". Jede Innovationsoffensive „von oben" wird letztlich scheitern, wenn sich die Mitarbeiter/innen nicht wirklich mit den Reformzielen identifizieren. Die skizzierte top-down-Strategie muss deshalb durch eine entsprechende bottom-up-Strategie ergänzt werden.

Dabei lässt sich sinnvollerweise anknüpfen an die Tradition von Arbeitskreisen der engagierten Fachbasis, die Reformforderungen schon zu Zeiten gestellt haben, als die Leitungsebenen noch taub dafür waren. In den meisten Ballungszentren mit hohem Migrantenanteil gibt es alteingeführte trägerübergreifende und interdisziplinäre Foren des fachlichen Austausches, der informellen Vernetzung, der Innovationsentwicklung und der (sozial)politischen Solidarisierung in der interkulturellen Arbeit. Dazu gehören auch Tagungen und Fortbildungsseminare. Als ein Beispiel sei hier der „Arbeitskreis Interkulturelle Öffnung Hamburg" angeführt, der erst kürzlich eine sehr erfolgreiche Fortbildung zum selbigen Thema durchgeführt hat (AKA IKÖ 1998).

Zugangsbarrieren von Migrant(inn)en

Ähnliche Initiativen – auch auf Stadtteilebene – sollten aber stärker als bisher öffentlich gefördert werden, damit sie ihre Vernetzungs- und Fortbildungsarbeit professionalisieren und so noch mehr zur Ausbreitung der Reformziele beitragen können. Auch betriebsintern empfiehlt sich aus ähnlichen Gründen die Institutionalisierung von Arbeitskreisen zur interkulturellen Öffnung bzw. Verbesserung der Qualität der Dienstleistung (Handschuck/Schröer 1997).

Vielfach wurde mir bei Recherchen im Berufsfeld von den Praktikern und Planern entgegengehalten: Man identifiziere sich ja seit langem mit der Zielsetzung der interkulturellen Öffnung, aber in der gegenwärtigen Situation knapper Kassen sei die Reform durch die Geldfrage blockiert. Muss aber die Reform der interkulturellen Öffnung zwangsläufig am Geldmangel scheitern?

Ohne Zweifel kostet auch dieses Reformvorhaben Geld, aber ich habe den Eindruck, dass der Geldmangel vielfach auch als Argument zur Fortschreibung des „Immer-Weiter-So" vorgeschoben wird und dass die vorhandenen Spielräume, Strukturveränderungen und Qualifizierungsprozesse einzuleiten, viel zu wenig genutzt werden.

Räumt man der interkulturellen Öffnung hohe Priorität ein, dann wird man dies erst einmal nach innen als Leitbild artikulieren und nach außen in der Öffentlichkeitsarbeit deutlich erkennbar machen. Das kostet nichts. Und es kostet auch nichts, wenn man die nächste frei werdende Stelle mit einer nicht-deutschen Fachkraft besetzt und nicht erst Migranten einstellt, wenn Mittel für zusätzliche Stellen zur Verfügung gestellt werden.

Der finanzielle Aufwand erhöht sich auch nicht dadurch, dass man die knappen Fortbildungsressourcen stärker für den Erwerb interkultureller Kompetenz verwendet und die Angebotsstruktur stärker den Lebensgewohnheiten und Alltagszwängen der Migranten anpasst (flexible Arbeitszeiten, aufsuchende Methoden). Kostenneutral ist auch die Kontaktaufnahme und die Entwicklung von Kooperationsbeziehungen mit den migrantenspezifischen Diensten und den Multiplikatoren in den Selbstorganisationen.

Allerdings ist voraussehbar, dass die Überwindung des Immobilismus der Berufszene zusätzliches Geld kosten wird. Dies gilt vor allem für die Praxisbegleitforschung, die Qualifizierung der Fortbildung, den Einsatz von Koordinatoren mit Querschnittsfunktion („Veränderungs-Agenturen") und Ombuds-Stellen als Anlauf- und Beschwerdestellen für das Migrantenklientel im Rahmen einer breitangelegten Gleichstellungspolitik.

Es bleibt zu hoffen, dass eine zukünftig erleichterte Einbürgerung das politische Gewicht der Citoyens nicht-deutscher Herkunft erhöht und die längst überfälligen Reformen konsequenter angegangen werden bzw. im Rahmen neuer Prioritätensetzungen auch die notwendigen finanziellen Mittel dafür bereit gestellt werden. Ohne deutliche politische Signale und Steuerungseingriffe – im Sinne einer offiziell proklamierten und institutionalisierten Antidiskriminierungspolitik auf staatlicher und kommunaler Ebene nach angelsächsischem Muster – wird die Reform ihr Schneckentempo über die Jahrtausendwende hinweg fortsetzen.

Thesen

Zugangsschwellen für Migranten zu den (psycho)sozialen Regeldiensten

- Keine muttersprachlichen Mitarbeiter/innen und/oder Migrant(inn)en (geringes Vertrauen in Parteilichkeit, sprachliche und kulturelle Verständigungsmöglichkeit, geringe Identifikationsmöglichkeit)
- Fehlende Information über das Angebot (insbesondere in den Kommunikationskreisen der Migranten)
- Fehlendes Vertrauen in die Empathiefähigkeit der deutschen Mitarbeiter/innen und interkulturelle Verständigungsmöglichkeiten
- Generalisierung von ethnozentrischen und rassistischen Vorurteilen
- Kulturelle Hemmungen gegenüber psychosozialen Beratungs- und Hilfsangeboten (Scham/Ehre/geringes Bewusstsein von „inneren" Prozessen)
- Vorbehalte gegenüber fremdkulturellen ethischen Positionen der Beratungsdienste („hetzen die Kinder gegen die Eltern, die Frauen gegen die Männer")
- Soziokulturell vermittelte hohe Leidensbereitschaft und Stolz
- Mittelschichtenorientierte Arbeitsweise (non-direktive Gesprächsführung und Erarbeitung von Lösungen durch Selbstreflexion erscheint den Migrant(inn)en als Inkompetenz oder Mangel an Engagement)
- Spezialisierte Problemlösungsbearbeitung bzw. Delegation von Teilproblemen an andere Einrichtungen wird als Zurückweisung erlebt
- Geringe Erwartungen in eine rein psychologische Beratung (folgenlose „Labertherapie", wenig lebenspraktische Hilfe)
- Wohnortferne/unflexible Sprechstunden/Öffnungszeiten/Komm-Struktur bei beschränkter Mobilität und Flexibilität der Klientel
- Übertragung eines kontrollierenden Behördenimages, Misstrauen wegen der eventuellen Weitergabe aufenthalts- und arbeitsrechtlicher relevanter Informationen

Zugangsbarrieren der deutschen Mitarbeiter/innen zur Migrantenklientel

- Nationalistische Verteidigung sozialstaatlicher Privilegien gegenüber „Ausländern" bei einigen deutschen Mitarbeiter/innen (in der Mitarbeiterschaft findet sich das gesamte politische Spektrum)
- Negativ wertende *ethnozentrische Missverständnisse und Vorurteile*, Ressentiments, abweisendes, arrogantes Verhalten
- (Vordergründig nicht wertende) *Überbetonung* und *klischeehafte Verallgemeinerung* der *kulturellen Unterschiede*, durch die sich die nicht-deut-

schen Klienten in ihrer Subjekthaftigkeit und Individualität verkannt und missachtet fühlen
- Besonders Frauen im sozialarbeiterischen Berufsfeld sind auf das „*Machobild*" der ausländischen Männer fixiert und weichen dem Kontakt mit ihnen lieber aus
- Häufiger noch: Abwehr *verdrängter Vorurteile*, die bei der Begegnung mit der fremdethnischen Klientel ins Vorbewusste aufsteigen und die dem beruflichen und politischen Selbstbild widersprechen, *Unbehagen* durch Affekthemmung (*Kommunikationsstörung* durch Double-bind-Kommunikation: unterschiedliche Botschaften auf der verbalen und der emotionalen Ebene) und Kontaktvermeidung
- Reaktivierung kollektiver Schuldangst („Kinder und Enkel der Täter") und *Schuldangstabwehr* durch Kontaktvermeidung oder aggressive Aufladung des Kontaktes zu Gruppen, die an Naziopfer erinnern und die auch schnell bei der Hand sind mit dem Rassismusvorwurf – sei es als Überlebenstaktik, sei es als generalisierende Erwartungshaltung
- Leugnung der *kulturellen Differenz* und der *besonderen strukturellen Benachteiligung* der Migrantenklientel (abstrakte Gleichbehandlung = Ignoranz = diskriminierende Nivellierung der Unterschiede)
- Furcht vor Mehrbelastung (quantitative Zunahme der Klientel und Mühsal der Kommunikation mit fremdethnischer Klientel – Verständigungsprobleme, Empfindlichkeiten)
- Professionelle Überforderungsgefühle, Kompetenzverlustängste
- Mangelnde Bereitschaft und Energie (burn-out-Syndrom) umzulernen, sich neu zu orientieren, die Arbeit umzustrukturieren – Festhalten an Wissens- und Handlungsroutinen des eingespielten Berufsalltags

Widerstände gegen Einstellung nicht-deutscher Mitarbeiter/innen

- Annahme, dass nicht-deutsche Mitarbeiter/innen *nur für ihre Landsleute einsetzbar* sind und für die Arbeit mit anderen Nationalitäten und die Deutschen nicht geeignet sind. Ausgehend von dieser Annahme befürchten die deutschen Mitarbeiter/innen *Mehrarbeit* (wenn es sich um keine zusätzliche Stelle handelt), da der neue nicht-deutsche Kollege zusätzliche Klientel erschließt und die alte Klientel auf weniger Mitarbeiter aufgeteilt werden muss
- Konkurrenzängste gegenüber nicht-deutschen Mitarbeiter/innen (Angst vor Wettbewerbsvorteilen bikulturell Qualifizierter bzw. deren Bevorzugung durch die Klientel)
- Ressentiments gegenüber der Qualifikation *nicht-deutscher* Bewerber, *Zuschreibung eines Defizites an Professionalität*
- Zuschreibung traditioneller und *partikularistischer,* die eigene Gruppe bevorzugenden Verhaltensorientierungen

Ausgrenzung durch Rassismus der Klientel

- Viele Zielgruppen der sozialen Arbeit befinden sich in einer besonderen Konkurrenzsituation mit den Migranten um immer knapper werdende Ressourcen. Dies fördert die Tendenz zur *nationalistischen Ausschließung* und *offenem Rassismus*. Viele *Mitarbeiter/innen* stehen dem *ohnmächtig* gegenüber oder meiden die Anstrengung der Konfliktbearbeitung, indem sie die Ausgrenzung *dulden*.

Doppelstrategie zur interkulturellen Öffnung der sozialen und psychosozialen Regeldienste

Top-down-Strategie

- Entwicklung eines interkulturellen/Antidiskriminierungs-Leitbildes und eines Zielkataloges (*antidiscriminatory statement*)
- Entwicklung von Umsetzungszielen und -schritten (Anteile der Migranten an Klientel und Personal entsprechend dem Bevölkerungsanteil, Qualitätssicherung der Dienstleistung) und Kontrolle der Umsetzung durch statistische Transparenz (*monitoring*), Selbst- und Fremdevaluation (einschließlich Klientenbefragungen)
- Förderung und Kontrolle der Implementierung der Reformziele durch die Einrichtung von „Veränderungsagenturen" bzw. interkulturellen Fachstellen oder Gleichstellungsbeauftragten, die in den Leitungsstab integriert sind
- Personalentwicklung (Einstellung und Qualifizierung von Migranten, Qualifizierung der deutschen Mitarbeiter, Entwicklung einer gleichberechtigten interkulturellen Teamstruktur)
- Organisationsentwicklung: Abbau von Zugangsschwellen durch angepasste – nicht-ausgrenzende – Angebotsstrukturen (*good practices*) (kultursensibel, ganzheitlich, lebensortnah, auf die Zwänge des Familienalltag Rücksicht nehmend)
- Entwicklung von Handreichungen für Praktiker/innen (*guidelines*)
- Bevorzugte Förderung der Einrichtungen, die nachweislich Fortschritte bei der interkulturellen Öffnung machen oder solche glaubwürdig projektieren (*affirmative action*)

Bottom-up-Strategie

- Entwicklung von Fortbildungskonzepten, die an den Interessen der Mitarbeiter/innen anknüpfen (Arbeitserleichterung) und ihre Ängste bewusstmachen und bearbeiten, um innere Widerstände abzubauen
- Gründung bzw. Stärkung von internen und externen Arbeitskreisen
- Unterstützung von Vernetzungsinitiativen der engagierten Fachbasis

– Vernetzung mit den informellen und formellen Selbstorganisationsansätzen und Einbau partizipativer Elemente in die Institution (Befragungen, Beiräte) zur Entwicklung bedarfsorientierter Angebote, zur Aktivierung der Selbsthilfekräfte der ethnischen Netzwerke und zur Verstärkung des öffentlichen Drucks zur Bereitstellung von sozialstaatlichen Ressourcen (*community power*)

Literatur

Akgün, Lale (1996): Ausländerberatung. In: Belardi, Nando (Hrsg.): Beratung. Eine sozialpädagogische Einführung. Weinheim und Basel, S. 131-140.

Arbeitskreis „Interkulturelle Öffnung" (AKA IKÖ)(1998): „Wie kommt der Elefant auf den Baum?" – Auf dem Weg zur interkulturellen Arbeit der sozialen Einrichtungen in Hamburg. Dokumentation der Tagung vom 29.-30. Juni 1998 im DW/Hamburg. In: Verband Kinder- und Jugendarbeit (Hrsg.): Forum für Kinder- und Jugendarbeit, Heft 12/1998. Hamburg.

Barwig, Klaus/Hinz-Rommel, Wolfgang (Hrsg.)(1995): Interkulturelle Öffnung sozialer Dienste. Freiburg.

Braham, Peter/Rattansi, Ali/Skellington, Richard (Hrsg.)(1992): Racism and Antiracism. Inequalities, Opportunities and Policies. London.

Dominelli, Lena (1992): An uncaring Profession? An Examination of Racism in Social Work. In: Braham, Peter/Rattansi, Ali/Skellington, Richard (Hrsg.): Racism and Antiracism. Inequalities, Opportunities and Policies. London, S. 164-176.

Elias, Norbert (1976): Über den Prozeß der Zivilisation, Frankfurt/M.

Fathi, Shanaz (1998): Kurzrecherche zur Psychosozialen Versorgung der Migrantinnen und Migranten in Rheinland-Pfalz und Mainz. Hektografierte Veröffentlichung des Interkulturellen Büros der Stadt Mainz.

Gaitanides, Stefan (1992): Psychosoziale Versorgung von Migrantinnen und Migranten in Frankfurt am Main. Gutachten im Auftrag des AMKA. In: Informationsdienst zur Ausländerarbeit, Heft 3/4, S. 127-145.

Gaitanides, Stefan (1995): Interkulturelle Öffnung der sozialen Dienste. In: Barwig, Klaus/ Hinz-Rommel, Wolfgang (Hrsg.): Interkulturelle Öffnung sozialer Dienste. Freiburg, S. 65-83.

Gaitanides, Stefan (1996): Stolpersteine auf dem Weg zur interkulturellen Öffnung der sozialen Dienste. In: Zeitschrift für Migration und Soziale Arbeit, Heft 3/4, S. 42-46.

Gaitanides, Stefan (1998a): Qualifizierung der Sozialen Arbeit in der multikulturellen Einwanderergesellschaft. In: Zeitschrift für Migration und Soziale Arbeit, Heft 2, S. 58-62.

Gaitanides, Stefan (1998b): Expertise zur Arbeit mit Migrantenfamilien von Wohlfahrtsverbänden und Selbstorganisationen für den 6. Familienbericht (unveröffentl. Manuskript).

Gaitanides, Stefan (1999): Expertise für das Deutsche Jugendinstitut zur Aus-, Fort-, und Weiterbildung im Bereich der interkulturellen Sozialarbeit/Sozialpädagogik mit dem Schwerpunkt „Interkulturelle Jugendarbeit" (unveröffentl. Manuskript).

Handschuck, Sabine/ Schröer, Hubertus (1997): Interkulturelle Kompetenz und Jugendhilfe. In: Zeitschrift für Migration und Soziale Arbeit, Heft 3/4, S. 77-86.

Hinz-Rommel, Wolfgang (1994): Interkulturelle Kompetenz. Ein neues Anforderungsprofil der sozialen Arbeit. Münster/ New York.

Jakubeit, Gudrun/Schröer, Hubertus (1994): Ein Rückblick auf 15 Jahre. In: Lüking, H. (Hrsg.): Deutsche und Ausländer im Stadtteil – Neue Wege der Kooperation in der sozialen Arbeit. Berlin, S. 263-275.

Lajios, Konstantin (Hrsg.)(1993): Die psychosoziale Situation von Ausländern in der Bundesrepublik. Opladen.

Mitscherlich, Alexander & Margarete (1967): Die Unfähigkeit zu trauern. Grundlagen kollektiven Verhaltens.

Nestmann, Frank/Niepel, Thomas (Hrsg.)(1993): Beratung von Migranten. Neue Wege der psychosozialen Versorgung. Berlin.

Pavcovic, Gari/Kahraman-Schmid – Jugendamt Stuttgart (1998): Interkulturelle Leitlinien und Konzepte im Kinderschutz.

Rommelspacher, Birgit (1995): Dominanzkultur. Texte zur Fremdheit. Berlin.

Schilling, Herbert (1999): Auseinandersetzung mit der eigenen Ambivalenz. Bericht über die wissenschaftliche Jahrestagung der Bundeskonferenz für Erziehungsberatung (bke) zum Thema „Fremdheit", 24.-26.9.98. In: Zeitschrift für Migration und Soziale Arbeit, Heft 1, S. 10-11.

Hans Bellaart

Prävention und rechtzeitige Hilfe für Jugendliche ethnischer Minderheiten

Einleitung

Ich würde Ihnen gerne etwas erzählen über die Situation in den Niederlanden und wie wir versuchen, die Marginalisierung von Jugendlichen ethnischer Minderheiten zu verhindern, insbesondere in den größeren Städten wie Utrecht.

Unterschiede

Zuerst muss ich ein paar Anmerkungen machen über die Population der Migranten in den Niederlanden, die sich ein bisschen von der in Deutschland unterscheidet. In Holland sind die vier größten ethnischen Gruppen die Surinamesen, die Türken, die Marokkaner und die Gruppen von den Antillen. Ungefähr 15% der Jugendlichen unter 18 gehören einer ethnischen Minderheit an. In Amsterdam 55%, in Rotterdam und Den Haag 45% und in Utrecht 30%.

Zielgruppe

Ich glaube, dass die Probleme in Deutschland und Holland mehr oder weniger die selben sind. Jugendliche ethnischer Minderheiten sind oft gleichzeitig mit Problemen in verschiedenen Bereichen konfrontiert. Dies können Lernprobleme, psychosoziale und Verhaltensprobleme sein, Abbruch der Schule, Arbeitslosigkeit, schlechte Wohnverhältnisse, Spannungen in der Familie, Konflikte zwischen Eltern und Kindern aufgrund unterschiedlicher kultureller Orientierungen etc. Diese Probleme können zu Vandalismus, Drogen- oder Spielsucht und Kleinkriminalität wie Ladendiebstahl führen.

Risikofaktoren

Wir wissen, dass Jugendliche ethnischer Minderheiten mit zusätzlichen Risikofaktoren wie Ethnozentrismus, Diskriminierung, sprachlicher Benachteiligung, kulturellen Unterschieden und dem Mangel an elterlicher Unterstützung fertigwerden müssen. Letzteres ist sehr bedeutend: manche Eltern sind schlichtweg nicht in der Lage, ihre Kinder bei Schulproblemen zu unterstützen oder ihnen zu helfen, ihren Weg in die Gesellschaft zu finden, weil sie nicht lesen und schreiben können und kaum die Sprache verstehen (dies ist der Fall bei 70% der marokkanischen Eltern).

Wir wissen, welche Jugendliche und Eltern zusätzliche Unterstützung und Betreuung brauchen. Trotzdem ist die existierende Prävention und Hilfe nicht ausreichend auf ihre Bedürfnisse abgestellt („Es gibt zu viele Zugangsbarrieren"). Andererseits müssen wir die Perspektive der Minderheiten selbst betrachten. Viele Jugendliche ethnischer Minderheiten können von der Prävention und Hilfe aus einer Vielzahl von Gründen nicht profitieren;

- sie wissen nichts von der Existenz der Prävention und Hilfe
- sie kennen die Möglichkeiten nicht
- sie sind nicht derart erzogen, dass sie gemäß der europäischen Psychologie denken, sie sind nicht beeinflusst durch Zeitschriften und „Oprah Winfrey talk-shows"
- sie schämen sich, mit Fremden über ihre Probleme zu sprechen
- wenn sie etwas über Jugendhilfe wissen, misstrauen sie den Sozialarbeitern, da sie kein klares Bild davon haben, wie das System funktioniert (Verwechslungen zwischen Jugendhilfe und Jugendschutz). Manchmal denken die Eltern, die Jugendhilfe könnte ihnen „ihr Kind wegnehmen".
- sie erleben sich selbst nicht in der Weise, wie ihnen die Unterstützung und Hilfe angeboten wird.

Daher ist es kein Wunder, dass weder Eltern noch professionelle Helfer in der Lage sind, Probleme zu einem frühen Zeitpunkt zu lösen, und Ausgrenzungsprozesse entwickeln sich sehr schnell. Beispielsweise beginnt ein Junge an einem Tag, die Schule zu schwänzen, die Kommunikation zwischen Schule und Elternhaus scheitert und ein paar Tage später wird der Junge von der Polizei beim Stehlen des Portemonnaies einer alten Dame erwischt.

Dies wird auch dokumentiert durch den hohen Prozentsatz ausländischer Jugendlicher in Einrichtungen der Fürsorgeerziehung und den relativ geringen Prozentsatz bei den freiwilligen Angeboten der Jugendhilfe. Sie bekommen erst dann Hilfe, wenn es zu spät ist und sie dazu gezwungen werden.

Die Probleme ausländischer Jugendlicher werden gewöhnlich zu einem frühen Zeitpunkt ausgemacht, aber die Beteiligten sind wenig erfolgreich, sie wirklich zu bewältigen. Es sind gerade ausländische Jugendliche, die in die Kluft zwischen dem Erkennen und Lösen von Problemen fallen.

Prävention und rechtzeitige Hilfe für Jugendliche

Bezirksjugendprojekte in der Stadt Utrecht

In der Stadt Utrecht stellten professionelle Helfer fest, dass angemessene und strukturelle Maßnahmen ergriffen werden mussten, um die Probleme anzugehen. Die Kooperation von Institutionen wie Schulen, Sozialarbeit, Jugendhilfe und Polizei war nicht ausreichend für diese Gruppen. Spezielle Aktivitäten zur Prävention und ein neues Netzwerk wurden entwickelt.

Ein neues Projekt mit dem Namen „WIJKJONGERENPERSPECTIEVEN" oder „BEZIRKSJUGENDPROJEKT" wurde 1994 begonnen.

Untersuchung der spezifischen Situation und Bedürfnisse einzelner Bezirke

Zuerst war es wichtig, die Probleme und die notwendigen Maßnahmen jedes Bezirkes zu analysieren. Untersuchungen und Diskussionen von Personen mit Schlüsselfunktionen am runden Tisch ergaben einen recht guten Einblick in die Situation.

Zusätzliche Präventionsprojekte

Eine Vielzahl von Möglichkeiten kann ergriffen werden, um Probleme zu Hause oder in der Schule zu vermeiden. Einerseits können die Eltern stärker einbezogen werden, andererseits kann man einem Kind die Hilfe zur Verfügung stellen, die die Eltern nicht in ausreichendem Umfang bieten können.

– Eltern in Schulen einbeziehen

Manche Eltern denken jedoch, dass sie wenig anzubieten haben, weil sie selbst nur wenig Schulbildung genossen haben. Sie sind der Meinung, die Schule weiß am besten, was gut ist für den Schüler. Diese Eltern sind sich nicht bewusst, welchen positiven Beitrag sie leisten können für die Schulleistungen und die Wahl der Schule durch ihre Kinder. Manche sind unsicher und wagen es nicht, mit der Schule Kontakt aufzunehmen. Schulen können die Partizipation der Eltern dadurch fördern, dass sie sie stets gut informieren. Beispielsweise können den Eltern der Schüler der ersten Klasse einer weiterführenden Schule Informationen in ihrer Muttersprache gegeben werden. Die Schule kann ausländische Kontaktpersonen benennen oder zusätzliche Aufmerksamkeit auf die Gewinnung ausländischer Eltern für einen Elternabend legen (z.B. in Zusammenarbeit mit einer Migrantenorganisation).

– Erzieherische Hilfen für Eltern

Dieses Rüstzeug für Eltern kann dann effektiv sein, wenn es in Versammlungen für die eigene ethnische Gruppe vermittelt wird, durch Selbsthilfe-Organisationen von Einwanderern. Bei diesen Versammlungen werden Informationen geliefert und Diskussionen geführt über wichtige Aspekte wie das Schulsystem, Probleme bei der Erziehung der eigenen Kinder, soziale Kontrolle, Freizeitaktivitäten und die Verhütung von Kriminalität.

– Freizeitaktivitäten

Sinnvolle Freizeitaktivitäten haben eine Vielzahl von positiven Effekten. Sie halten Jugendliche von der Straße fern, Sport und kulturelle Angebote leisten einen positiven Beitrag für ihr Selbstvertrauen. Niedrigschwellige Projekte mit geringen Kostenaufwand, organisiert in der Schule oder von sozialen/kulturellen Diensten liefern positive Ergebnisse. In jedem Bezirk gibt es Mitarbeiter, die die Kinder auf der Straße einladen, beispielsweise an einem Hallenfußballturnier teilzunehmen.

– Pädagogische Betreuung für Kinder

Was die Eltern nicht leisten können, muss von der Gesellschaft angeboten werden: Die Förderung von Schulleistungen, Hilfe bei den aktuellen Hausaufgaben, mit den Schülern den Verlauf seiner oder ihrer Schullaufbahn zu durchdenken und über Probleme in oder nach der Schule zu sprechen. Zusätzliche pädagogische Betreuung wird angeboten von Schulen, Gemeindezentren und Einrichtungen für Migranten. Es gibt Projekte, die ausländische Studierende an der Betreuung der Schüler und Schülerinnen beteiligen. Es gibt ausländische Mentoren an manchen Schulen, die etwas Zusätzliches tun können. Manchmal ist schon die Bereitstellung eines ruhigen Ortes, an dem die Schüler ihre Hausaufgaben machen können, ausreichend.

– Umfeldentwicklung in den Bezirken

In jedem Bezirk wird das Umfeld überprüft. Spielplätze werden verbessert und neue Treffpunkte für die „Peer-Groups" eingerichtet.

– Partizipation von Jugendlichen

In jedem Bezirk werden Jugendliche in Problemlösung und Entscheidungsfindung einbezogen.

Kooperation

Intensive strukturelle Zusammenarbeit zwischen Institutionen ist oft unmöglich aufgrund von Aufsplitterung, den diskontinuierlichen Fluss von Geldern

Prävention und rechtzeitige Hilfe für Jugendliche

und aufgrund von Konkurrenzgefühlen. Die lokalen Behörden in Utrecht entschieden daher, als eine Art Dirigent vor einem Orchester aufzutreten. Der Bürgermeister und der Stadtrat übernahmen die Kontrolle und bildeten ein Steuerungsgremium. In jedem Bezirk wurde ein Bezirksleiter ernannt. So konnten die Institutionen zur Kooperation gezwungen werden.

Rechtzeitige Intervention und ein Entwicklung eines Netzwerkes

Für die intensive Zusammenarbeit in den acht Bezirken Utrechts wurde ein Netzwerk gebildet, von einem Netzwerk-Koordinator abgestimmt. Schulen, Schulärzte, soziale Einrichtungen, Jugendeinrichtungen, Schulbehörden, Jugendhilfe, Polizei, Moscheen, Einwandererorganisationen und städtische Einrichtungen sind an einem solchen Netzwerk beteiligt.

Die Verhinderung von Schulabbruch ist hierbei das Hauptziel. Anzeichen werden diskutiert und im Falle von Problemen werden Absprachen getroffen unter der Prämisse, wer schnelle Hilfe anbieten kann.

Um die Kluft zwischen ersten Anzeichen und Intervention zu schließen, arbeiten außerdem ausländische Schulberater wie auch Sozialarbeiter in den Schulen. Ihre Arbeitsmethoden sind weitreichend: d.h. sie gehen auch zu den Eltern nach Hause, falls dies notwendig ist.

Umfassende Herangehensweise

Da ausländische Jugendliche häufig gleichzeitig etliche Probleme in verschiedenen Bereichen haben, ist eine umfassende persönliche, intensive und engagierte Herangehensweise an die Jugendlichen und ihre Eltern nötig.

Eine umfassende Herangehensweise bedeutet dabei, dass Hilfe für alle Aspekte des Lebens angeboten wird: Hilfe bei der Kindererziehung, bei Schulproblemen und bei der Suche nach sinnvollen Freizeitbeschäftigungen.

Erfolgsfaktoren sind:

- eine aktive und engagierte Herangehensweise
- wenig Barrieren und ein einzelner Kontaktpunkt
- eine Kontaktperson der eigenen Ethnie (kulturelle Unterschiede und Kommunikationsprobleme sind leichter zu überwinden)
- die Familie in die Hilfe mit einzubeziehen
- das Vertrauen der Familie zu gewinnen

Fazit

Die Bezirksjugendprojekte sind erfolgreich, wenngleich sie noch in der Entwicklung stecken. Die Zahl der Schulabbrüche geht beispielsweise zurück.

Andererseits gibt es auch negative Faktoren. Manche Projekte sind nicht speziell für Jugendliche ethnischer Minderheiten und scheinen erfolgversprechender zu sein für niederländische denn für ausländische Jugendliche, weil die generelle Herangehensweise der speziellen Situation von Jugendlichen ethnischer Minderheiten nicht angemessen genug ist.

Ein weiteres Problem ist der Widerstand der bestehenden Institutionen gegen Veränderung. Der Interkulturalisierungsprozess ist häufig ein sehr langsamer Prozess.

Letzten Endes ist auch die Finanzierung ein Problem, wenn Projekte in bestehende Strukturen integriert werden müssen. Manche Institutionen sind nur dann bereit, irgend etwas zusätzlich für ausländische Jugendliche zu tun, wenn sie dafür zusätzliches Geld erhalten.

(aus dem Englischen übersetzt von Andrea Reichmann)

Autorenverzeichnis

Auernheimer, Georg; Prof. Dr., Universität zu Köln, Forschungstelle für interkulturelle Studien

Belaart, Hans; Instituut voor Multiculturele Ontweikkeling, Utrecht

Dietrich, Ingrid; Prof. Dr., Universität Heidelberg

Fuchs, Ragnhild; Dipl.-Päd., Sozialpädagogisches Institut NRW, Köln

Gaitanides, Stephan; Prof. Dr., Fachhochschule Frankfurt

Goecke, Sebastian; Jugendhaus Wuppertal

Handschuck, Sabine; Sozialreferat Stadtjugendamt München

Kollberg, Britta; Regionale Arbeitsstelle für Ausländerfragen, Jugendarbeit und Schule, Berlin

Lang, Susanne; Dipl.-Päd., Universität zu Köln, Forschungstelle für interkulturelle Studien

Militzer, Renate; Sozialpädagogisches Institut NRW, Köln

Otyakmaz, Berrin Özlem; Dipl.-Psych., Gesamthochschule Essen, Fachbereich Erziehungswissenschaft

Ratzki, Anne; Dr., zuletzt Schulamt der Bezirksregierung Köln (im Ruhestand)

Schröer, Hubertus; Dr., Sozialreferat Stadtjugendamt München

MIX
Papier aus verantwortungsvollen Quellen
Paper from responsible sources
FSC® C105338

If you have any concerns about our products,
you can contact us on
ProductSafety@springernature.com

In case Publisher is established outside the EU,
the EU authorized representative is:
**Springer Nature Customer Service Center GmbH
Europaplatz 3, 69115 Heidelberg, Germany**

Printed by Libri Plureos GmbH
in Hamburg, Germany